JN184640

日本の鉄道は世界で戦えるか

国際比較で見えてくる理想と現実

川辺謙一
Kawabe Kenichi

草思社

本文デザイン｜ Malpu Design（佐野佳子）

はじめに

日本は鉄道にとって「夢の国」。

日本に住んでいると気づきにくいですが、海外からはそう見えるようです。

イギリスの著述家であるクリスティアン・ウォルマー氏は、著書『世界鉄道史—血と鉄と金の世界変革』（河出書房新社・２０１２年）のなかで、日本で新幹線が誕生した経緯にふれ、「日本ぐらい、鉄道への投資に向いている国は少ない」「まさに鉄道計画者にとっては夢の国だ」と記しています（同書４５９ページ）。

たしかに日本は、鉄道が持つ能力を発揮しやすい国です。

この国は人口が多い上に、人口密集地が帯状につながり、輸送需要が高い地域やルートが多く存在します。陸上での大量輸送を得意とする鉄道にとって、これほど恵まれた条件がそろった国は、世界広しと言えどもきわめて珍しいでしょう。まさに「夢の国」です。

日本では、このような恵まれた条件のもと、鉄道が特異的に発達しました。たとえば世界最初の高速鉄道とされる新幹線は、他国に先駆けて日本で誕生しました。また、日本の鉄道では２０１１年まで１００年以上にわたって新規開業がほぼ毎年あり、そのたびに沿線地域の生活や経済活動などが変わってきました。

それゆえ日本では、次の２つのことが長らく語られてきました。

Ⓐ日本の鉄道技術は世界一である
Ⓑ鉄道ができると暮らしが豊かになる

たしかに、日本で世界最初の高速鉄道が生まれ、鉄道が地域の生活を変え続けたとなれば、そう考える人がいるのは自然かもしれません。とくに日本の高度経済成長と鉄道の発展、そして自身の肉体的成長がリンクした世代の人のなかには、そう考える人が多いでしょう。

ところが今は、ⒶとⒷが一般論として通用しにくくなりました。

まず日本の鉄道技術の優位性が疑問視されるようになりました。新幹線をはじめとする鉄道技術は、日本では世界的に優れていると言われているいっぽうで、その海外展開はかならずしもうまく行っていません。新幹線と在来線の直通運転を実現するために開発されたフリーゲージトレインのように、期待に反して実現が危ぶまれている技術も存在します。

新しい鉄道が沿線地域の状況を大きく変える機会も減りました。たとえば2012年から2017年までには、路線の新規・延伸開業が3路線（北陸新幹線・北海道新幹線・仙台市地下鉄東西線）しかありませんでした。新幹線のネットワークが拡大すれば沿線地域が活性化し、日本全体の発展の均衡化が図られると言われてきたいっぽうで、今ではその整備や維持にかかる財源の確保や、並行在来線の扱いなど、現実的な問題が目立つようになりました。

鉄道の発達にも陰りが見られます。利用者の数は地方を中心にすでに減っており、鉄道そのものの維持が困難になっています。たとえばこの2、3年は、JRグループがダイヤ改正をするたびに、列車の減車・減便の話題を聞く機会が増えましたし、JR北海道は多くの赤字路線を抱えて経営危機に陥り、2016年11月には自社路線の約半分を「維持することが困難」と発表しました。

つまり、日本の鉄道では、Ⓐ とⒷが通用した時代に人々がイメージした姿とは異なることが、いま起きているのです。日本の鉄道を取り巻く環境が大きく変わったからです。

では、なぜ「夢の国」と呼ばれた国でこのような変化が起きたのでしょうか。

その理由を探るには、日本の鉄道の歴史や現状をあらためて客観的にとらえ、交通全体や、世界の鉄道における立ち位置を冷静に検証する必要があります。

また、新幹線をふくむ鉄道の海外展開は、アベノミクスの成長戦略における「インフラ輸出」の一環となっており、日本の鉄道システムを海外に売り込むことが課題になっています。まさに、本書のタイトルのように、「日本の鉄道は世界で戦えるか」が問われるようになったのです。そのためにも、日本の鉄道が海外の鉄道とくらべてどのような特徴があるかを明確にする必要があります。

そこで私は、日本の鉄道の総合的な立ち位置を探る試みをしました。日本の鉄道と、その外側にあるもの、つまり、海外の鉄道や、自動車や航空、船舶といったほかの交通機関とくらべることで、日本の鉄道がどのような位置付けになっているか、またどのような環境にさらされているかをあらためて確認しました。

また、Ⓐ とⒷを事実に基づいて検証し、その信憑性や、日本で長らく語られてきた理由を探りました。

その結果、鉄道の運営者と利用者の間に大きな認識のギャップがあり、それが日本の鉄道にさまざまな弊害を与えていることに気づきました。つまり、ⒶとⒷには明確な根拠がないのに、長らく信じられてきたので、人々が鉄道に過剰な期待をし続け、結果的に鉄道を苦しめてきたことがわかったのです。

本書では、以上の検証結果についてふれ、このような結論に達した経緯を記しました。

では次に、本書の構成を説明します。本書は前半と後半に分かれています。

前半（第1章〜第5章）では、日本の鉄道を他のものとくらべることで、その立ち位置を探ります。まずは交通全体や歴史の観点から、日本における鉄道の特殊性を探ります。第1章では日本の交通全体、第2章では世界の鉄道における位置付けを明らかにします。

次に日本と海外の鉄道や交通全体の現状をくらべます。第3章では地下鉄をふくむ都市鉄道、第4章では新幹線をふくむ高速鉄道、第5章では空港アクセスや貨物輸送をくらべます。

後半（第6章〜第8章）では、前半の内容を踏まえて、先ほどのⒶとⒷの価値観が生まれ、定着した理由や、日本の鉄道における今後の課題を探ります。第6章では鉄道と日本人の関係に迫り、第7章では日本の鉄道の将来を展望します。最後の第8章では世界の鉄道関係者が集まった国際的な会議や展示会の様子を紹介し、日本の鉄道が世界の鉄道でどのような立場にあるかを俯瞰(ふかん)します。

これらを通して読んでいただければ、日本の鉄道の特殊さや、さらされている環境、抱えている課題などがご理解いただけるでしょう。また、Ⓐ とⒷの価値観が生まれた理由や、それゆえに生じた認識のギャップとその弊害についても、おおまかにご理解いただけるでしょう。

なお、「日本の鉄道は世界で戦えるか」を検証するとなると、日本の鉄道の優位性のみに注目しがちですが、本書では、物事の優劣を極力持ち込まないようにしました。優劣をつけて比較すると、わかりやすい半面、客観性が失われる可能性があるからです。そもそも物事の優劣は、判断基準が個人や地域などによって異なるので、一概には言えません。

また、ところどころ専門的な話もしますが、難しいと感じた部分は読み飛ばしていただいても構いません。ご紹介したいのは、専門的な細かい話ではなく、「日本の鉄道がどんな立ち位置にいるか」「鉄道の運営者と利用者の間にある認識のギャップが弊害を生んでいる」ということだからです。

本書が、日本の鉄道の将来を考える上で建設的な議論が進む一助になれれば幸いです。

2018年1月

川辺謙一

日本の鉄道は世界で戦えるか

目　次

はじめに 3

第1章 日本の鉄道は特殊である 17

1・1 鉄道利用者数が極端に多い国、日本 17
渋谷駅前のスクランブル交差点はなぜ観光名所になったか／ギネスブックに載るほど利用者が多い新宿駅／世界の鉄道利用者の3割が日本／日本は鉄道事業者の数が多い国／海外には駅ビル・駅ナカの商業施設はあまりない／鉄道が特異的に発達した都市・東京／1枚に収まらないほど複雑な東京の路線図／日本は鉄道の輸送量シェアが高い国

1・2 なぜ日本で鉄道が特異的に発達したのか 28
日本で鉄道が発達した要因を整理する／地理的要因・帯状に連なった人口密集地がある／歴史的要因1・鉄道偏重の政策／歴史的要因2・他交通の発達の遅れ

コラム ワトキンス・レポートに見る日本の鉄道 36

第2章 日本の鉄道を海外と比較 39

2・1 英仏独米日の鉄道をくらべる 39
なぜ比較対象国を5カ国に絞ったのか／世界の鉄道史を川の流れに例えると

2・2　鉄道史をくらべる　42
イギリス・営業鉄道の発祥国／フランス・高速化でリードした国／ドイツ・動力を近代化した国／アメリカ・鉄道に磨きをかけた国／日本・高速鉄道を生んだ国

2・3　鉄道の現状をくらべる　52
地勢や人口分布をくらべる／交通機関別輸送シェアをくらべる／イギリス・再度の鉄道改革が進行中／フランス・国際列車が集まる国／ドイツ・鉄道網が分散している国／アメリカ・世界最大の鉄道大国／日本・鉄道利用者数が極端に多い国／異なる条件に合わせて発達した各国の鉄道

コラム　どの言語が鉄道の情報をたくさん得られるか　62

第3章　日本と海外の都市鉄道をくらべる　66

3・1　米英仏独日の都市鉄道をくらべる　66
5カ国の最大の都市どうしを比較／発達した都市鉄道が地下鉄中心になりやすい理由

3・2　都市鉄道史をくらべる　68
ニューヨーク・都市鉄道の発祥地／ロンドン・地下鉄の発祥地／パリ・2種類の地下鉄がある都市／ベルリン・地上にも都市鉄道を整備した都市／東京・大量輸送を実現した都市

3・3 より具体的にくらべる 81
ネットワーク／交通事業者の数／運賃制度／自動改札機／急行運転と24時間運行／ワンマン運転と無人運転／車内や駅の放送と電光掲示板による案内／駅ナンバリング／自動券売機の多言語化／車両の車体色／つり革・握り棒／座席／ラッシュ時の列車の混雑／車内の注意書き／自転車や犬の持ち込み／駅のバリアフリー対策／治安と清潔さ／駅や車内に現れるミュージシャン／ユニークな駅

コラム テルマエ・ロマエと技術 105

第4章 日本と海外の高速鉄道をくらべる 112

4・1 日英仏独米の高速鉄道をくらべる 112
高速鉄道とは何か／世界に広がる高速鉄道

4・2 高速鉄道史をくらべる 115
日本・新幹線／イギリス・インターシティ／フランス・TGV／ドイツ・ICE／アメリカ・アセラエクスプレス

4・3 リニアとハイパーループによる高速化 128
磁気浮上式鉄道（リニア）／ハイパーループ

4・4　より具体的にくらべる　133
走行試験の最高速度／営業運転の最高速度／高速新線と在来線の関係／高速新線の最急勾配／高速列車の編成と動力配置／高速列車の運転本数／2階建て車両／車窓風景／客室の座席／非常用設備／無線LANサービス／ネットでのチケット購入／利用促進策／自動運転の導入／地震対策

コラム　国内外の鉄道博物館をくらべる　148

第5章　空港アクセスと貨物の鉄道を国際比較　152

5・1　空港アクセス鉄道　153
なぜ空港アクセス鉄道が必要か／ロンドン・地下鉄や近郊鉄道と直結／パリ・TGVも乗り入れる空港／ベルリン・将来ICEが乗り入れる計画も／フランクフルト・ICEも乗り入れる空港／ニューヨーク・空港アクセス鉄道が未発達／東京・新幹線との乗り継ぎが不便／航空機と新幹線の壁は崩せるか

5・2　貨物輸送　167
アメリカ・貨物鉄道大国／ヨーロッパ・日本より高い輸送シェア／日本・制約が多い貨物輸送

第6章 イメージと現実のギャップ 172

6・1 日本人は鉄道が好き？ 173
日本人と鉄道は特殊な関係にある／日本人は鉄道が好きであると言える根拠／何が日本人を鉄道好きにさせたのか

6・2 日本の鉄道技術は世界一なのか 181
新幹線の誕生が生んだ「世界一」／日本の鉄道が世界一とされる3つの論拠を検証／「世界一」には明確な根拠がない

6・3 鉄道ができると暮らしが豊かになるのか 194
日本の特殊性が生んだ「鉄道万能主義」／今や鉄道が生活を豊かにするとは限らない／「鉄道万能主義」への批判の歴史／「鉄道万能論」批判への反論『日本列島改造論』

6・4 鉄道に対する認識のギャップ 203
検証結果を受け入れる人、受け入れない人／「鉄道＝ハイテク」という誤解が原因に

6・5 認識のギャップが過剰な期待を生じさせる 208
鉄道は終わりなきサービス改善要求に苦しんでいる／現場職員が受ける必要以上のプレッ

シャー／鉄道への過剰な期待が安全性を蝕む／ローカル線廃止への過剰反応が問題解決を遅らす／超電導リニアの中央新幹線は本当に必要か

コラム　空想科学と未来　220

第7章　これからの日本の鉄道と海外展開　226

7・1　鉄道の維持は難しくなる　227
「冬」の時代到来を告げるできごと／鉄道は利用者も労働者も減少して苦しくなる／自動車や航空機に旅客・貨物を奪われる

7・2　鉄道が時代の変化に対応するには　233
このままでは鉄道経営は行き詰まる／鉄道にこだわらず地域ごとに公共交通を再考する／海外の事例を参考にしつつ最適解を探る／業務の効率化による省力化／「認識のギャップ」をなくす

7・3　鉄道の海外展開を成功に導くには　245
海外に活路を見出すという使命／規格の壁とガラパゴス化のジレンマ／海外へ日本の鉄道システムをアピールできるか／「認識のギャップ」が海外展開でも障害に／日本の鉄道の「強み」は何か／日本で当たり前のことが海外展開の鍵となるか

7・4 「競争」から「融合」へ 257
競争だけでは生き残ることは難しい／国内・他交通との協調／海外・教えながら教えてもらう／「冬」を越して「春」を迎えるか

第8章 国際会議で見た日本の鉄道の立ち位置 264

8・1 第9回UIC世界高速鉄道会議 265
高速鉄道発祥の国、日本での初開催／世界各国から集まった鉄道関係者／会場はまさに社交の場／高速鉄道にかんする危機感を世界が共有／新幹線を売り込む商機だったのか

8・2 イノトランス2016 273
1日ではとても巡回できない巨大展示会／世界の鉄道車両149両が集結／研究熱心でバイタリティーある中国人／「ハイパーループ」と「リニア」／カクテルバーやライブハウスのような展示ブース／1フロアを独占した日本パビリオン／公共交通の将来を話し合う会議／日本の鉄道は何ができるのか

おわりに 289
参考文献 295

第１章　日本の鉄道は特殊である

本章では、「日本の鉄道はきわめて特殊でユニークだ」ということをお伝えしたいと思います。と言われても、ピンと来ない人もいるでしょう。日本に住んでいると、日本の鉄道が海外の鉄道とくらべてどうであるかは把握しにくいからです。そこで客観的事実やデータから、日本の鉄道の特殊性を把握し、そうなった理由を地理的要因や歴史的要因から探ってみましょう。

１・１　鉄道利用者数が極端に多い国、日本

渋谷駅前のスクランブル交差点はなぜ観光名所になったか

日本の鉄道だけでなく、日本そのものを客観的にとらえるには、近年増えている訪日外国人観光

客の視点を利用するのが近道です。彼ら彼女らが日本に来て何に関心を持ち、何に驚いているのか。それを観察すると、案外日本は不思議に満ちた国であることがわかります。

まずは、その視点で東京・渋谷駅前のスクランブル交差点を観察してみましょう。この交差点は、NHKのニュース番組でよく登場する巨大な交差点で、近年外国人観光客が多く訪れるようになった場所の一つです。

ここでは、歩行者信号機が青になると、大勢の人が各方面から一斉に歩き出し、交差点全体を埋めつくすように横断します。周辺には広告を映し出す巨大なディスプレイや、壁面そのものがディスプレイになったビルがあり、大きな音があちこちから響きわたっています。

なぜここに外国人観光客が集まるようになったのでしょうか。なぜここで記念撮影をしたり、交差点の様子をスマートフォンやカメラに収める外国人観光客が大勢いるのでしょうか。

YouTubeに投稿されたこの交差点の動画のコメント欄を見ると、横断する人の多さに驚く英語のコメントが多く書き込まれています。これほど多くの人が横断するスクランブル交差点は、世界でもかなり珍しいようです。たしかに毎日、しかも朝も夕も夜中も時間問わず大勢の人が行き交う交差点は、日本国内でも珍しいです。

このスクランブル交差点を横断する人が多いのは、ここに大きな人の流れがあるからです。つまり、渋谷駅と、西側に広がる繁華街やオフィス街との間を大勢の人が行き交うので、両者を結ぶこの交差点を通過する歩行者が多いのです。

それは、渋谷駅を通して鉄道を利用する人が多いことを意味します。大量輸送を得意とする鉄道がそこにあり、人々が渋谷駅を出入りしなければ、これほど大きな人の流れができないからです。

ギネスブックに載るほど利用者が多い新宿駅

東京には、渋谷駅よりも利用者数が多い駅が複数存在します。その代表例が新宿駅です。新宿駅は、ギネスブックにも載ったことがあります。２０１０年度の１日の平均乗降客数が３６４万人と世界最多を記録したことから、「世界で最も利用者数の多い駅（Busiest Station）」として、２０１１年にギネス世界記録に認定されたのです。

ただし、実際に新宿駅を利用する人の数はこれより少なくなります。３６４万人という値は、６つの鉄道事業者（ＪＲ東日本・東京メトロ・都営地下鉄・小田急・京王・西武）で個別に集計したデータを合算したものなので、新宿駅で別の鉄道事業者が運営する路線に乗り換える人や、２つの鉄道事業者（京王・都営地下鉄）の路線を直通する列車を利用する人を重複してカウントしているからです。ただ、新宿駅の利用者数が世界の駅のなかで極端に多いのはたしかです。

そのような駅は、新宿駅だけではありません。２０１５年版のギネスブックには、「都市交通」の世界記録を紹介するページがあり、その冒頭に次の文が載っています。

世界で最も利用者数が多い51駅のうち45駅は日本にある：その半分近くが東京にある。

これも、新宿駅と同様、重複してカウントした1日の平均乗降客数に基づいていますが、多くの利用者をさばく駅が日本や東京に集中していることを指します。

つまり、日本や東京は、世界でも鉄道利用者数が「極端」と言っていいほど多い地域なのです。

世界の鉄道利用者数の3割が日本

では、世界全体の鉄道利用者数のうち、日本の鉄道利用者数はどれぐらいの割合を占めているのでしょうか。

国際鉄道連合（UIC）が公開したデータによれば、日本は2013年に31％を占めています［図1－1］。世界で鉄道を利用する人の3人に1人程度が日本の鉄道を利用している計算になります。日本という1国だけでこれだけの割合を占めていることは、驚くべきことでしょう。

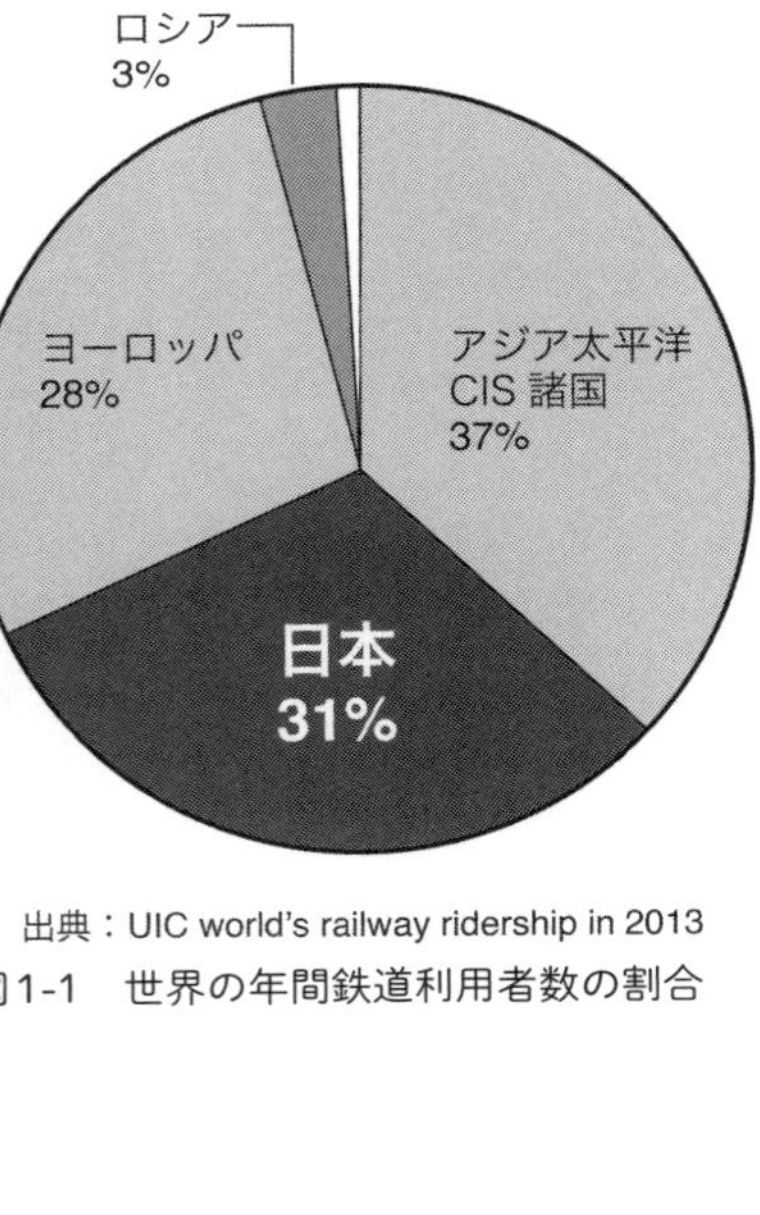

ロシア 3%
ヨーロッパ 28%
アジア太平洋 CIS諸国 37%
日本 31%

出典：UIC world's railway ridership in 2013

図1-1　世界の年間鉄道利用者数の割合

ただし、新宿駅の利用者数のように、日本全体の鉄道利用者数にも重複があるので、実際の割合はこれより下がりますが、日本の鉄道利用者数が極端に多いことには変わりありません。20年ほど前は、日本はもっと高い割合を占めていました。中国やインドなどのアジア諸国の鉄道利用者数が今ほど伸びていなかったからです。

JR東日本元顧問の山之内秀一郎氏は、自著『新幹線がなかったら』(朝日文庫・2004年)の冒頭で、そのことにふれています。

山之内氏は、フランスの鉄道雑誌に「世界で1日に鉄道を利用する人の半分は日本だ」と書かれていたことに驚き、調べてみたら、世界全体で1日に鉄道を利用する人は1億6000万人で、そのうち6200万人が日本だったと同著に記しています。データの出典は記してありませんが、おそらくUICが公開したものでしょう。当時の日本の割合は38・8%なので、半分には及ばないものの、1国だけで4割近く占めていることは、かなり特殊なことと言えるでしょう。

なお、日本の鉄道利用者数のうちの8割以上は、東京・名古屋・大阪を中心とした3大都市圏で、

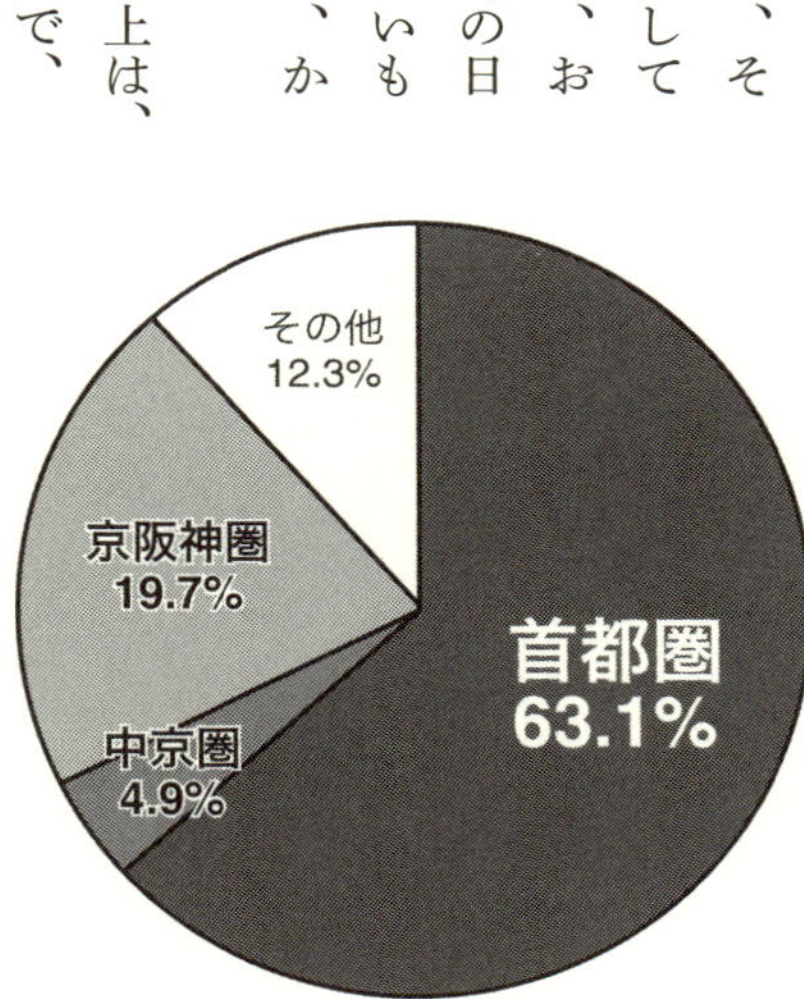

図1-2　日本国内の年間鉄道利用者数の割合

東京を中心とする首都圏だけで6割以上を占めています［図1－2］。この割合は、20年近く前も今もほとんど変わっていません。この数字からも、東京や首都圏で鉄道を利用する人が群を抜いて多いことがわかります。

日本は鉄道事業者の数が多い国

日本で鉄道利用者数のデータに重複が生じるのは、鉄道を運営する事業者の数が多く、それぞれが個々に集計したデータを合算するからです。とくに東京では、複数の鉄道事業者の路線を乗り継ぐ人が多いので、こうした重複が生じやすいのです。

鉄道事業者の数が多いことは、日本の鉄道の大きな特徴です。と言っても、日本ではそれが当たり前なので、その特殊さに気づいている人は少ないでしょう。

それは、海外の鉄道とくらべるとわかります。海外の鉄道では、日本の鉄道ほど鉄道事業者が多くありません。たとえば欧米の主要都市では、地上の鉄道だけでなく、地下鉄や路面電車、バスなどの都市公共交通は公営で、運営が一元化されており、都市間交通を除けば交通事業者は1つであることが多いです。

ところが日本の主要都市の公共交通は一元化されていません。たとえば東京では、公営（都営）と民営、第三セクター方式（つくばエクスプレスなど）の公共交通が混在しており、鉄道やバスがそれぞれ複数の交通事業者によって運営されています。また、完全な民間企業が運営する私鉄（民鉄）や、そのグループ企業が複数存在し、鉄道やバスを運営しています。

私鉄が複数存在することは、日本では当たり前のことですが、海外ではそうではありません。そもそも鉄道は、公共性がきわめて高いわりに収益性が低く、完全な民間企業が運営するのが難しい場合が多いからです。

言い換えれば、日本では鉄道利用者数が多いので、鉄道の収益性が高く、完全な民間企業でも運営できるのです。もちろん、日本の私鉄の多くはグループ企業を複数持ち、不動産事業や商業事業のように鉄道以外の事業も手広く手がけているので、鉄道事業だけで収益を得ているわけではありませんが、海外から見れば鉄道の運営方法が特殊であることには変わりありません。

東京のように公共交通の交通事業者が多いと、鉄道やバスを乗り継ぐ利用者にとっては不便です。それぞれの交通事業者が別々の運賃体系を採用しているので、運賃計算が複雑になりますし、交通事業者の垣根を越えるたびに運賃を払いなおさなければならないからです。

現在多くの人が利用しているＩＣ乗車券は、乗車するたびに乗車券を買う手間をなくしただけでなく、複数の鉄道事業者や、鉄道とバスの運賃制度の壁をなくす役割もしています。運賃体系が別々に存在することには変わりありませんが、利用者が感じる不便さを緩和する上で大きな役割を果たしていると言えるでしょう。

海外には駅ビル・駅ナカの商業施設はあまりない

日本の鉄道では、駅に商業施設を併設した例が多く存在します。「駅ビル」と呼ばれる駅舎と大型商業施設を組み合わせたビルを設けたり、「駅ナカ」と呼ばれる商業施設を駅の改札内に設けたりすることは、日本ではごく当たり前のように行われています。

これは、先ほど述べたように鉄道事業者に民間企業が多く、それらが商業事業を手がけているからです。たとえば新宿駅では、ＪＲや小田急、京王、東京メトロのグループ企業が運営する商業施設が存在し、駅全体が大型商業施設のような構造になっています。

海外の駅では、このような商業施設を併設した例は珍しいです。たとえば欧米の主要都市では、公共交通が公営で、交通事業者が積極的に商業事業をしていない例が多いので、「駅ビル」や「駅ナカ」に相当する商業施設があまりありません。

鉄道が特異的に発達した都市・東京

次に、日本最大の都市である東京に注目してみましょう。

東京は、日本はもちろん、世界でもとくに鉄道利用者数が多い都市です。おそらく、東京ほど鉄道利用者数が多い都市はほかにないでしょう。

それゆえ東京は、新宿駅についてだけでなく、「最も利用者数が多い地下鉄網」でもギネスブックに載ったことがあります。

ギネスブック2015年版には、「最も利用者数が多い地下鉄網」として2つの世界記録が記されています。1つはモスクワの地下鉄で、最多の年に年間利用者数が33億人になったと書かれています。ただし、モスクワではその後地下鉄のバイパス（旅客化した貨物用環状線）が整備されて混雑が緩和したので、1998年には25億5000万人になっています。もう1つは東京の地下鉄で、2012年の東京メトロの年間利用者数が31億2000万人であると記されています。

20年近く前には、JR東日本が「最も利用者数が多い鉄道」に認定され、ギネスブックに載ったことがありました。1日の利用者数が1630万人だったというのがその根拠です。なお、この約9割を東京をふくむ首都圏が占めています。

これらの数値から、東京における鉄道利用者数がとくに多いことがご理解いただけたでしょう。

1枚に収まらないほど複雑な東京の路線図

東京は、鉄道利用者数が多いだけでなく、鉄道網が複雑な都市でもあります。そのことは、東京と、海外の主要都市の鉄道路線図を見比べれば一目瞭然です。

ただ、東京の都市圏（首都圏）の鉄道をすべて網羅した路線図はほとんど見かけません。多くの人が目にする路線図は、必要な路線・区間だけをピックアップしたものです。理由は単純で、広い都市圏にあまりに多くの路線が複雑に絡み合っており、駅の数が多く、1枚に収めるのが難しいからです。

鉄道網の充実ぶりは、海外でも知られているようです。アメリカのニュース専門放送局CNNは、2014年の元日にネットで公開した「東京が世界一魅力的な都市である50の理由」という記事で、「50の理由」のトップで「世界最先端の鉄道」を挙げ、次のように説明しています。

日本は世界最高水準の鉄道システムを有する国。東京には広大な地下鉄網があり、人々の生活を支えている。都内で、電車と徒歩で行かれない場所は皆無に等しい。

ここで言う「地下鉄網」は、「メトロネットワーク（metro network）」を翻訳したもので、地下鉄だけでなく、JRや私鉄をふくめた都市鉄道網を指していると考えられます。最後の「皆無に等しい」というのはややオーバーな表現ですが、銀座や日本橋、新宿などの主要な街では、少し歩けばすぐに駅にたどり着けるのはたしかです。

日本は鉄道の輸送量シェアが高い国

さあ、ここでふたたび日本全体に目を向けてみましょう。

日本は、鉄道利用者数が多いだけでなく、旅客輸送における鉄道のシェア（分担率）が高い国でもあります。国土交通省鉄道局監修『数字でみる鉄道』によれば、国内旅客輸送量（人キロ）における2009年の鉄道のシェアは、28・6％です。

いっぽう、海外の国々ではこれほど高くありません。たとえばヨーロッパではほとんどの国が10％を切っており、アメリカではわずか約1％しかありません。

かつての日本では、鉄道のシェアがもっと高く、1950年には90・1％でした［図1－3］。その後1990年代ごろまでには、自動車や航空の発達によって鉄道のシェアが低下しました。

とはいえ、世界全体を見渡しても、日本のよ

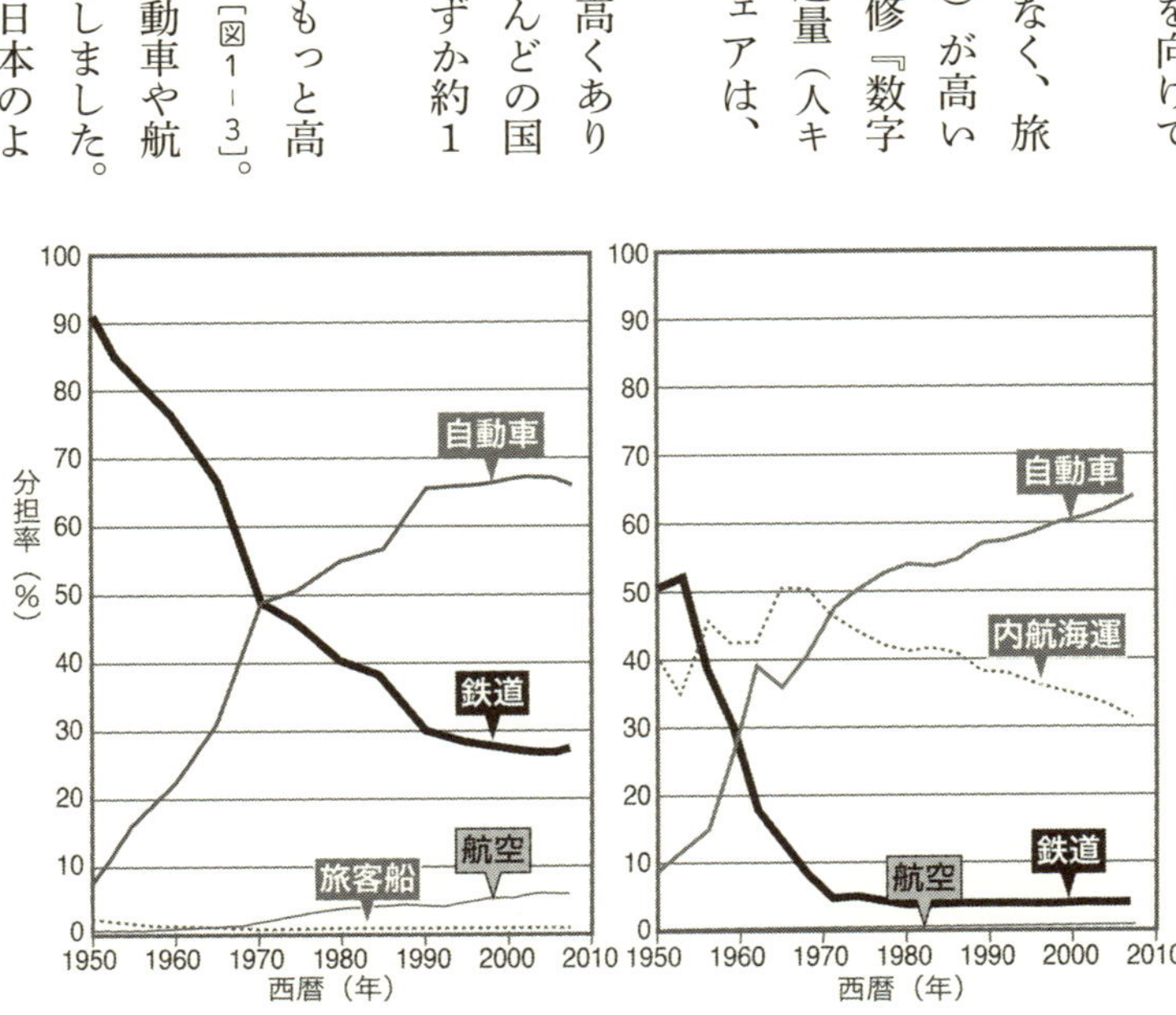

図1-3　各交通機関の分担率の推移（日本）。左は旅客（人キロ）、右は貨物（トンキロ）

うに20％を超える国はかなり珍しい存在です。

1・2 なぜ日本で鉄道が特異的に発達したのか

日本で鉄道が発達した要因を整理する

ではなぜ日本や東京では、鉄道が特異的に発達したのでしょうか。その理由をざっくり言えば、次の2つがあると言えます。

①―地理的要因―　鉄道が能力を発揮しやすい地域が多数存在した
②―歴史的要因―　鉄道が発達する条件がそろった時期が長く続いた

これらを、鉄道という交通機関の特徴をあらためて見ながら、よりくわしく説明しましょう。

交通機関には大きく分けると4種類あります。船舶、鉄道、自動車（道路交通）、そして航空です。これらはそれぞれ長所と短所があり、互いに補い合う関係にあります。

鉄道にも長所と短所があるので、短所をカバーできるほど長所を引き出すことができないと、交通機関として成立できません。鉄道は自動車よりも輸送効率が高い陸上交通機関で、一度に大量の旅客や貨物を高速で運ぶことができるなどの長所があります。ただし、線路設備という長大なインフラが必要で、その維持には道路よりもコストや手間がかかるので、それに見合うほど高い輸送需要がなければ、存在する意味がなくなります。つまり、鉄道は、その長所を生かせる限られた条件がそろったときだけ能力を発揮する交通機関なのです。

日本や東京で鉄道が特異的に発達したのは、鉄道に適した条件がそろっていたからです。その条件は多数ありますが、ここでは先ほど挙げた地理的要因と歴史的要因の2つに分けて説明しましょう。

地理的要因――帯状に連なった人口密集地がある

①の「鉄道が能力を発揮しやすい地域」とは、帯状に連なった人口密集地のことです。つまり、このような地域が多かったことが、鉄道の輸送需要を高め、鉄道が発達した要因になったと考えられるのです。

日本は人口が多く、人口密度が高い国です。２０１５（平成27）年度の国勢調査によれば、日本の人口は１・27億人（世界第10位）、人口密度は３４１人／平方km（世界第9位）です。人口密度は、世界平均（56人／平方㎞）の6倍です。ヨーロッパの国々とくらべると、どの国よりも人口が多く、人口密度が高いです。

日本ではさらに、人口密度が高い地域ができてそれらが帯状に連なる要因がおもに2つあります。地形の起伏が激しいことと、古くから街道が存在したことです。

地形の起伏が激しいことは、人口が平地、とくに海沿いの平地に集中する要因になりました。日本の国土の約4分の3は山地なので、人口は残り約4分の1の平地に集中しました。海沿いの平地に集中したのは、地形的な要因以外に、古くから海運が物流を支えていたことも関係しています。

古くから街道が存在したことは、その沿道に人口が集中する要因になりました。街道沿いには宿場町などが整備され、そこに人口が集まったからです。

それゆえ、2つの要因が重なった海沿いの街道筋では、人口がとくに集中した地域が数珠つなぎになって帯状に分布し、鉄道に適した条件がそろうようになりました。これが、「はじめに」で紹介したウォルマー氏が日本を「夢の国」と言った大きな理由です。

このため、これらの場所には明治時代から早期に鉄道が整備されたのです。

このような地域の代表例が、東海道新幹線などが通る東海道ルートです。ここは、東京・名古屋・大阪を中心とした3大都市圏を結ぶ主要ルートで、周囲に日本の人口の約半分が集まっています。これほど多くの人口が集中し、鉄道の能力が発揮しやすい地域は、世界でも珍しいでしょう。

いっぽう東京は、日本最大の都市であり、世界で最多の人口を誇る都市圏（首都圏）の核となる都市です。アメリカの調査会社デモグラフィアが２０１７年4月に発表した都市圏人口ランキングによれば、「東京・横浜」圏の人口は３７９０万人と世界トップで、第2位のジャカルタ（３１７６万人）より６００万人以上多いです。２０１５（平成27）年度の国勢調査では、首都圏（1都３県）の人口は３６１２・６万人で、デモグラフィアのデータよりもやや少なくなりますが、それでも日本の人口の４分の1以上が首都圏に集中しています。そのなかでもとくに人口が集中した地域である東京23区は、人口密度が約１・５万人／平方㎞で、ヨーロッパの主要都市よりも高くなっています。東京の人口分布は帯状ではなく、面状に広がっていますが、そこに鉄道網を縦横に巡らせても、コストを上回る需要が存在するほど、人口密度が高いのです。

つまり、日本と東京は、世界のなかでもとくに人口密度が高い国や都市であり、鉄道の能力を発揮しやすい地域なのです。

―歴史的要因1― 鉄道偏重の政策

②の「鉄道が発達する条件がそろった時期」とは、「鉄道偏重の政策」が続いた時代と、「他交通の発達の遅れ」が顕著だった時代が重なった時期のことです。つまり、その時期が長く続き、鉄道が伸び伸びと発達できたことが、鉄道が特異的に発達した要因になったと考えられるのです。

これら２つの要因については、拙著『東京道路奇景』（草思社・２０１６年）でくわしく説明しましたが、ここでは鉄道に関する部分だけピックアップして紹介しましょう。

「鉄道偏重の政策」は、明治初期からはじまりました。日本が西洋諸国のような近代国家を目指す一環として、鉄道で交通を短期間に近代化し、国内産業を発達させることにしたからです。

この背景には、日本と西洋の車両交通の発達のちがいがあります。西洋では、馬車などの車両の通行を容易にする舗装道路を2000年以上の時間をかけて整備してきました。いっぽう日本では、江戸時代を通じて幕府が街道での車両の通行を禁じたために、馬車などの車両交通が長らく発達できず、舗装道路もほとんど整備されませんでした。

それゆえ明治政府は、道路よりも鉄道の整備を優先しました。道路を整備して車両交通を発達させるよりも、街道筋などの主要ルートに、大量輸送を得意とする鉄道を整備したほうが効率がよいと考えられたからです。

また、鉄道は、明治政府が新しい時代の到来を人々に伝える上でも都合がよい交通機関でした。多くの人々が徒歩で移動していた時代に、いきなり蒸気機関車が出現し、大量の人や物を高速で運ぶようになったことが、人々にわかりやすいインパクトを与えたからです。

鉄道偏重の政策は戦後の1950年代まで続きました。戦前までは鉄道院や鉄道省と呼ばれる省庁が国内交通を統括することで継続され、戦後も鉄道はしばらく国内交通の支配的地位にあり、国内産業の育成などにも影響力を振るっていました。

たとえば、国鉄の元技師長で、東海道新幹線の実現に尽力した技術者としてよく知られている島秀雄氏は、若いころ（鉄道省時代）に自動車の国産化に関する論文も書き残しています。鉄道省が自動車製造にも関わっていたからです。今考えると意外ですね。

さて、東京は、明治時代から日本のなかでも鉄道整備がとくに進んだ都市でした。江戸と呼ばれた封建都市を、西洋の主要都市をモデルとし、東京と改称した近代都市に短期間で生まれ変わらせ、市街地を拡大するためには、鉄道の力が必要だったからです。

東京は、鉄道整備が優先的に進められた結果、鉄道が実質上の骨格をなす世界的に珍しい都市になりました。人体に基礎部分となる骨格があるように、都市にも骨格と呼ばれるものが存在し、その役割を鉄道が担っているのです。山手線と中央・総武線を示す円と横棒を書けば、東京の主要な街の位置をおおまかに示すことができるのは、この円と横棒が都市の骨格として機能しているからです。

いっぽう、東京がモデルとした西洋の近代都市では、道路が骨格として機能しています。東京でも、都市の骨格となる系統的な道路網（幹線街路網）を整備する動きが大正時代からありましたが、それは今も約6割しか完成していません。にもかかわらず、東京という巨大都市の機能を維持できたのは、鉄道が交通を支えてきたからと言えるでしょう。

つまり、日本と東京で鉄道が発達したのは、明治時代から短期間で近代化する必要に迫られた結果でもあるのです。

―歴史的要因2― 他交通の発達の遅れ

「他交通の発達の遅れ」とは、欧米諸国にくらべて自動車や航空の発達が遅れたことを指します。

欧米では、戦後に鉄道が急速に斜陽化しました。日本よりも早期に自動車や航空が発達し、鉄道が衰退したからです。それゆえ、鉄道を「時代遅れの交通機関」とか「消えゆくもの」ととらえる悲観論もありました。

それは、他交通の発達で、鉄道の中途半端さが目立つようになったからです。鉄道は、移動の自由度では自動車に及ばず、速度では航空機に及びません。船の大型化が進むと、輸送効率において船と大差がなくなりました。つまり、他の交通機関の発達で、鉄道の使い勝手の悪さが目立ち、その長所を生かせる領域が狭くなり、衰退せざるを得なかったのです。

ところが日本では、鉄道がそのような影響を受ける時期が欧米よりも遅れました。鉄道整備が優先された結果、道路や空港の整備が遅れ、自動車や航空の発達に時間を要したからです。これは、先ほどの「鉄道偏重の政策」とも関係があります。

道路の整備が遅れたのは、その必要性が１９５０年代まで十分に認識されていなかったからです。人体の血管にたとえるならば、鉄道は輸送の動脈であり、道路はそれを補完する毛細血管と考えられてきたので、自動車交通で国内産業を支えるという考え方も長らく定着していませんでした。

空港の整備が遅れたのは、終戦直後にＧＨＱ（連合国総司令部）から「航空禁止令」を受け、１９

51年まで航空事業ができなかったことや、航空運賃が鉄道運賃より高い時代が続き、航空需要が伸びるのが遅れたことなどが関係しています。

このような遅れは、日本の鉄道が発達する上でラッキーなことでした。他交通の発達が長らく鉄道の脅威とならなかったおかげで、鉄道は国内交通の主役を奪われることなく、優先的に発達できたからです。

ここまでの話で、日本の地理的・歴史的な特殊性が鉄道を育んだことがおおまかにご理解いただけたでしょう。そう、鉄道が発達したのは、日本がきわめて特殊な国だからなのです。

この特殊さは、海外展開における日本の鉄道の「強み」になる可能性があります。

日本の鉄道は特殊なので、日本で必要とされる技術などは、海外ではかならずしも必要とされません。しかし、その分海外の鉄道がしていない経験を積み重ねた実績があり、それが海外の鉄道で役立つ可能性もあるのです。

第１章まとめ

- 日本は鉄道利用者数が極端に多い国である
- 日本も東京も、地理的条件や人口分布が鉄道に適している
- 日本では、短期間に交通を近代化するために鉄道偏重の政策がとられた
- その結果、鉄道が特異的に発達した国になったいっぽうで、他交通の発達が遅れた
- 東京は、鉄道が事実上の骨格をなす世界でも珍しい都市である

コラム

ワトキンス・レポートに見る日本の鉄道

第１章を読んだ人のなかには、「１９５０年代に何があったのか」と疑問に思った人もいるでしょう。たしかに日本では鉄道偏重の政策が１９５０年代まで続きましたし、その後国内輸送における鉄道のシェアが急速に低下しました。それゆえ、「何か節目になる出来事が１９５０年代にあったのでは」と思う人もいるでしょう。

その理由を知る資料の１つに、１９５６年に記された通称「ワトキンス・レポート」がありま

す。正式名称は『日本国政府建設省に対する名古屋・神戸高速道路調査報告書』で、日本初の都市間高速道路（現・名神高速道路）を名古屋・神戸間に建設するための調査の結果をまとめたものです。「ワトキンス」は、当時の建設省（現・国土交通省）がアメリカから招聘した調査団のリーダーの名前です。

「ワトキンス・レポート」は、冒頭に次の言葉が記されている資料としてよく知られています。

日本の道路は信じがたい程に悪い。工業国にして、これ程完全にその道路網を無視してきた国は、日本の他にない。（同書9ページ）

また、鉄道偏重の輸送体系を批判した箇所もあります。たとえば日本の輸送体系の顕著な事実として、次の3つを挙げています。

①鉄道の支配的地位
②日本の道路の信じがたい程の貧弱な現状
③満足な道路の欠乏にもかかわらぬ自動車交通の目覚ましい成長

このあとには、次の文が続きます。

高度に工業化された国において、このように鉄道輸送が全般的に卓越し、道路輸送がひどく遅れた状態にある著しい差違を示しているものは日本のほかにない（同書23ページ）。

つまり、鉄道の発展の陰には、道路の貧弱さがあったのです。

名古屋・神戸間の都市間高速道路が計画された背景には、戦後に輸送需要が増大し、鉄道が深刻な輸送力不足に陥ったことが関係しています。

建設省が、この高速道路の建設費の一部を世界銀行から融資してもらうため、アメリカから調査団を招聘した結果、日本の輸送体系のバランスの悪さや道路整備の遅れが指摘されました。このことは、鉄道偏重の政策を見直し、道路整備を推進する大きなきっかけになったとされています。

このような道路の話は、鉄道とも密接な関係があるにもかかわらず、なぜかそれを記した鉄道書籍はほとんどありません。鉄道が支配的だったとか、鉄道偏重の政策があり、道路や空港の整備に予算が割かれない時代が長く続いたなどというのは、鉄道にとってはネガティブな話なので、鉄道書籍では書きにくかったのかもしれませんね。

第2章　日本の鉄道を海外と比較

本章では、海外の鉄道と日本の鉄道をくらべることで、「日本の鉄道はきわめて特殊でユニークだ」ということを、さらに掘り下げて検証してみましょう。ここでは比較対象国を、5カ国（イギリス・フランス・ドイツ・アメリカ・日本）に絞り、時間軸（鉄道史）と空間軸（地理的条件・現状）という2つの比較軸でくらべ、日本の鉄道の位置付けをより明らかにします。

2・1　英仏独米日の鉄道をくらべる

なぜ比較対象国を5カ国に絞ったのか

さて、なぜ比較対象国を絞ったのか疑問に思った人もいるでしょう。

理由は単純で、鉄道保有国が多すぎて、全部くらべるのが難しいからです。現在国際鉄道連合（ＵＩＣ）には、５大陸１００カ国の２００団体が加盟しています（２０１７年３月発行ＵＩＣパンフレットより）。

日本の鉄道の立ち位置をより正確に探るには、すべての鉄道保有国をあらゆる条件でくらべるのがベストなのですが、それをするのは容易ではありませんし、できたとしても日本の鉄道の特色がかえってわかりにくくなる恐れがあります。

そこで、比較対象国を５カ国に絞りました。この５カ国は、日本の鉄道の立ち位置を知る上で最小限欠かせない国です。また、国土交通省がウェブサイトで公開している「主要５カ国における国別の主要交通統計」でも、先ほどの５カ国が比較対象になっているので、絞り込みとしては妥当と言えるでしょう。

本書では、世界の都市鉄道（第３章）や高速鉄道（第４章）、空港アクセスや貨物輸送（第５章）も比較しますが、それらはすべてこの５カ国を中心にしています。

世界の鉄道史を川の流れに例えると

５カ国のうち、日本以外の国としてイギリス・フランス・ドイツ・アメリカを選んだのは、歴史的な理由もあります。

これらの4カ国は、それぞれ日本に鉄道技術を伝えたおもな国でもあるのです。もちろん、イタリアやスイス、スペインなどのように、4カ国以外にも日本に個々の鉄道技術を伝えた国は存在しますが、影響力がとくに大きかった国に限定すれば、この4カ国に絞り込むことができます。

世界の鉄道史における5カ国の位置付けは、川の流れに例えるとわかりやすいです〔図2－1〕。

川の水は、「源流」から流れはじめ、「上流」「中流」「下流」の順に流れて、河口で海や湖に注がれます。これを世界の鉄道史に例えれば、「源流」は鉄道の起源であり、「上流」は先ほどの4カ国、河口に近い「下流」はこれから鉄道を整備する新興国などを指します。

つまり、世界の鉄道史における日本の鉄道の立ち位置は「中流」なのです。

誤解する方もいるかもしれませんが、「上流」

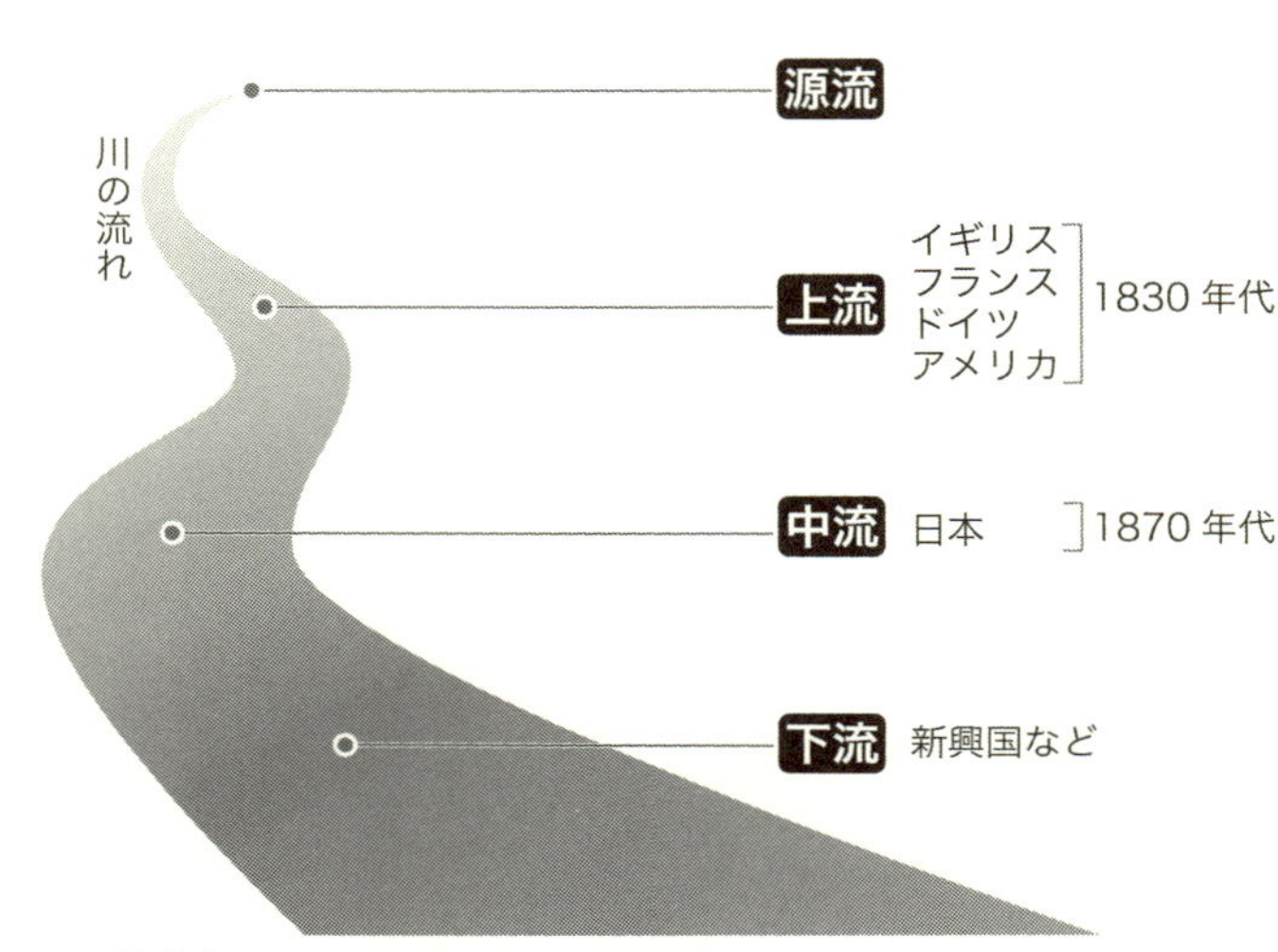

図2-1　鉄道史の流れ（最初の営業鉄道が開業した年代）

の国が「中流」や「下流」の国よりも優れているというわけではありません。「源流」に近いということは、たんに鉄道を導入する時期が早かっただけの話です。

日本が「中流」だったことは、ラッキーだったと考えるのが建設的でしょう。「上流」の国々が時間をかけて磨き上げてきた鉄道技術を短期間で学び取ることができたからです。

比較対象の4カ国をすべて「上流」、つまり鉄道技術で先駆した国から選んだのは、日本の鉄道の立ち位置を知る上で近道だからです。

4カ国はそれぞれ現在の鉄道の基礎となる何を生み出したのか。

日本は4カ国から鉄道の何を学び、国内で使えるように何を改良し、発展させたのか。

それらが5カ国の比較で示せば、日本の鉄道の特殊さやユニークさが生まれた理由を簡潔に示すことができます。

2・2 鉄道史をくらべる

そこでまず、5カ国の鉄道史をざっとくらべてみましょう。歴史の流れのなかで、4カ国と日本が鉄道についてどのように関わってきたのかがわかると、日本の鉄道の歴史的立ち位置が「中流」である理由がより明確に見えてきます。

—イギリス— 営業鉄道の発祥国

最初に紹介するイギリスは、世界で最初に蒸気機関車が走り、世界初の営業鉄道（リバプール・アンド・マンチェスター鉄道）が開業した国です。つまり、現在の鉄道の基礎を築いた国であり、「上流」の国のなかでもっとも源流に近い国です。言い換えれば、このあと紹介する4カ国は、すべてイギリスから鉄道技術を学んだ国です。

世界初の営業鉄道が開業してからは、鉄道建設ブームが起きました。鉄道が陸上輸送を飛躍的に効率化させ、産業を発展させる起爆剤となったからです。その背景には、イギリスからはじまった産業革命がありました。

当時イギリスでは「鉄道マニア」と呼ばれる人がいました。これは、鉄道を趣味とする人のことではなく、鉄道建設に夢中になった投資家を指します。それぐらい、当時の鉄道は「儲かる産業」と思われていたのでしょう。

ただし、鉄道建設ブームが過熱した結果、国内の鉄道の整備はバラバラに進むことになってしまいました。首都のロンドンにターミナル駅が複数存在するのは、それだけ多くの鉄道会社があったころの名残です。

20世紀に入ると、イギリスの鉄道は急速に衰退しました。自動車などが急速に発達したからです。

そこで、鉄道の合理化を図るために、イギリス国鉄が発足しました。バラバラに存在した民間の鉄道会社が４つに集約されたのちに、国有化されたのです。

１９９７年にはさらなる経営合理化を図るため、日本での事例をヒントにしてイギリス国鉄が分割民営化されました。

日本は、明治初期に国内初の鉄道（新橋・横浜間）を開業させるために、鉄道技術をイギリスから輸入しました。鉄道の建設方法や列車の運用方法、蒸気機関車などの車両、レールや信号機などの施設の部品などを、フルセットでイギリスから輸入したのです。当時でも、客車の車体の一部などのように、日本で製造した部分もありますが、全体から見ればほんの一部にすぎません。

―フランス―　高速化でリードした国

フランスは、国内の大部分の鉄道を政府主導で整備してきた国です。イギリスの鉄道が民間主導で整備されたのとは対照的です。

フランスは、早くから鉄道の高速化に取り組んだ国でもあります。この国では舗装道路や運河が先に整備され、鉄道が導入された当初から他交通とのきびしい競争にさらされたので、競争力を高めるために早期に急行列車を走らせ、所要時間の短縮を図った歴史があります。

そして戦後には、鉄道技術で世界をリードする存在になりました。国の威信をかけて高速化に取り組み、1955年には試験列車（電気機関車＋客車）が当時の鉄道世界最速記録（時速330・9㎞）を樹立し、世界で初めて時速300㎞を突破しました。また、商用周波数による交流電化などの技術を開発したため、世界から注目され、フランス国鉄は世界各国から留学生を受け入れました。

日本の鉄道技術者も、1950年代後半にフランスに留学し、鉄道技術を学びました。そこで学んだ交流電化や高速車両などの技術は、のちに東海道新幹線の実現に生かされました。

フランスが2007年に樹立した鉄道世界最速記録（時速574・8㎞）は、日本が2015年に超電導リニアで樹立した鉄道世界最速記録（時速603㎞）には及ばないものの、鉄輪式では今なお世界最速です。このことからも、フランスの高速化に対するこだわりが感じられます。

―ドイツ― 動力を近代化した国

ドイツは、鉄道車両に内燃機関や電気機関を導入し、動力を近代化した国です。首都のベルリンでは、博覧会の会場で世界最初の電気運転を実現し、郊外では世界最初の電車を実用化しました。この国で生まれたディーゼル機関車や電気機関車は、煙を吐いて走る蒸気機関車を駆逐し、動力の近代化を実現し、鉄道旅行の快適性を高めました。

世界で最初に鉄道の走行試験で時速300㎞を突破したのはフランスでしたが、時速200㎞を突破したのは、ドイツが先でした。1903年には1両の試験電車が時速203㎞を記録していました。

第一次世界大戦で敗北してからは、国内の鉄道が統合されてドイツ帝国鉄道が発足しました。

その後ドイツ政府は、技術力の高さを国内外に誇示するため、鉄道技術の開発に力を入れました。1929年にプロペラで推進する珍しい高速車両「シーネンツェッペリン」［写真2－1］が開発され、その2年後に当時の鉄道世界最速記録（時速230km）を樹立しました。1933年にはディーゼル列車「フリーゲンダー・ハンブルガー」が、駅間平均速度が世界最速の営業運転を実現しました。そう、戦前に世界の鉄道技術をリードしていたのは、フランスではなく、ドイツだったのです。

余談ですが、先ほど紹介した「シーネンツェッペリン」は、先頭形状が東海道新幹線の初代営業電車（0系）と似ていますね［図2－2］。

第二次世界大戦後には、敗戦によってドイツの

写真2-1　シーネンツェッペリン（ドイツ）

鉄道は東西に分断されて衰退し、鉄道技術をリードする座をフランスに受け渡すことになりました。高速鉄道の導入がフランスよりも遅れたのも、このためです。

ただし、東西分断後の西ドイツは、日本で「リニア」と呼ばれている磁気浮上式鉄道や、ディーゼル機関車の開発においては世界の鉄道をリードする存在でした。磁気浮上式鉄道の開発は1960年代に国策として進められたものの、2000年代に中止されました。いっぽうディーゼル機関車の開発においては、ドイツは現在も世界をリードする存在です。

日本の鉄道技術者は、戦後におもにドイツから磁気浮上式鉄道（超電導磁石を使った技術はアメリカから）やディーゼル機関車の技術を学び、日本の鉄道の条件に合った磁気浮上式鉄道やディーゼル機関車を開発しました。

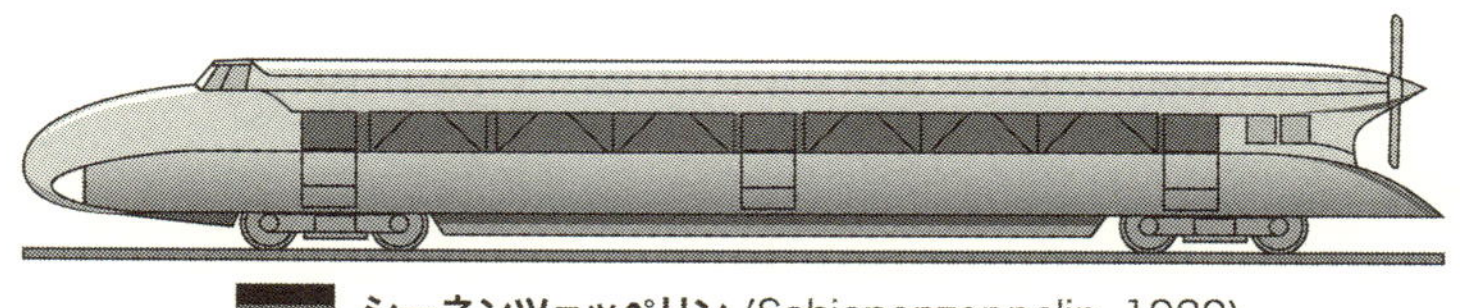

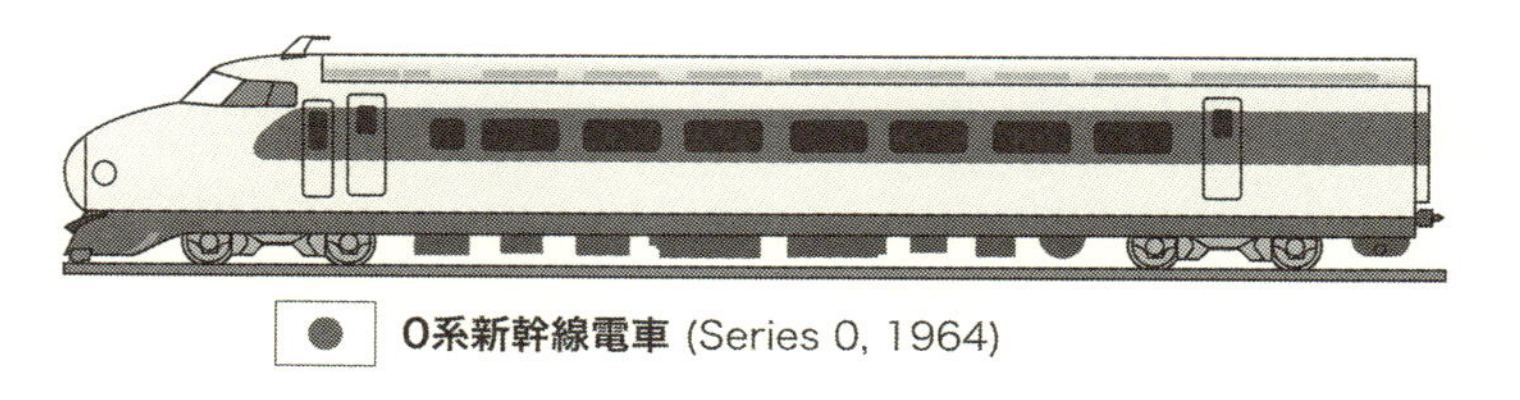

図2-2　シーネンツェッペリンと0系新幹線電車

しかし、ディーゼル機関車の開発は技術的なハードルが高くて難航し、ドイツからたびたび大出力ディーゼルエンジンや変速機などの技術や、エンジンそのものを輸入せざるを得ませんでした。ドイツ製のディーゼルエンジンは、現在も日本のディーゼル機関車の一部（DF200初期型）で使われています。

ドイツには、フランスとともに高速走行に適した台車（高速台車）を開発した歴史もあります。そのためか、先ほど紹介した新幹線の0系には、ドイツのミンデン研究所で開発された高速台車（ミンデン式台車）と構造がよく似た台車が使われました。

―アメリカ― 鉄道に磨きをかけた国

アメリカは、ご存知のように複数の州と連邦区からなる合衆国です。その開拓や本土統一には、鉄道と通信の発達が役立ったと言われています。先ほど紹介したドイツも、複数の国をまとめる上で鉄道が役立った歴史があります。

アメリカは、これまで紹介した3カ国で開発された鉄道技術に磨きをかけた国でもあります。

たとえばアメリカでは、ドイツで生まれた電車を改良し、電車による大量輸送を実現しました。吊掛駆動と呼ばれる駆動方式や、複数の電車を一括で制御する総括制御を世界に先駆けて開発したことで、電車を大型化し、1人の運転士が複数の電車を運転できるようにして、機関車が牽引する客車列車と同じような長編成の電車列車を走らせ、大量の旅客を一度に運ぶことを可能にしたのです。

アメリカは、こうした電車技術を生かして、大型の路面電車を開発し、都市交通を発達させました。それだけでなく、「インターアーバン」と呼ばれる電気鉄道を全米各地に建設し、電車による都市間輸送を発達させました。ただし、モータリゼーションが進むと、「インターアーバン」の多くが消えてしまいました。

いっぽう日本では、「インターアーバン」をモデルにして、私鉄（電気鉄道）が誕生しました。日本の鉄道の特徴でもある「駅ビル」の経営も、「インターアーバン」から学んだことでした。

日本―高速鉄道を生んだ国

日本は、高速鉄道を生んだ国です。

なぜそれを生むことができたのか。これまで紹介した4カ国の話を踏まえて説明しましょう。

日本は、先ほども述べたように、おもに4カ国から鉄道技術を学び、国内の条件に合わせて改良し、発展させた国です。そのことは、これまでの説明でおおまかにご理解いただけたでしょう。

ただし、日本の鉄道には、多くの制約がありました。国内の多くの鉄道の軌間（ゲージ、左右のレールの間隔）が、欧米で多用されている標準軌（1435㎜）よりも狭い狭軌（1067㎜）だったこと。

地盤が軟弱な地域に線路を敷設せざるを得ず、軸重（1本の車軸にかかる荷重）を小さく制限したこと。山が多く、トンネルを多く建設しなければならないことから、そのコスト削減のために車両限界（車両に許容される最大の断面）を小さくしたこと、などなど、4カ国よりもきびしい条件をクリアしながら、鉄道を発展させなければならなかったのです。海外の大型機関車をそのまま輸入して日本で走らせられなかったのは、このためです。

それゆえ日本の鉄道は、長らく輸入技術に頼らざるを得なかった上に、多くの制約を克服せざるを得なかったので、4カ国とくらべると鉄道技術の発達が大幅に遅れました。第1章でふれたように、明治初期から鉄道偏重の交通政策がとられたので、鉄道網は発達しましたが、高速化や輸送力増強はなかなか実現しませんでした。

そこで、戦前に日本政府は、従来の狭軌鉄道を欧米基準の標準軌鉄道にする（改軌する）か、それとは別に標準軌鉄道を新たに建設しようと考えました。

その結果生まれたのが、弾丸列車計画でした。この計画は、東京から下関まで標準軌鉄道を新設し、新しい輸送の大動脈をつくるというものでした。

この計画は起工に至ったものの、未完で終わりました。一部区間の線路用地の確保やトンネルの建設が進められたいっぽうで、戦争の激化で工事が凍結されてしまったからです。

ところが戦後になると、また新たな鉄道を建設する必要性が出てきました。戦後復興で鉄道の輸送需要が急激に高まり、日本を代表する輸送の大動脈である東海道本線の輸送力不足が深刻化したからです。

そこで、東海道本線の線路を増やす4案を比較検討した結果、標準軌の別線を新設する案が選ばれました。その結果完成したのが、現在の東海道新幹線です。弾丸列車計画で取得した線路用地やつくりかけのトンネルの一部は、東海道新幹線の建設に生かされました。

つまり、東海道新幹線の当初の目的は、輸送力が逼迫した東海道本線の救済だったのです。

１９６４年に開業した東海道新幹線は、結果的に世界の注目を集めることになりました。

注目を集めたのは、当時世界最速だった営業最高速度（時速２１０km）だけではありません。欧米で自動車や航空機の影響を受けて鉄道が斜陽化し、もはや鉄道は消えゆくものと思われていた時代に、従来の鉄道と互換性を持たない全長５００km以上の「鉄道のハイウェイ」を新たに建設し、機関車牽引の客車列車ではなく、電車列車を走らせ、時速２００km超の営業運転を実現する。この

	新幹線の技術	
車両	高速台車	ドイツで開発されたミンデン式に似てる
車両	駆動装置（WN 駆動）	アメリカのメーカーと技術提携して国産化
線路	商用周波数交流電化	フランスで先に本格的に実用化
線路	PC まくらぎ	ドイツ製品を見本に設計
線路	ロングレール	ヨーロッパで先に研究が進む
線路	レール締結装置	フランス方式を見本にして設計
線路	伸縮継ぎ目	フランス方式を見本にして設計

参考：山之内秀一郎著『新幹線がなかったら』第４章

図2-3　東海道新幹線で使われた海外のおもな基礎技術

ような発想がきわめて斬新でした。

これは、日本が鉄道における「制約が多い」という「弱み」を逆手にとって「強み」にしたとも言えるでしょう。そうでなければ、このような大胆な試みはできなかったからです。

海外で記された鉄道史の書籍のなかには、日本における新幹線の誕生を「鉄道のルネサンス」と記したものが存在します。それは、新幹線が鉄道に高速旅客輸送という新しい付加価値を与え、のちに世界に広がる高速鉄道の先駆けになったからです。

新幹線は、ハイテクの塊というイメージがありますが、じつは技術的な新規性はほとんどありません。東海道新幹線で使われた基礎技術の多くは、海外の技術がもとになっています［図2－3］。ただし、開発当時の技術者が、海外で磨き上げられた技術をしっかりと咀嚼（そしゃく）し、理解し、目的に合わせて鉄道のローテクを組み合わせ、世界にそれまでなかった高速鉄道システムを構築した点は、もっと評価されてもいいと私は思います。こうした改良にも技術が必要だからです。

2・3 鉄道の現状をくらべる

歴史の話はこの辺にして、ここからは5カ国の地勢や人口密度、輸送シェア、現状をくらべてみましょう。

地勢や人口密度をくらべる

まず、5カ国の地勢と人口密度を見て、鉄道がどの程度成立しやすいかをおおまかにくらべてみましょう。

鉄道は、自動車にくらべると急勾配（急な坂）に弱いので、あまり地形の起伏が激しすぎる地域には建設できません。もちろん、橋やトンネルで地形の起伏をある程度克服することはできますが、それには多額の建設費がかかります。

また、第1章でもふれたように、鉄道は陸上での大量輸送を得意とする交通機関なので、一定以上の輸送需要がないと成立しませんし、当然のことながら人口密度が低すぎる地域では成立しません。

図2－4は、5カ国の人口や面積、人口密度を示しています。これを見ると、日本だけ極端に人口密度が高いのがわかります。言い換えれば、ほかの4カ国、とくに人口密度が低いアメリカでは、日本よりも鉄道が成立しにくいと言えます。

	人口 （千人）	面積 （km²）	人口密度 （人 /km²）
イギリス  200km	64,716	242,495	268
フランス  200km	64,395	551.500	117
ドイツ  200km	80,689	357,376	227
アメリカ 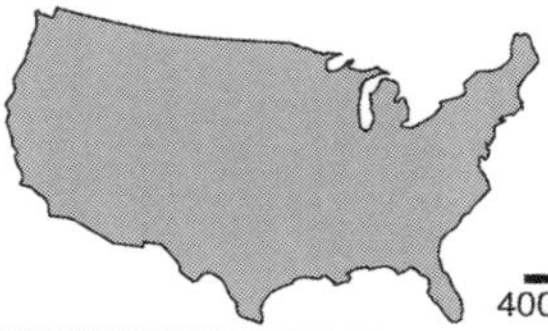 400km	321,774	9,833,517	33
日本  200km	127,095	377,971	341

図2-4　5カ国の人口・面積・人口密度（2015年）

交通機関別輸送シェアをくらべる

次に、５カ国の輸送シェアをくらべてみましょう。

図２－５は、各国における旅客輸送と貨物輸送のシェア（分担率）を示しています。

旅客輸送においては、どの国も道路交通（自動車）が大きな割合を占めており、日本は他の４カ国よりも鉄道の比率が高いのがわかります。

いっぽう貨物輸送においては、アメリカを除く４カ国で道路交通が大きな割合を占めており、アメリカだけ鉄道がトップシェアを占めているのがわかります。アメリカは陸地面積が広く、内陸の都市に貨物を運ぶには、トラックよりも貨物列車のほうが効率がよいので、鉄道のシェアが高いのです。

さあ、このあとは５カ国それぞれの鉄道の現状

	イギリス	フランス	ドイツ	アメリカ	日本
旅客	1, 8, 91	1, 11, 87	5, 7, 87	14, 1, 85	7, 35, 57
貨物	4, 9, 21, 66	2, 5, 10, 83	2, 10, 18, 70	21, 37, 11, 31	4, 37, 59

■鉄道, ■道路交通, ☐航空, ■船舶, □パイプライン　　単位：％

図2-5　国内交通の輸送量の分担率［2008年度、旅客：人キロ、貨物：トンキロ］

を見ていきましょう。

―イギリス― 再度の鉄道改革が進行中

イギリスは、日本と同じ島国です。日本とくらべると、人口は約5割で、面積は約6割、人口密度は日本の約7割です。これでもヨーロッパでは人口密度が高いほうです。それだけ日本の人口密度が高いとも言えますね。

人口は首都のロンドンに集中しており、交通網はロンドンを中心に放射状に広がっています。これは、鉄道網も同様です。しかし、日本の東海道ルートのような国を代表する回廊はありません。

イギリスの鉄道の大部分は、政府がイギリス国鉄を分割民営化して発足した多くの民間企業によって運営されています。日本のＪＲグループと大きく異なるのは、列車運用と施設維持を別々に運営する方式（上下分離方式）を採用しており、施設維持に関しては駅だけを運営する会社も存在し、グループ企業の数が多いことです。ただし旅客輸送に関しては、「ナショナルレール」という統一ブランドで呼ばれています。

現在イギリスでは、分割民営化に次ぐ大規模な鉄道改革が進められています。鉄道運営を分割したことで、コスト的にはかえって非効率になり、連携が欠如してしまったからです。このため、鉄道運営方法や旅客サービスの見直しが進められています。

―フランス― 国際列車が集まる国

フランスはヨーロッパ大陸にある国です。日本とくらべると、人口は約5割で、面積は約1・5倍、人口密度は約3割です。国全体で見れば、イギリスよりも人口密度が低く、鉄道の運営がやや難しい国です。

人口は首都のパリに集中しており、交通網はパリを中心に放射状に広がっています。このため、パリを中心とした鉄道網が存在します。これは、フランスが過去に中央集権国家として築かれた歴史とも関係があります。

フランスの鉄道網は、大部分をフランス国鉄（SNCF）が運営しており、隣国のドイツやベルギー、スペインなどの鉄道網ともつながっています。このため、島国のイギリスとはちがい、国境を越える国際列車が多く通っています。

パリは、国際高速列車の拠点にもなっています。イギリスやベルギー、オランダ、ドイツ、スペインなどに向かう国際高速列車が、パリを発着しています。

このこともあり、パリには、先述した国際鉄道連合（UIC）の本部があります。UICは、世界最大の鉄道組織で、ヨーロッパの国際列車の共同運行や鉄道技術の標準化を目的に1922年に発足しました。日本は発足時から加盟しており、国鉄がパリに設置した事務所は、現在JR東日本に受け継がれています。

フランスの鉄道の旅客輸送量は、その後自動車や航空機の発達で低迷しましたが、1981年に高速鉄道（TGV）が開業してからは増加に転じました。しかし、近年は格安航空（LCC）の発達や、規制緩和による長距離バスやライドシェアなどの利用者増加の影響を受け、鉄道の経営状況がきびしくなっています。

―ドイツ― 鉄道網が分散している国

ドイツは、隣国のフランスと同様に、ヨーロッパ大陸にある国です。イギリスよりも人口密度がやや低く、複数の国をまとめて築かれた連邦共和国なので、人口は首都のベルリンだけに集中せず、全体的に分散しています。

このため、交通網も全般的に分散しています。ベルリン付近では交通網が密になっていますが、ロンドンやパリほどではありません。また、国を代表するような輸送需要が高いルートがドイツにはありません。この傾向は、鉄道網も同じです。

ドイツの鉄道網の大部分は、ドイツ鉄道（DB）が運営しています。ドイツ鉄道は、旧西ドイツと旧東ドイツの国鉄を統合・民営化して発足したドイツ最大の鉄道会社です。

現在のドイツの鉄道は、イギリスやフランスの鉄道と同様に、きびしい経営状況にあります。ドイツは、日本と同様に自動車産業が国の基幹産業となっているだけでなく、「アウトバーン」と呼ばれる世界最初の高速道路網が国内に張り巡らされ、日本よりも先にモータリゼーションが進んだ歴史があるので、鉄道は自動車とのきびしい競争にさらされています。また、日本と同様に少子高齢化や人口減少という社会問題に直面しており、今後鉄道をどう維持するかが大きな課題となっています。

―アメリカ― 世界最大の鉄道大国

アメリカは、北米大陸にある国です。日本とくらべると、人口は約2・5倍で、面積は約26倍、人口密度は約1割です。

この国の交通網では、輸送量の多いルートはあまりありません。人口密度が低い上に、都市が分散しているからです。それゆえ、陸上での旅客輸送では、自動車による小規模輸送が主体で、鉄道による大規模輸送のニーズは少ないです。

それでもアメリカは、鉄道大国です。アメリカの営業鉄道の総延長は世界最長の22万9103kmで、2位の中国（10万3145km）や3位のロシア（8万6005km）を大きく引き離しています。

それは貨物鉄道が発達しているからです。先ほど紹介したように、国内の貨物輸送における鉄道のシェアは、道路交通よりも大きいのです。陸地が広いアメリカでは、船舶が通れない地域が多いので、大量輸送を効率よくできる鉄道が、国内の貨物輸送を大きく支えています。

それでも、旅客鉄道が発達した地域がないわけではありません。代表例が北東回廊です。日本の東海道ルートに相当する、国を代表する回廊です。

北東回廊は、大西洋に面した海岸沿いの地域で、アメリカ最大の都市であるニューヨークや、首都のワシントンD．C．のほかに、ボストンやフィラデルフィアなどの大都市が数珠つなぎになっているので、アメリカで唯一の高速列車が走っています。

アメリカの都市間鉄道における旅客輸送は需要が著しく低く、民間企業が運営するのは難しいので、アムトラックと呼ばれる公社が運営しています。アムトラックは、１９７０年にアメリカ政府が発足させた旅客輸送専門の公社で、全米の都市間鉄道旅客輸送を一手に担っています。

―日本― 鉄道利用者数が極端に多い国

日本は、第1章でふれたように、鉄道が特異的に発達した国です。この国は、イギリスと同じ島国で、他の4カ国よりも人口密度が高く、鉄道が成立しやすい地域が多数存在します。

ただし、発達しているのは旅客輸送だけです。貨物輸送の輸送シェアはわずか4％で、5カ国で最低です。

現在の日本の都市間鉄道は、ＪＲや民鉄（私鉄）、第三セクター鉄道などの民間企業が支えています。また、イギリスの鉄道の紹介でふれた上下分離方式は、これまでの4カ国だけでなく、世界の鉄道の大部分で採用されていますが、日本で採用されているのは一部の鉄道だけです。これらも、この国の鉄道の大きな特徴です。

日本では、今後少子高齢化による人口減少が世界最速のペースで進むとされているので、鉄道の旅客輸送がこれからどうなるか気になるところです。

異なる条件に合わせて発達した各国の鉄道

さあ、ここで5カ国の鉄道の特徴をそれぞれ振り返ってみてください。それぞれには一長一短があり、どれかが優れているというわけではないことがご理解いただけるでしょう。

そう、いずれの国も、鉄道を導入した時期だけでなく、地勢や人口分布、そして交通全体の状況が異なるのです。その背景には、国ごとに異なる条件に合わせて鉄道を発達させてきた歴史があります。

このように、国ごとに異なる条件や鉄道の状況を、優劣をつけずにそのまま受け入れると、日本を中心とした考え方にとらわれず、日本の鉄道を客観視することができます。

本章では、5カ国の鉄道をざっくりとくらべましたが、次の第3章から第5章まではより具体的詳細でくらべ、日本の鉄道の総合的な立ち位置をより明らかにしていきます。

第2章まとめ

・日本の鉄道の歴史的立ち位置は「中流」
・どの国の鉄道も一長一短があり、どれが優れているとは一概に言えない

コラム

どの言語が鉄道の情報をたくさん得られるか

鉄道に興味を持った方なら、鉄道に関する情報をたくさん集めたいと思うでしょう。知識欲に火がつき、できるだけ多くのことを知りたいと思えば、あらゆる手段を駆使して情報を集めたくなるでしょう。

今なら、鉄道に関する情報を容易に入手することができます。スマートフォンやパソコンを使えば、検索エンジンの力を借りて、国内のみならず海外の鉄道情報を瞬時かつ大量に集めることが可能です。情報技術（IT）が発達したおかげです。

とはいえ、世界には6000以上の言語が存在するので、日本語で記された情報は全体のほん

の一部にすぎません。

∇検索エンジンで見るヒット件数

では、どの言語で検索すれば、鉄道に関する情報をより多く得ることができるでしょうか。

検索エンジンを使ってそれを比較してみましょう。各言語で「鉄道」を検索したときのヒット件数をくらべれば、おおまかな傾向を知ることができます。

図2－6は、代表的な検索エンジンであるグーグルを使ったときのヒット件数の比較です。これを見ると、英語の「railway（レールウェイ）」が圧倒的に多いことがわかります。「railway」は、イギリスを中心とする英語圏での「鉄道」の一般的な呼び方ですが、アメリカでは「railroad（レールロード）」と呼ぶのが一般的です。ドイツ語では「Eisenbahn（アイゼンバーン）」

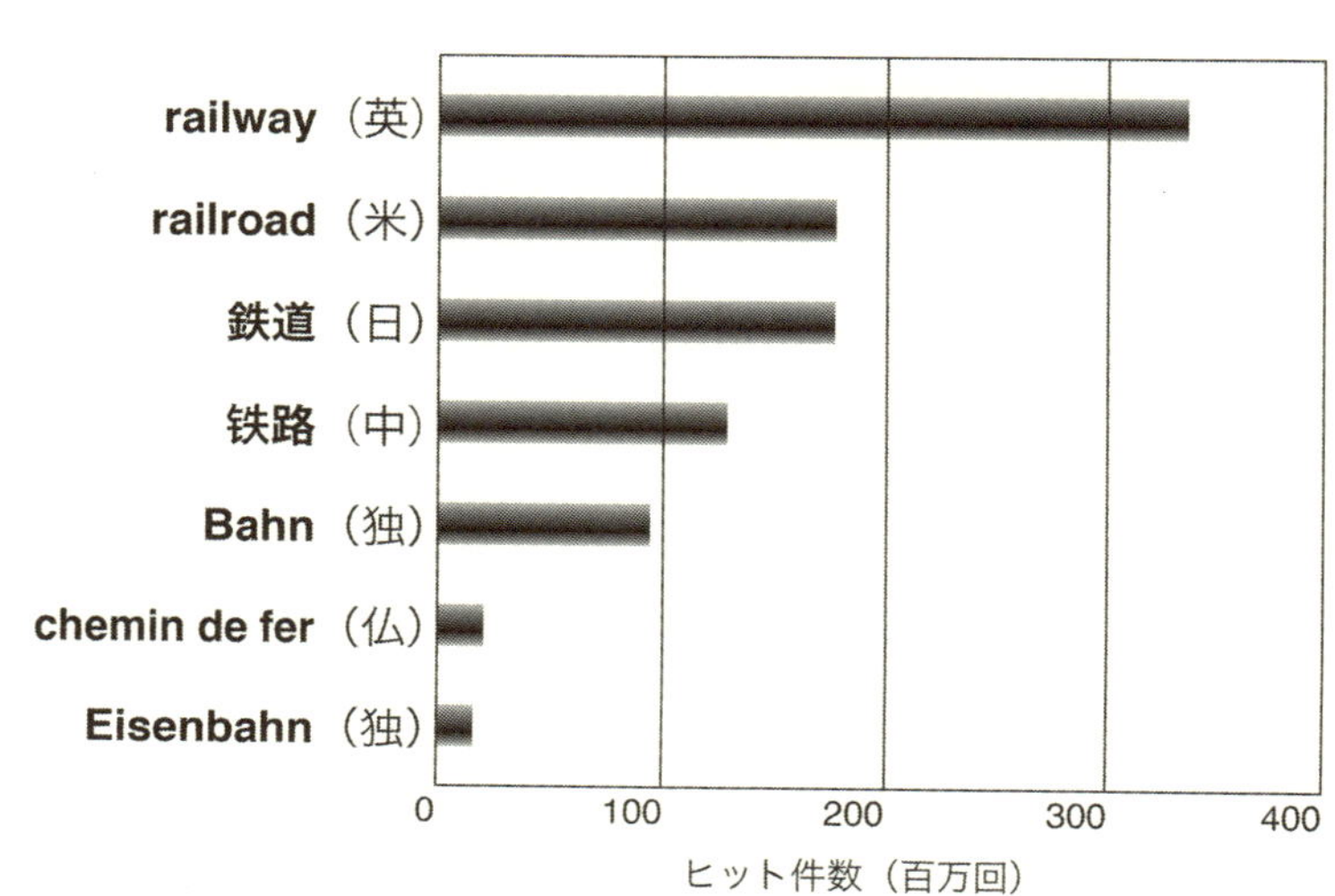

図2-6　Googleで「鉄道」を検索したときのヒット件数（2017年11月時点）

と呼び、道路もふくめて「Bahn（バーン）」と呼ぶこともあります。

これを見ると、英語の「railway」で検索するとくに多くの情報が得られそうです。日本語の「鉄道」のヒット件数は、一国で使われる言語としては多いですが、英語には及びません。

それもそのはず、英語は世界80カ国以上で話されており、その人口（英語人口）は17・5億人で、世界の人口全体の25パーセントを占めています。つまり、英語ができれば、世界の4人に1人と意思疎通がとれるのです。

そのこともあり、現在の国際論文は基本的に英語で記されています。戦前には、技術や医療などの分野でドイツ語の論文が多数存在しましたが、現在はドイツでも英語で論文を書くことが多いようです。

戦前の鉄道史を深く知りたい方は、ぜひドイツ語やフランス語の論文も読んでみてください。全部読めなくても、図や写真を見ながら、辞書を片手におもな単語を拾い読みすれば、ざっくりとした内容はわかります。英語の論文では記されていない事実がそこにあることに気づくことでしょう。

▽鉄道業界誌で見る日本の立ち位置

世界の鉄道の動向を知るものとして、国際的な鉄道業界誌がありますが、これも英語で記されています。

たとえばその代表例とも言える『Railway Gazette International（レールウェイ・ガゼット・インターナショナル）』は、イギリスで発行されている鉄道業界誌で、世界100カ国以上で読まれており、各国の鉄道の話題が英語で記されています。ウェブで投稿された記事は無料で公開されているので、同誌のツイッターやフェイスブックのアカウントをフォローしておくと、投稿された記事の情報をリアルタイムで入手できます。

この雑誌には、日本の鉄道の情報はあまり載っていません。たとえば2016年にウェブで公開された記事（1240件）のうち、日本関連の記事はわずか18件で、全体の1・5%にすぎません。ヨーロッパ関連の記事が多いのは事実ですが、中国関連の記事は28件、インド関連の記事は23件と、日本関連より多いです。

つまり、日本の鉄道は、世界全体ではあまり注目されていないのです。そのことは、記事の少なさだけでなく、内容を見ればわかります。日本の鉄道は、他国の鉄道とくらべると特殊すぎる上に、近年大きな変化がなく、他国と線路がつながっていないこともあり、関心を示す人が少ないのです。

このことも、日本の鉄道の立ち位置を示していると言えるでしょう。

第3章　日本と海外の都市鉄道をくらべる

鉄道には、大きく分けて都市鉄道と都市間鉄道があります。都市鉄道は都市の内部の輸送を担う鉄道、都市間鉄道は都市と都市を結ぶ鉄道です。本章で比較するのは都市鉄道です。

第1章では、日本の鉄道だけでなく、東京の都市鉄道も特異的に発達していることを紹介しました。

本章では、海外の主要都市と東京の都市鉄道をくらべることで、そのことをより明らかにします。

3・1　米英仏独日の都市鉄道をくらべる

5カ国の最大の都市どうしを比較

本章では、世界の5都市の都市鉄道を、歴史と現状でくらべます。

この5都市とは、第2章で紹介した5カ国それぞれを代表する都市であり、イギリスのロンドン、フランスのパリ、ドイツのベルリン、アメリカのニューヨーク、そして日本の東京を指します。それぞれ各国でもっとも人口が多い都市で、ニューヨーク以外は、各国の首都でもあります。

世界の都市鉄道史は、この5都市でおおむね語ることができます。都市鉄道や地下鉄が誕生し、発展を遂げたという歴史には、この5都市が大きく関わっているからです。

また、これらの都市の都市鉄道をくらべると、東京で特殊かつユニークな都市鉄道が生まれた理由も見えてきます。

発達した都市鉄道が地下鉄中心になりやすい理由

世界の大都市のなかには、地下鉄を中心として都市鉄道を発達させた国が多数存在します。市街地の都市化が進んで建物が密集し、地上部分に線路を敷設するための用地を確保するのが難しくなり、道路などの下に地下鉄を建設し、大量輸送を実現したという例が多いからです。

先ほどの5都市でも、ロンドン、パリ、ニューヨークでは、ほとんど「都市鉄道＝地下鉄」です。

ところがベルリンと東京では、地下鉄だけではなく、地上の都市鉄道も発達しています。しかも両都市には、地上を通る環状線が存在します。東京の山手線に相当する環状線がベルリンにも存在するのです。

なぜベルリンと東京では、地上でも都市鉄道が発達したのでしょうか。

それを探るため、5都市の都市鉄道史を探って見ましょう。

3・2　都市鉄道史をくらべる

本節では、5都市の都市鉄道史を紹介しますが、その順番は第2章とは異なり、アメリカのニューヨークが最初になります。なぜならば、世界の都市鉄道史は、事実上ニューヨークからはじまったからです。

―ニューヨーク―　都市鉄道の発祥地

ニューヨークは、事実上の都市鉄道の発祥地と言えます［図3－1］。都市内のみを通る馬車鉄道が1832年世界で最初に営業運転をしたのが、ニューヨークだったからです。このため、世界の都市鉄道史の書籍では、ニューヨークが最初に紹介されることが多いです。

ニューヨークでは、おもに道路の敷地を使って都市鉄道が発達しました。中心地であるマンハッタンに限れば、都市鉄道のネットワークを2度もつくりなおしたという珍しい歴史があります。

マンハッタンで最初に発達したのは、道路の路面を通る路面鉄道でした［図3－2］。道路の路面にレールを敷いて馬車鉄道が誕生し、その後車両を電車化して路面電車が街を走るようになりました。しかし、路面鉄道は馬車などの路面交通の妨げになるという難点がありました。

そこで、1870年代から高架鉄道が発達しました。道路に高架橋を建設し、線路を中空に通すことで、路面交通を妨げずに大量輸送することを実現したのです。しかし、高架鉄道には、高架橋が騒音の発生源となり、日照を遮るという難点がありました。

現存する地下鉄は、高架鉄道が発達したあとの1900年代以降に建設されました。これによってマンハッタンからほとんどの高架鉄道が消えま

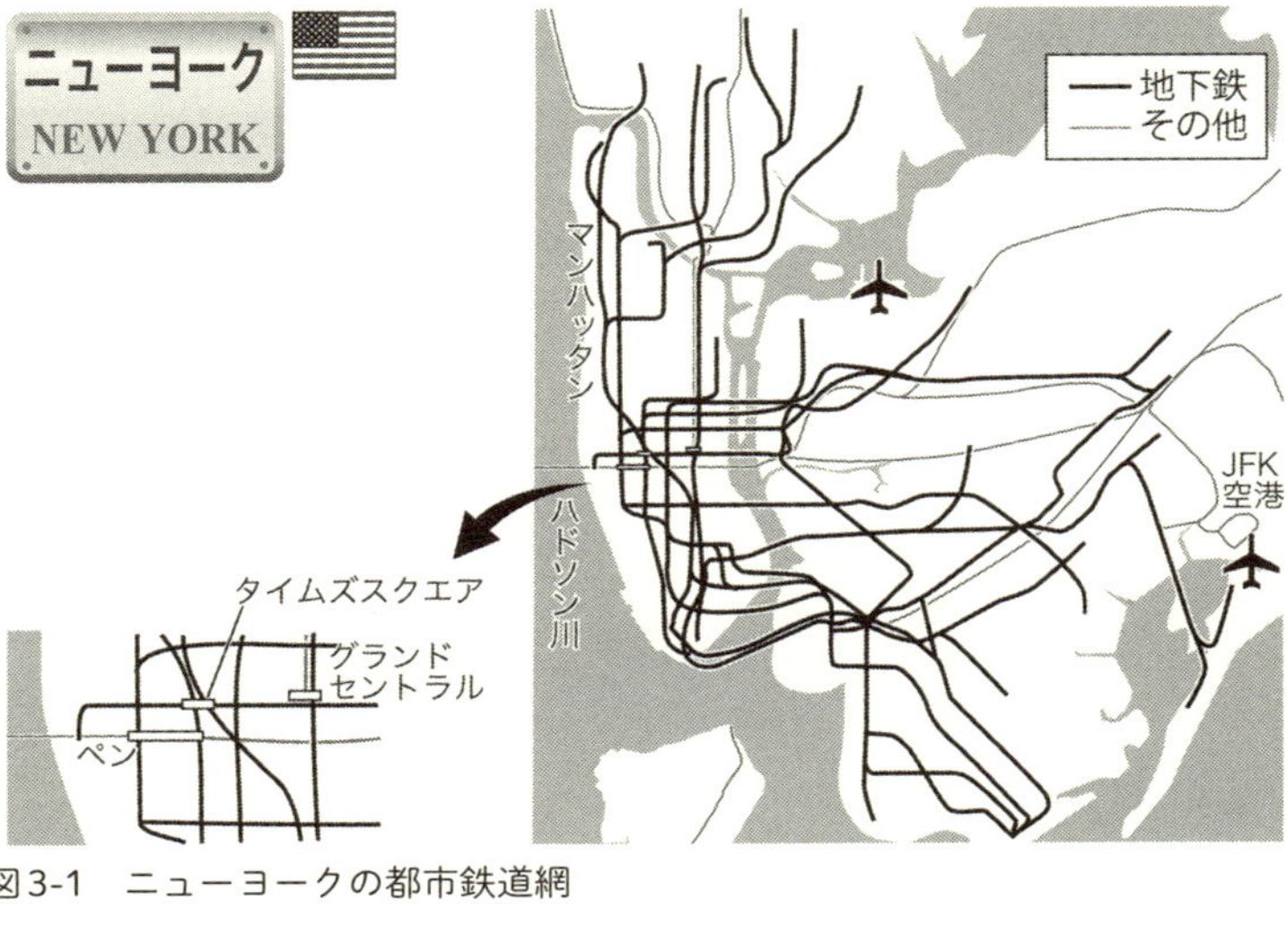

図3-1　ニューヨークの都市鉄道網

した。

　つまり、マンハッタンでは、馬車鉄道の誕生から80年ほどの間に、路面電車や高架鉄道の発達を経て、地下鉄が整備されるという、都市鉄道のダイナミックな変化があったのです。既存のものにこだわらず、合理性を追求して変化するさまは、いかにもアメリカらしいですね。

―ロンドン―　地下鉄の発祥地

　ロンドンは、地下鉄の発祥地です［図3－3］。世界最初の地下鉄は、１５０年以上前の１８６３年にこの地で開業しました。日本で言えば江戸時代末期で、黒船来航から10年後です。

　ロンドンで地下鉄が誕生した大きな理由は、おもに２つあります。ターミナル駅がバラバラに存在していたことと、道路が狭かったことです。

　この街では、都市間鉄道のターミナル駅が複数存在します。これは、第2章でふれたように、複数の民間企業がそれぞれ個々に都市

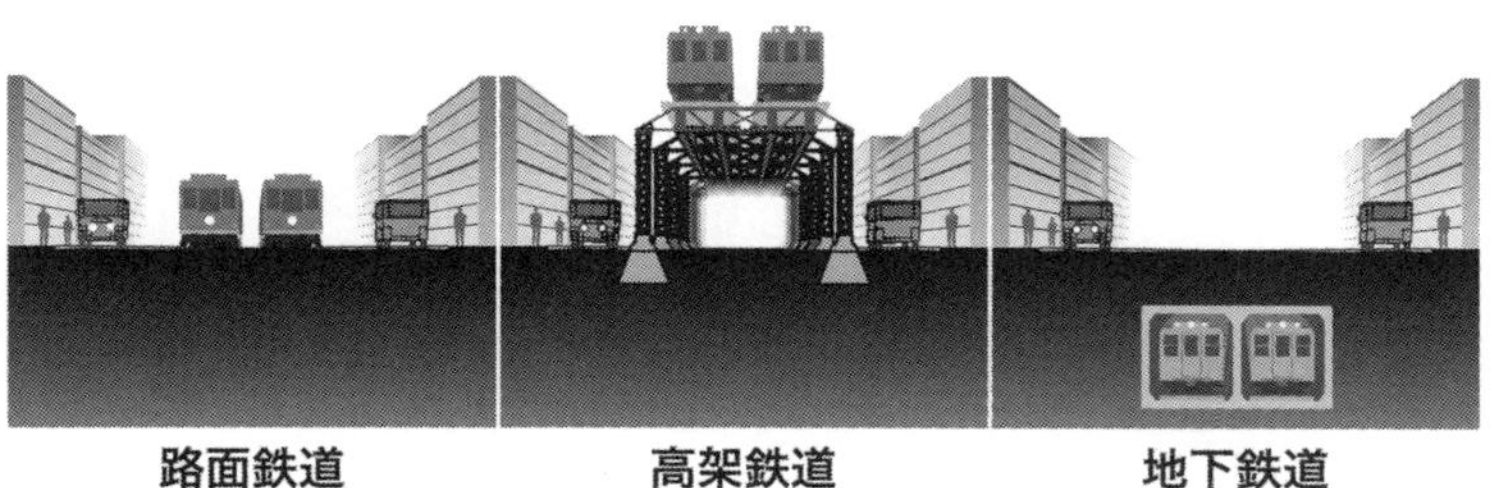

図3-2　街路と都市鉄道

間鉄道を建設したときの名残です。

ところが、地下鉄ができる前は、各ターミナル駅を結ぶ公共交通機関には馬車しかありませんでした。

そこでネックになったのが、道路の狭さです。ロンドンでは、産業革命以降に人口が急激に増加して、交通需要が高まったのに、道路は狭いままだったので、道路の交通量が増えると、馬車がスムーズに通行できなくなりました。

とはいえ、路面鉄道や高架鉄道を建設して大量輸送を実現することは困難でした。道路が狭いゆえに路面に線路を敷くことができず、建物が密集していたので高架橋を建設することもできなかったからです。

そこで、地下にトンネルを建設し、そこに線路を敷き、各ターミナル駅を結びました。つまりロンドンは、都市における空間的制約を克服

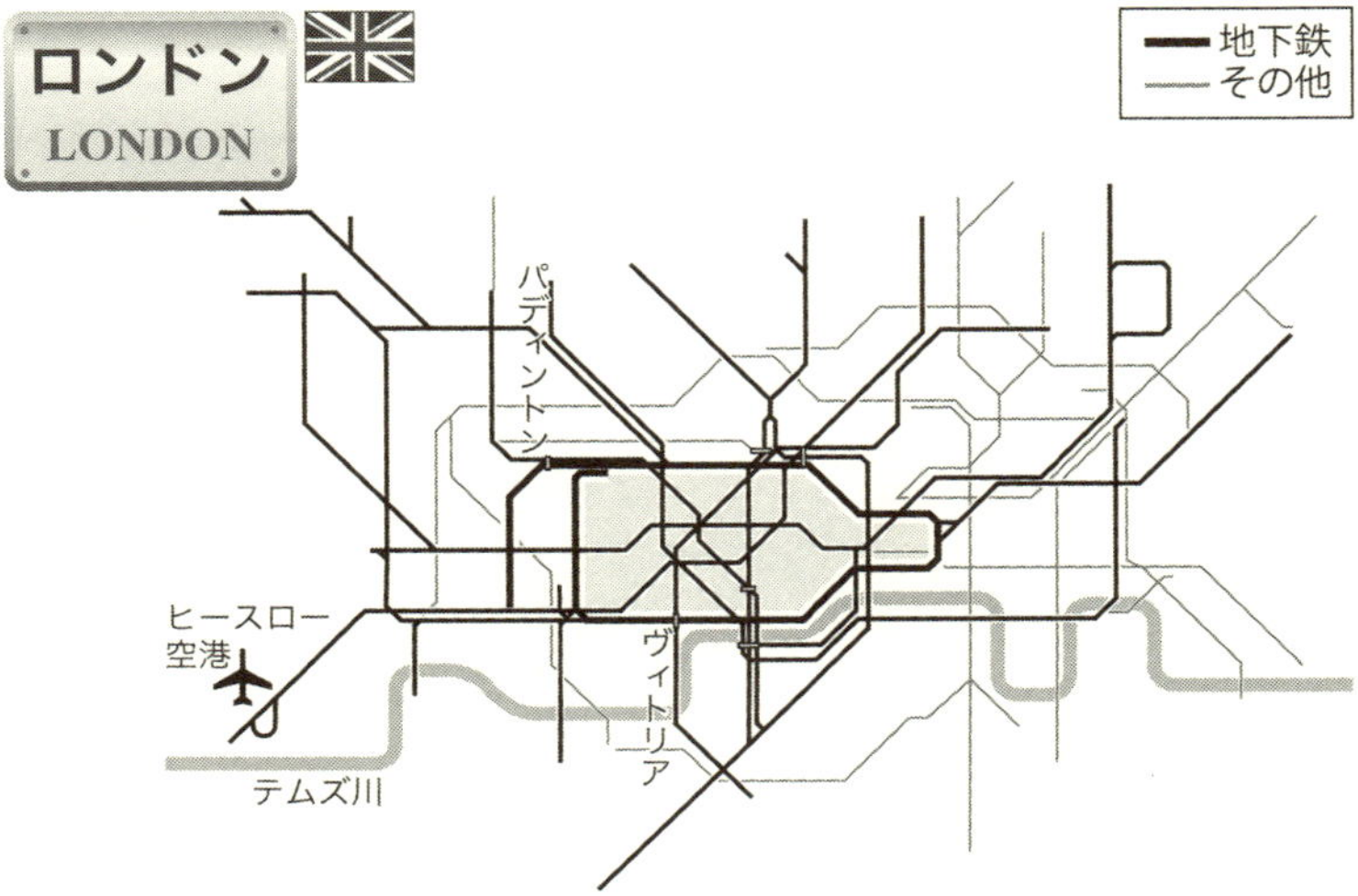

図3-3　ロンドンの都市鉄道網

するために、地下鉄を誕生させたのです。

今では信じられないことですが、世界最初の地下鉄を走ったのは、電車列車ではなく、蒸気機関車が牽引する客車列車でした。後述するベルリンで電車が誕生する前だったので、煙や蒸気を吐く蒸気機関車が地下鉄を走らざるを得なかったのです。

世界最初の地下鉄として開通した区間は、のちにサークルライン（環状線）の一部となり、市街地にある主要ターミナル駅を結ぶ役割を果たしました［図3－4］。

ロンドンは、シールド工法の発祥地でもあります［図3－5］。シールド工法とは、トンネルを構築する工法の1つで、地面に対して横方向に掘り進みながらトンネルの壁を構築していくので、地上への影響を最小限に抑えながらトンネルをつくることができます。今では地下鉄や

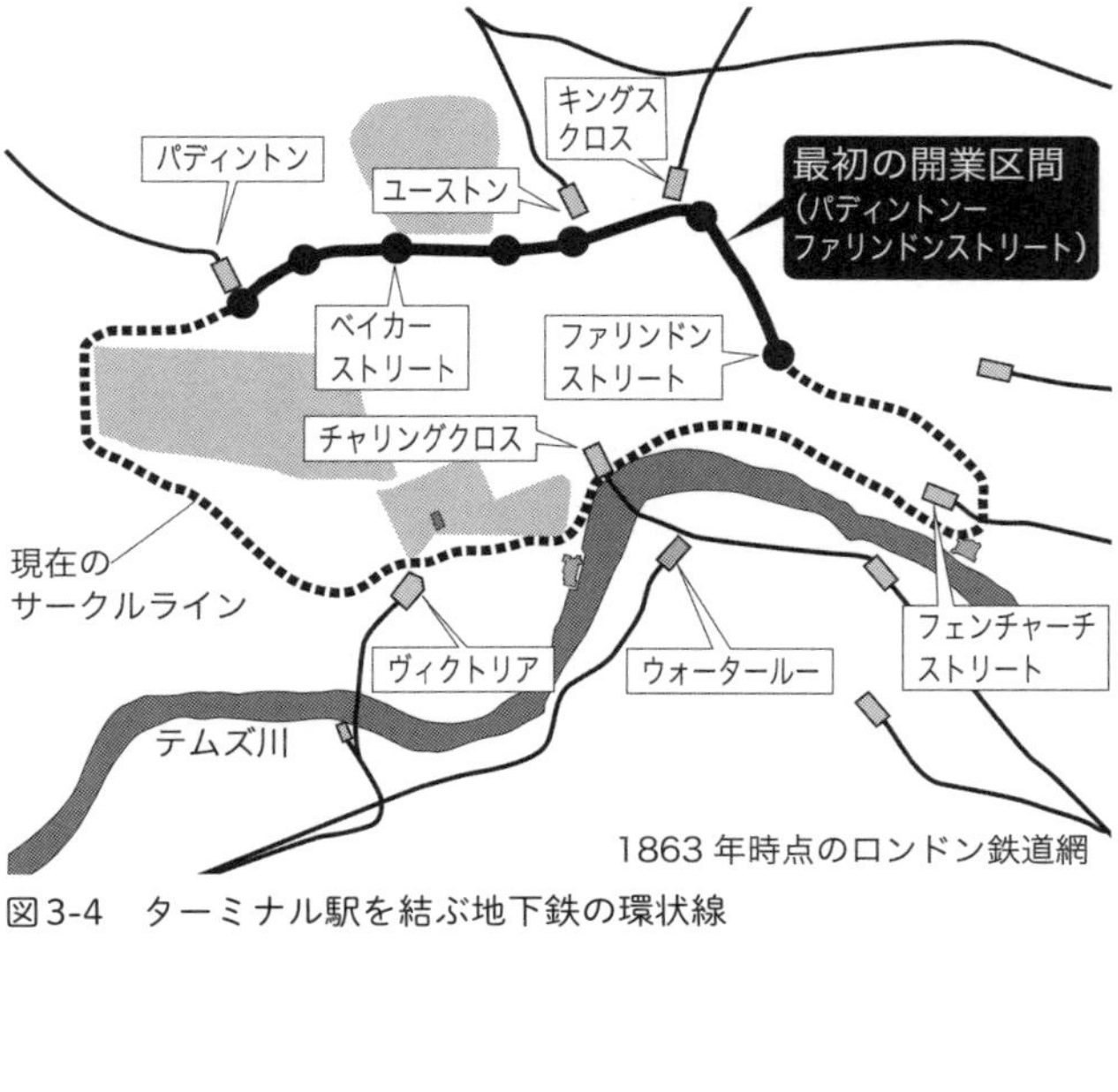

図3-4　ターミナル駅を結ぶ地下鉄の環状線

地下道路、下水道などの工事で当たり前のように使われている工法ですが、それはこの地で生まれました。市街地を流れるテムズ川を横断するトンネルを建設するときに必要だったからです。

ロンドンで地下鉄網が発達したのは、シールド工法が開発されたおかげでもあります。ロンドンの道路は曲がりくねっており、道路に沿ってトンネルを建設するのが困難な場所が多いので、建物の下にもトンネルを建設できるシールド工法が多用されています。

シールド工法を採用した地下鉄路線は、トンネル断面が円筒形なので、「チューブ」と呼ばれています。そこを走る電車は、車体がトンネル断面に合わせた半円形に近い形になっています［写真3－1］。

―パリ―　2種類の地下鉄がある都市

パリには、2種類の地下鉄があり、メトロとRER（エールウエール）と

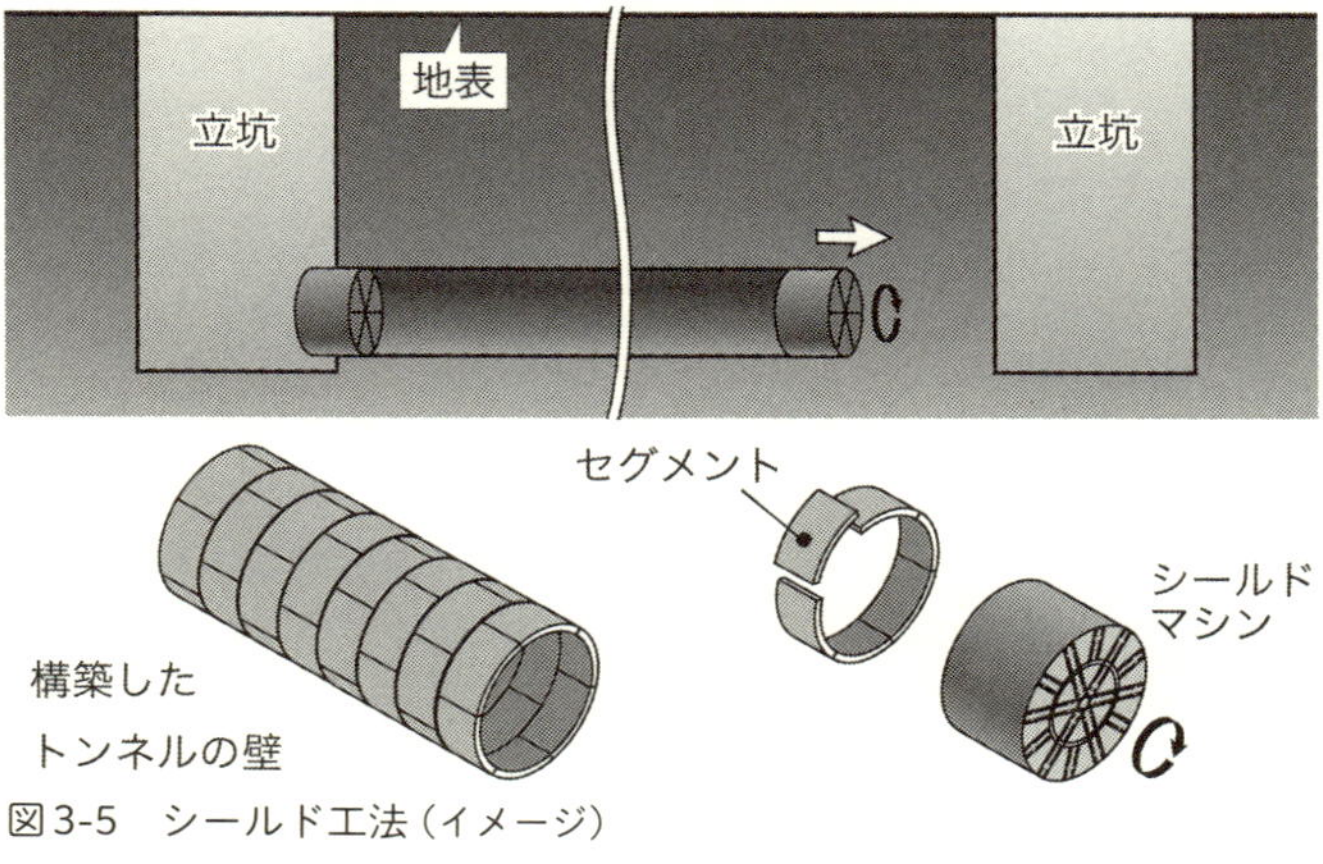

図3-5　シールド工法（イメージ）

呼ばれています［図3－6］。メトロ［写真3－2左］は、市街地のみを走る地下鉄で、平均駅間距離が約500mと短く、電車が小柄なのが特徴です。RER［写真3－2右］（急行地下鉄とも呼ばれる）は、市街地と郊外を走る地下鉄で、平均駅間距離が約1kmと長く、電車が大柄なのが特徴です。

なぜこのような2種類の地下鉄ができたのでしょうか。

それは、19世紀後半に、パリの都市交通に関する考え方がフランス政府とパリ市の間で対立した歴史があるからです。フランス政府は、パリ市民よりも他の国民や外国人、軍隊の利用を優先し、郊外鉄道や都市間鉄道を市内に直通させようと考えていました。いっぽうパリ市は、郊外への人口流出などを懸念し、集約的都市機能の充実を目指して、市街地のみを通る地下鉄

写真3-1　チューブのトンネルと電車（ロンドン）

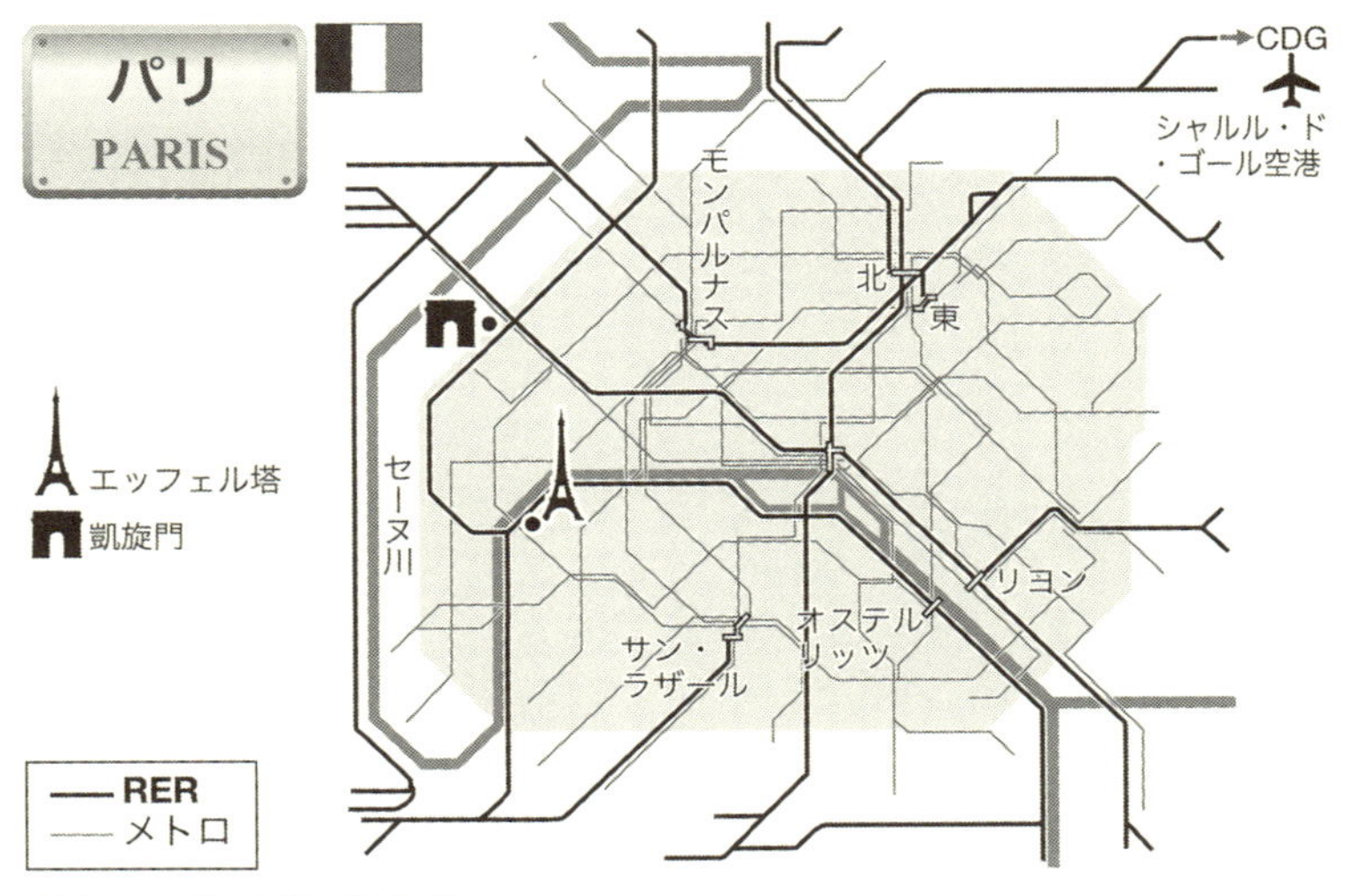

図3-6　パリの都市鉄道網

写真3-2　メトロ［左］とRER［右］（パリ）

を整備したいと考え、郊外鉄道や都市間鉄道の乗り入れに反発していました。

このためパリ市は、1900年に最初の地下鉄（メトロ）を開業させたとき、トンネルの断面を小さくして、郊外の大柄な電車が乗り入れできない構造にしました。

いっぽう、フランス政府が計画した市内へ直通する鉄道はなかなか実現せず、1969年に最初のRERとしてようやく実現しました。フランス政府とパリ市の対立が収まり、新しい都市鉄道網を構築する機運が高まったからです。

ところで、メトロの一部路線では、ゴムタイヤ車輪で走行する電車が使われています［図3－7］。そのおもな狙いは、走行時に発生する騒音を小さくし、急加速急減速を実現することにあります。

パリでゴムタイヤ車輪電車が走る路線には、

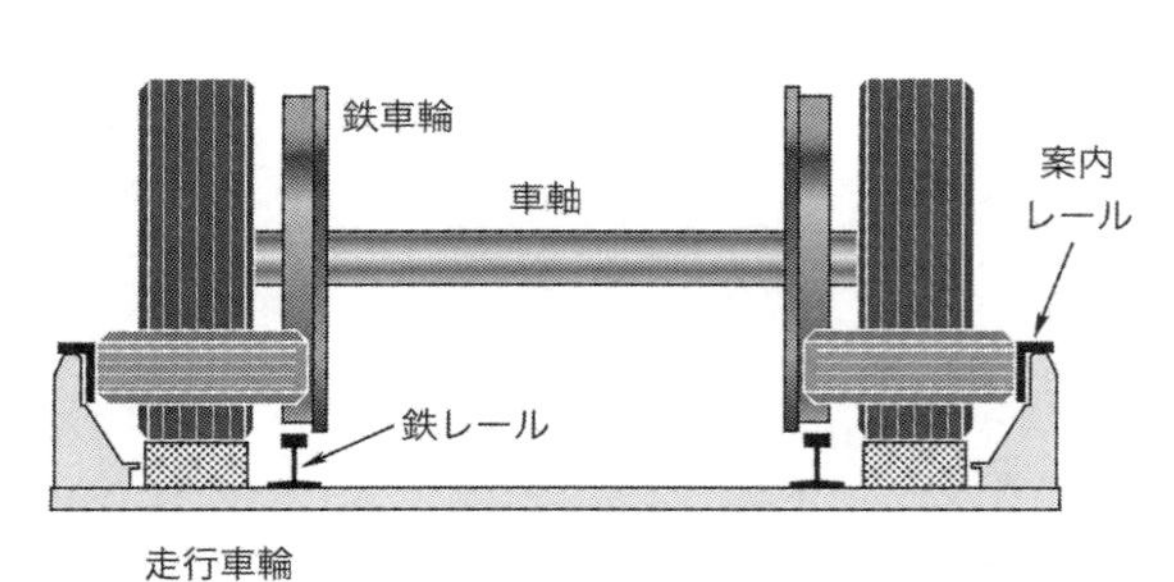

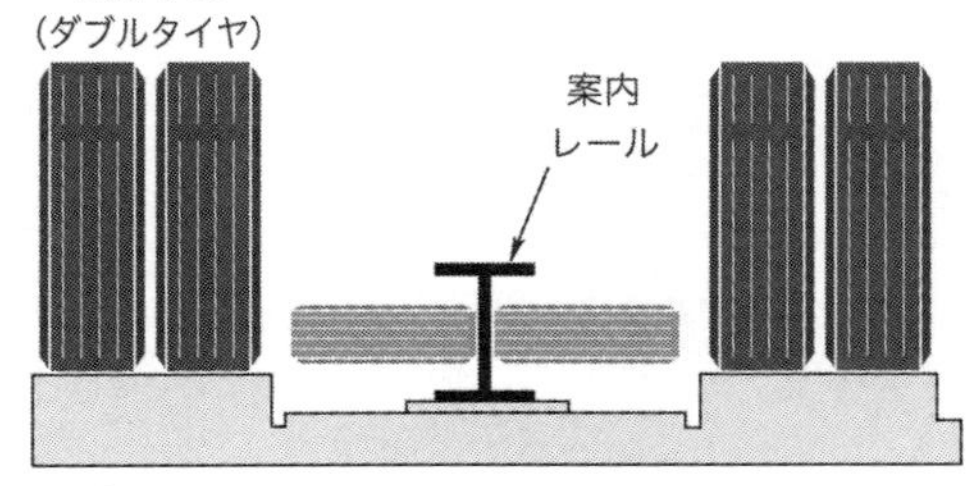

図3-7　ゴムタイヤ式地下鉄

鉄レールも敷かれており、ゴムタイヤ車輪がパンクしたときは鉄車輪が車体を支える仕組みになっています。このため、同じくゴムタイヤ車輪で走る日本の札幌の地下鉄とは台車や線路の構造が異なります。

ベルリン――地上にも都市鉄道を整備した都市

ベルリンは、地下鉄だけでなく、地上を通る都市鉄道も発達した都市です［図3－8］。また、交通にゆとりがある都市でもあり、道路をふくむ交通インフラの処理能力が高く、満員電車や渋滞があまり発生しません。

その背景には、大胆な都市改造とともに、都市鉄道や広幅員道路が整備された歴史があります。ベルリンでは、ロンドンと同様に産業革命以降に人口が急増したため、パリで実施されたような大胆な都市改造を進め、都市全体が収容できる人口を増やそうとしました。この計画は、戦争の激化によって頓挫したものの、交通処理能力が高い道路網や鉄道網は残りました。鉄道網は、冷戦時代に東西に分断されましたが、現在は市街地を一周する環状線と、その内側で十字型に交わる放射線が地上（一部は地下）を通っており、道路と立体交差しています。大規模な都市計画がなかったら、このような都市鉄道を地上に建設できなかったでしょう。

ベルリンの都市鉄道は、ＳバーンとＵバーン、トラムで構成されています。Ｓバーンは地上を通る近郊鉄道、Uバーンは地下鉄、トラムは路面電車を指します。SバーンやUバーンという呼び方は、ドイツ国内ではよく使われています。

―東京― 大量輸送を実現した都市

東京は、以上に紹介した4都市をおもに参考にして、都市鉄道を発達させました［図3－9］。ベルリンをモデルにして市街地の地上部に環状線がある鉄道網をつくり、ロンドンやニューヨークなどをモデルにして東京最初の地下鉄を開業させたのです。

それらのモデルは、海外に見ることができます。たとえばニューヨークには、東京初の地下鉄路線である銀座線と似た構造のトンネルが地下鉄に存在します。ベルリンのSバーンには、有楽町付近に構造がよく似た煉瓦造りの高架橋

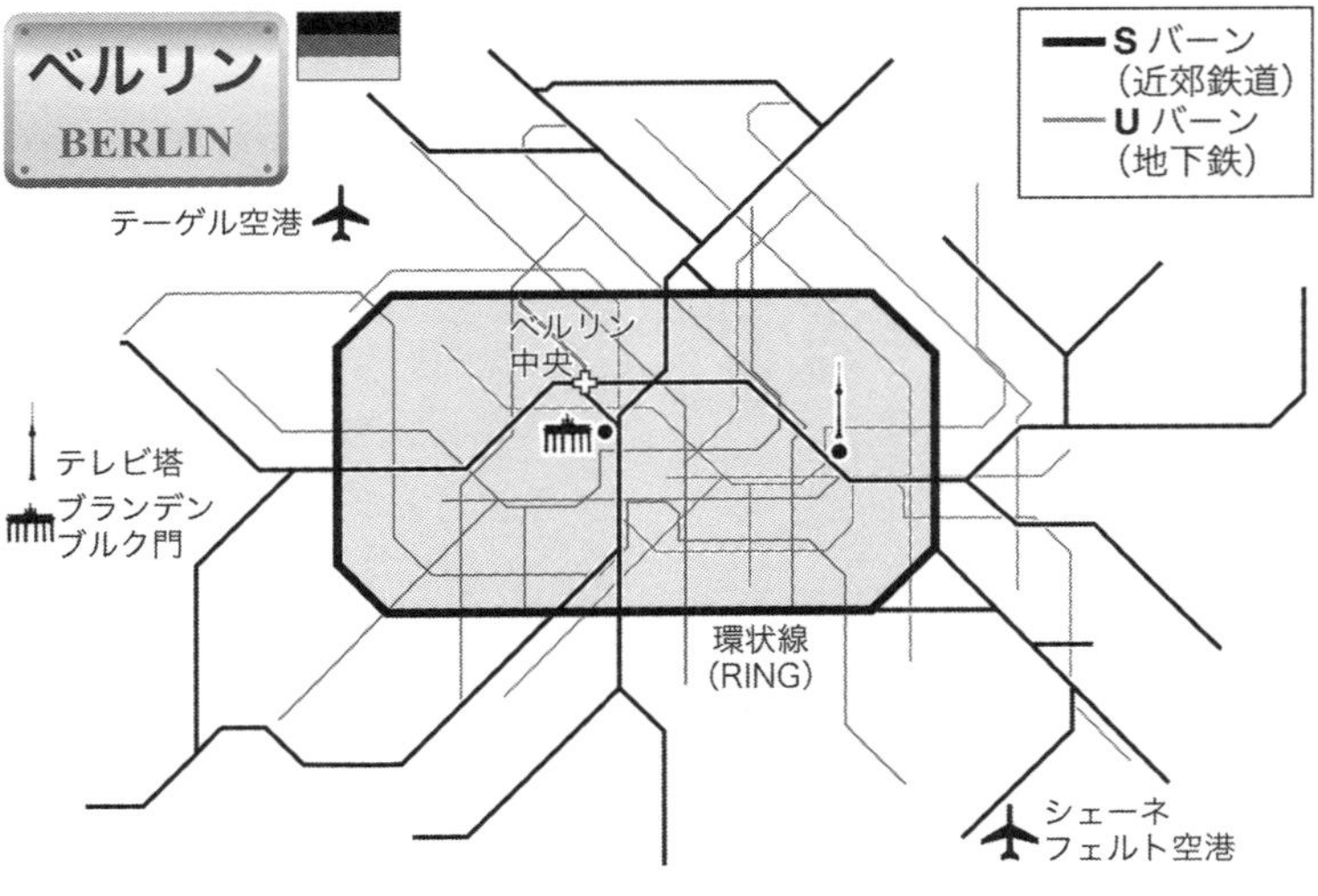

図3-8　ベルリンの都市鉄道網

があります［写真3－3］。また、ベルリンのUバーンには、銀座線の初代電車（1000形）の車体色のモデルとなった黄色い車体の電車が今も走っています。現在の銀座線の最新電車（1000系）では、初代電車の車体色を再現しています。

現在の東京は、鉄道によって世界に類を見ない大量輸送を実現した都市でもあります［写真3－4］。

その背景には、人口密度の高さ、第1章で紹介した鉄道偏重の交通政策、そして職住分離のライフスタイルの定着があります。

東京は、他の4都市にくらべて人口が多く、人口密度も高いです。つまり、大量輸送を得意とする鉄道の能力がとくに発揮しやすい都市と言えます。

また、鉄道偏重の交通政策のおかげで、東京

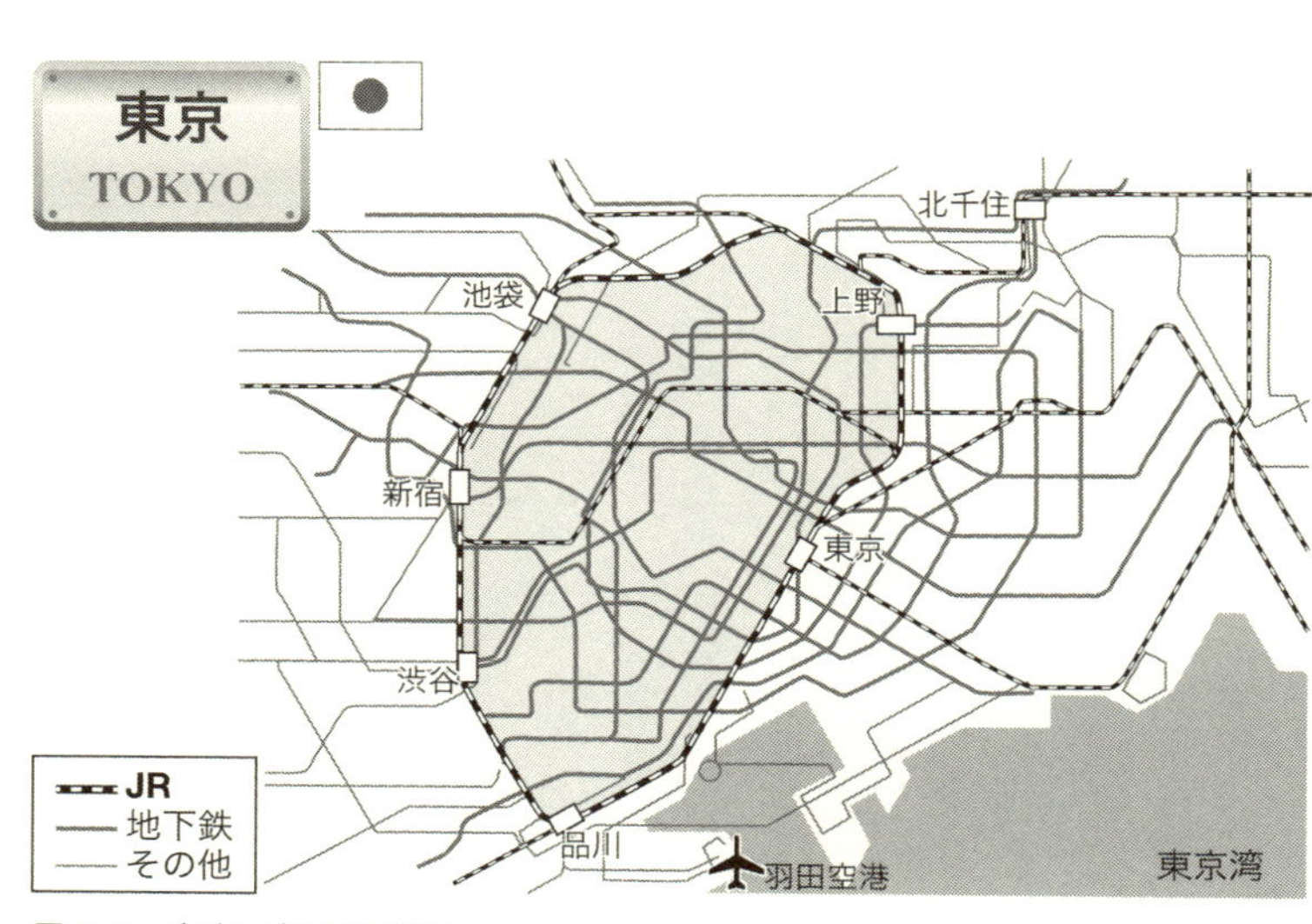

図3-9　東京の都市鉄道網

写真3-3　煉瓦造りの高架橋。上：ベルリン・ヤノビッツ橋駅、下：東京・有楽町駅

写真3-4　頻繁に行き交う列車たち（東京・日暮里）

では鉄道が特異的に発達しました。

さらに、大正時代から職住分離のライフスタイルが定着したことが、鉄道の発達を後押ししました。電車による高密度運転が実現したことで、郊外に住んで都市部のオフィスに電車で通勤する人が増え、鉄道利用者数が年々増えたのです。これによって郊外に住宅地が増えたことは、東京の市街地が広がる要因にもなりました。

つまり、東京の都市鉄道は、他の4都市の都市鉄道を参考にしながら、都市の変化に合わせて改良を重ねた結果、世界に類を見ない大量輸送を実現するに至ったのです。

3・3　より具体的にくらべる

5都市の都市鉄道をさまざまな側面からくらべてみましょう。ベルリンと東京以外では地上のみを走る都市鉄道がほとんどないので、ここではおもに各都市の地下鉄をくらべることにしましょう。

ネットワーク

5都市の鉄道路線図をくらべると、東京だけ極端に密度が高いのがわかります。第1章でもふれたように、それだけ東京の鉄道網は複雑で、覚えにくいのです。

ロンドン・ベルリン・東京の3都市には、市街地を通る環状線が存在し、放射線や都市間鉄道、ターミナル駅をつなぐ役割を果たしています。東京とベルリンでは、ともに環状線が地上にあり、地上の放射線と交差している点が似ていますが、これは先述したように東京がベルリンをモデルにして鉄道網を構築したからです。さらに、都営大江戸線を環状線とするならば、東京には地上と地下に環状線が存在することになります。

5都市以外ですが、モスクワにも環状線と放射線で構成された地下鉄ネットワークが存在します。モスクワの地下鉄路線図では、環状線が完全な円で描かれています。

交通事業者の数

東京以外の4都市では、公共交通が一元化されており、それぞれ次のような交通事業者が都市の交通機関（鉄道・地下鉄・バス・トラム）を運営しています。

- ―ニューヨーク― ニューヨーク交通公社（ＭＴＡ）
- ―ロンドン― ロンドン交通局（ＴｆＬ）
- ―パリ― パリ交通公団（ＲＡＴＰ）

● ―ベルリン―　　ベルリン市交通局（ＢＶＧ）

ただし、パリのＲＥＲは、パリ交通公団（ＲＡＴＰ）とフランス国鉄（ＳＮＣＦ）が共同で運営しています。

いっぽう東京では、公共交通が一元化されておらず、交通事業者が多数存在します。

運賃制度

都市鉄道の運賃制度は、都市や鉄道事業者によって異なります。

５都市の地下鉄で使われている運賃制度は３種類あり、次のように使われています。

● ―均一制―　　ニューヨーク

● ―ゾーン制―　ロンドン・パリ・ベルリン

● ―距離制―　　東京

均一制は、乗車区間に関係なく運賃が均一というもので、ニューヨークでは2ドル75セントで統一されており（２０１７年12月現在）、メトロカードと呼ばれるプリペイドカードを購入すれば、決められた期間だけ地下鉄だけでなくバスも乗車できます。

ゾーン制は、定められたゾーンごとに運賃を定めたもので、中心地から離れたゾーンを利用するほど運賃が高くなります［図3-10］。ロンドン・パリ・ベルリンでは、チケット購入すれば、決められたゾーン内の公共交通（地下鉄・地上の鉄道・バス・トラム）を定められた期間内で自由に利用できます。

距離制は、距離に応じて運賃が変わる運賃制度です。

東京は、地下鉄以外の鉄道も充実しており、先ほど述べたように交通事業者が多数存在する上に、それぞれ距離制の運賃制度が個別に存在するので、乗車区間に応じて運賃が大きく変動します。他の4都市とくらべると、運賃体系がきわめて複雑です。

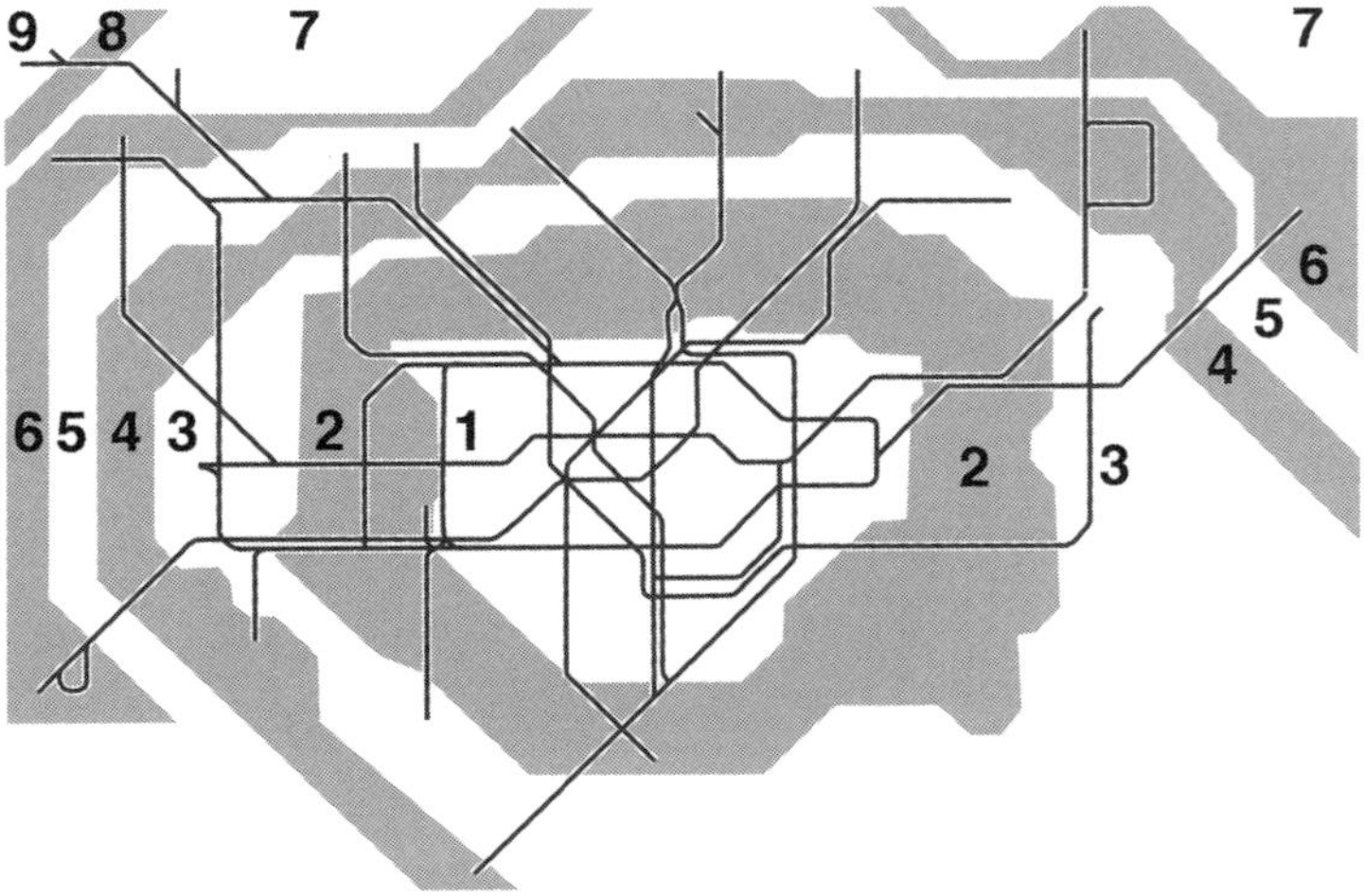

図3-10　ゾーン制（ロンドン）。利用するゾーン、ゾーン間によって運賃が変わる

自動改札機

ベルリンを除く4都市では、地下鉄の駅には自動改札機があり、それぞれ構造や入出場の仕方が異なります。

たとえばロンドン・パリ・東京では、情報の読み取りやドアの開閉が自動化されており、利用者が磁気式乗車券を投入口に入れると、自動改札機が読み取って取出口に排出し、ドアが開きます。これら3都市では、ICカード式乗車券も導入されており、ロンドンと東京では、アップル社のプリペイドシステム（アップルペイ）にも対応しています。

いっぽうニューヨークではそれらが手動で、利用者が磁気式乗車券をスライドして自動改札機に情報を読み取らせ、棒状のレバーを押して

写真3-5　現在のニューヨーク地下鉄の自動改札機。メトロカードをリーダーでスライドして入場する（ニューヨーク交通博物館）

入出場します〔写真3－5〕。レバーを乗り越えて入出場できないようにするため、上にバーがあるのが特徴です。

かつてニューヨークでは、ターンスタイル式自動改札機が使われていました〔写真3－6〕。これは、トークンと呼ばれるコインを投入してからレバーを回転させると入場できるというものです。日本初の地下鉄（現在の東京メトロ銀座線浅草・上野間）では、ニューヨークの地下鉄を真似て、当初ターンスタイル式自動改札機を導入していました。

写真3-6　過去に使われたターンスタイル式自動改札機。上：ニューヨーク地下鉄（ニューヨーク交通博物館）下：東京初の地下鉄（地下鉄博物館・東京）

ベルリンでは、地下鉄（Uバーン）だけでなく、地上のSバーンやトラムにも改札口がありません。これは、無賃乗車を容認しているのではなく、信用乗車方式（チケットキャンセラー方式）を採用しているからです。いずれの車内にも2人組の検札スタッフがたまに乗車してきて検札を行い、不正乗車した人を見つけると最寄りの駅で下車させ、高額な罰金を請求します。つまり「こうなりたくなかったら、きちんとチケットを買え」ということです。実際にそれを見ると、正規運賃の乗車券を持っていてもヒヤリとします。

急行運転と24時間運行

停車駅を減らして運転する急行運転は、東京やニューヨークの地下鉄で実施されています。東京では、東京メトロの東西線などや都営新宿線で実施されています。

いっぽう、地下鉄の24時間運行は、ニューヨークとロンドンで実施されています。ニューヨークは、世界で唯一、地下鉄とバスの24時間運行を通年で実施している都市です。ロンドンも、バスの24時間運行を通年で実施していますが、地下鉄では２０１６年8月から週末の金曜日と土曜日に限定して24時間運行を実施しています。

なぜニューヨークでは、地下鉄の急行運転や24時間運行が可能なのでしょうか。

それは、主要な区間が複々線（線路が4本）になっているからです。つまり、日中は各駅停車と急行がそれぞれ2本ずつを使い、深夜は各駅停車が2本使い、残り2本は休止してメンテナンスするので、列車を24時間止めずに運行できるのです。4本の線路のメンテナンスは、深夜に列車が通る線路を切り替えることで、まんべんなく実施されています。実際に深夜に地下鉄を利用すると、保線用車両が休止した線路を走るのを見ることができます。

いっぽうロンドンの地下鉄では、ほとんどの区間が複線なので、週末だけメンテナンスを休むことで、24時間運行を実現しています。

ニューヨークが地下鉄の24時間運行を通年ではじめたのは、もともと港湾地区で働く労働者の足を確保するためでした。つまり、深夜・早朝に及ぶ労働者の勤務時間に合わせて終夜運行をはじめたのです。

この24時間運行は、国際的なビジネスやエンターテインメント産業が発達する要因にもなりました。港湾地区が衰退してからも24時間運行が続けられ、深夜の足が常に確保されてきたからです。つまり、ニューヨークという都市の繁栄の陰に、24時間いつでも利用できる公共交通の存在があったのです。

このため、東京以外の4都市では、都市の発展を支えるために、バスの24時間運行を通年で実施しています。ニューヨーク以外の3都市では、地下鉄の代わりにバスが深夜の足として機能しています。

いっぽう東京は、都市の国際競争力を高めるために公共交通の24時間化が必要であると認識しているものの、現時点ではそれは実現していません。年末年始やイベント開催時を除くバスの終夜運行は、2013年末から週末限定で試験的に実施されましたが、利用者数が伸び悩み、1年足らずで終わりました。

ワンマン運転と無人運転

地下鉄の列車に乗る乗務員の数も都市によって異なります。

たとえばロンドンやベルリンの地下鉄では、運転士のみが乗務するワンマン運転が実施されています。ニューヨークでは、ホームの安全確認のために車掌が乗務することが多いようです。

パリの地下鉄では、1998年から乗務員がいない無人運転を一部の路線で実施しています。また、ロンドンの地下鉄でも、2020年をめどに無人運転を実施する予定です。

無人運転にすると、乗務員の人件費が削減できるだけでなく、乗務員を確保する必要がないため、輸送需要に合わせて列車の運転本数を臨機応変に増減できるというメリットがあります。そのためパリ交通公団は、パリ市民にその必要性を丁寧に説明し、地下鉄の無人運転を実現させました。

いっぽう東京の地下鉄では、ワンマン運転が一部の路線で実施されているのみで、その他の路線では運転士と車掌の2人が乗務しています。無人運転化も検討されていますが、避難時の乗客の誘導などに課題があり、実施には至っていません。いっぽう、地上を走る新交通システム（ゆりかもめ、日暮里舎人ライナー）では無人運転が実施されています。

車内や駅の放送と電光掲示板による案内

５都市のうち、東京では車内や駅構内の案内放送がとくに多く、英語の放送を流していることも珍しくありません。ドアの開閉に関する注意から次の停車駅の駅名、乗り換え案内など、細かく案内するのは、東京はもちろん、日本では当たり前のことですが、海外ではかならずしもそうではありません。

たとえば東京以外の４都市の地下鉄では、乗務員が生声でアナウンスすることはほとんどありません。近年は系統名や行き先を案内する自動放送や、駅名を表示する電光掲示板が車内に徐々に導入されていますが、東京のように乗り換え案内までですることはありません。

東京では、車内の電光掲示板がとくに発達して

写真3-7　ドア上の案内画面（東京メトロ銀座線）。４言語に対応

います。当初はＬＥＤで駅名などを表示していましたが、近年は液晶画面を使って、駅名を複数の言語で表示したり、後述する駅ナンバリングの記号や、乗り換え案内、開くドアの方向なども表示するようになりました［写真３－７］。

ロンドンの地下鉄では、駅で「マインド・ザ・ギャップ（隙間に注意）」という自動放送を聞くことがあります。カーブの途中にある駅では、電車とホームの間に大きな隙間ができるので、「乗り降りするときに気をつけろ」と注意を喚起しているのです。

同様の放送は、東京の地下鉄で聞くことはありますが、他の３都市の地下鉄では聞くことはないようです。

駅ナンバリング

駅ナンバリングは、５都市のうち東京のみで実施されています。駅ナンバリングとは、駅ごとに番号を振るもので、現地の言語がわからない外国人などが駅を識別できるようにしたものです。韓国のソウルの地下鉄では、１９８０年代から数字だけを振る駅ナンバリングが導入されました。いっぽう日本では、２００２年に横浜市営地下鉄で路線を示すアルファベットとラインカラー、駅を示す数字を組み合わせた駅ナンバリングが導入されてから、国内の鉄道で本格的に導入されるようになりました。

近年東京では、駅ナンバリングを導入する駅が急速に増えました。これは、訪日外国人が増えたことと、２０２０年の東京五輪を機に訪日外国人がさらに増えることが見込まれるからです。ＪＲ東日本では、主要駅をアルファベット3文字で示す試みもしています。

では、なぜ東京以外の4都市では駅ナンバリングが導入されていないのでしょうか。それは、いずれもアルファベットを使う言語が使われており、世界の多くの人が駅名を識別できるからでしょう。いっぽう、東京では、漢字やひらがな、カタカナが組み合わさった特殊な言語が使われているうえに、路線網が複雑でわかりにくいので、必要に迫られて駅ナンバリングを発達させたと言えるでしょう。

自動券売機の多言語化

5都市の地下鉄では、他国からの訪問者の利便も図るため、自動券売機の多言語化が進められています。

たとえば「人種のるつぼ」とも呼ばれるニューヨークの地下鉄では、すべてが2言語（英語・スペイン語）に対応しており、一部が9言語（英語・スペイン語・イタリア語・ドイツ語・中国語・韓国語・ロシア語・ヘブライ語・日本語）に対応しています。

いっぽう東京の東京メトロでは、長らく2言語（日本語・英語）または4言語（日本語・英語・中国語・韓国語）に対応していましたが、２０１７年3月までに4言語に2言語（フランス語・スペイン語）を加えた6言語に対応し、２０１８年春までにはタイ語を加えた7言語に対応する予定です。

ウェブサイトの多言語化も進んでいます。たとえばロンドン交通局（ＴｆＬ）では、16言語（英語・アラビア語・ベンガル語・中国語・ドイツ語・スペイン語・フランス語・ギリシャ語・ヒンディー語・イタリア語・ポーランド語・ポルトガル語・パンジャブ語・タミル語・トルコ語・ウルドゥー語）に対応しており、残念ながら日本語には対応していません（２０１７年11月時点）。いっぽう東京メトロでは8言語（日本語・英語・韓国語・中国語［簡体・繁体］・タイ語・フランス語・スペイン語）に対応しています。

このように、自動券売機やウェブサイトが対応する言語を見ると、どの都市にどの国の人が多く訪れているかわかりますね。

車両の車体色

地下鉄の車両の車体色も、都市によって異なります。

東京では、近年銀色（ステンレス鋼製またはアルミ合金製）の車体に色帯を配した電車が増えています。銀色の車体が増えたのは、従来の普通鋼製車体よりも錆びにくく、塗装が不要で、メンテナンスが容易であることと、都市部に塗装設備を設けることが難しいことなどが関係しています。色帯は、見た目のよさというよりは、「誤乗車」を防ぐ役割があります。つまり、路線を識別するラインカラーや、鉄道会社のコーポレートカラーの色帯を配することで、乗客が誤って目的以外の列車に乗ってしまうのを防いでいるのです。それぐらい路線網が複雑であるということでしょう。

いっぽう欧米の地下鉄では、鉄道車両が落書きの被害を受けることが多いので、車体にも落書き対策が施されています。

たとえばニューヨークの地下鉄では、落書き対策も兼ねてステンレス鋼製車体の電車を走らせています。無塗装のステンレス鋼製車体だと、スプレーなどで落書きされても容易に拭き取ることができるからです。また、アメリカ国旗のステッカーを貼ることで、心理的に落書きしにくい工夫がされています［写真3－8］。

同様の工夫は、ロンドンやベルリンでも見られます。ロンドンの地下鉄やベルリンのSバーンでは、それぞれイギリスとドイツの国旗に使われる

写真3-8　ニューヨーク地下鉄の国旗

3つの色で塗装した電車が走っています。ロンドンの地下鉄では、かつて無塗装のアルミ合金製車体の電車が導入されたものの、落書きの被害にあったため、現在は車体を赤・紺・白の3色で塗装してあります。

ベルリンの地下鉄（Uバーン）では、窓ガラスにブランデンブルク門のイラストをラッピングした電車が走っています〔写真3－9〕。ブランデンブルク門は東西ドイツ統一の象徴なので、それをスプレーで汚すことは心理的にできないのでしょう。

パリのメトロでは、車体表面にラッピングを施した電車が存在します。ラッピングを外せば、落書きをすぐに除去できます。

欧米の電車にくらべて日本の電車の車体の色のバリエーションが多いのは、「誤乗車」を防ぐためだけでなく、落書きの被害に遭うことが少ないからでしょうね。

写真3-9　ブランデンブルク門のイラストをラッピングした窓（ベルリン地下鉄）

つり革・握り棒

車内で立つ乗客が身体を支えるときに使うつり革（吊手）や握り棒（スタンション）にも、お国柄が反映されています。

握り棒は5都市の地下鉄で使われていますが、つり革の構造や有無は都市によって異なります。たとえば東京の地下鉄では、握る部分とベルトで構成されたつり革が使われていますが、ベルリンのUバーンでは、ベルトだけのつり革が存在します。

車内につり革がない例もあります。ロンドンやニューヨークの地下鉄では、かつては車内につり革がありましたが、近年は握り棒だけを設けた例が増えています。これは、破壊行為（バンダリズム）によってベルトが引きちぎられたり、壊されたりするのを防ぐためです。

なお、ニューヨークの地下鉄では、ドア付近に天井と床をつなぐ垂直の棒（スタンションポール）を設けてあり、たまにこれでポールダンスをする乗客がいるので、ニューヨーク交通公社（ＭＴＡ）がポールダンスをしないようにツイッターなどで呼びかけています。

座席

地下鉄車内の座席も、都市によって異なります。一般的には、クッション材の表面に織物（モケット）を張ったものが使われていますが、それらをなくした例も存在するのです。

たとえばニューヨークの地下鉄では、FRP（ガラス繊維強化プラスティック）の座席が使われています〔写真3－10〕。この座席は、落書きやバンダリズムの被害を防ぐために導入されたもので、落書きされても拭き取りやすい構造になっています。

ラッシュ時の列車の混雑

5都市の地下鉄のラッシュ時の混雑率を客観的に比較したデータはないようですが、東京の地下鉄が際立って高く、ベルリンの地下鉄（Uバーン）が低いのはたしかでしょう。訪日外国人のなかには、東京の満員電車の混雑ぶりに驚く人も多いよ

写真3-10　FRPの座席（ニューヨーク地下鉄）

うです。いっぽうベルリンのSバーンやUバーンでは、朝夕のラッシュ時でも車内で立っている人が少なく、自転車やベビーカーを持ち込める余裕があります。

車内の注意書き

車内の注意書きも都市によって異なります［写真3－11］。ニューヨークの地下鉄では、ストリートミュージシャンが多いためか、コンポで音楽を流すことを禁じる注意書きがあります。ベルリンのUバーンでは、アルコールの持ち込み禁止や、犬に口輪をつけることを示す注意書きがあります。

自転車や犬の持ち込み

ベルリンのSバーンやUバーン、トラムでは、

写真3-11　車内の注意書き

自転車やベビーカーを持ち込める専用車両が存在します。このため、朝夕のラッシュ時には、自転車で自宅から職場に通勤する人が自転車を車内に持ち込んでいるのをよく見かけます。

またベルリンの電車では、車内で犬の姿をよく見かけます［写真3－12］。まるで車内が公道であるかのように、犬の飼い主がリードを持って電車に乗ってくるのです。犬に口輪をつける注意書きがあるのはこのためです。犬は訓練されているので、車内では飼い主の足元で静かに座っています。ほかの犬が乗ってきても吠えたりしません。初めて見ると、犬が社会性を持って行動していることに驚かされます。

ドイツでは「フンデシューレ」と呼ばれる犬のしつけをする学校が存在し、多くの飼い主が犬をそこに通わせて、社会性を持たせる訓練を受けさせます。このため、犬に口輪やリードをつけてい

写真3-12　電車に乗る飼い主と犬（ベルリン）

なくても、人に噛み付いたり吠えたりすることがあまりないようです。

こうした車内への持ち込みが許されているのは、ベルリンの交通機関の混雑率が低いことが少なからず関係しているでしょう。

駅のバリアフリー対策

駅や車両のバリアフリー対策は、5都市の地下鉄でそれぞれ進められています。その代表例に駅でのエレベーターの設置があります。

これは私が5都市の地下鉄を利用した感想ですが、地下鉄の駅におけるエレベーターの設置では東京がとくに進んでいるように感じます。ロンドンの地下鉄の路線図では、車椅子に対応した駅にマークがついているので、それに対応していない駅が多いことがよくわかります。

バリアフリー対策と言うと、日本ではエレベーター設置などのハード対策が注目される傾向がありますが、私は健常者と障害者が助け合うソフト対策も必要だと思います。

たとえばベルリンでは、車椅子に乗る人が1人でバスを利用するのをよく見かけます。車椅子に乗る人がバス停や車内にいると、バスの運転手だけでなく、乗客が自発的にドア付近に集まり、乗降を助けてくれるので、車椅子利用者は介助者なしで市街地を自由に移動できるのです。

これを現地で見たときは、成熟した社会の一端を見た気がしました。

治安と清潔さ

海外の地下鉄となると、治安が気になる人がいるでしょう。薄暗い駅では、犯罪が起きそうな雰囲気が漂うことがあるからです。

実際にニューヨークの地下鉄では、治安が悪く、観光客に敬遠された時代がありました。ニューヨークでは、1960年代から1980年代まで都市全体で犯罪が増加し、地下鉄で犯罪が多発したからです。

ただし、現在は深夜でも比較的安心して利用できるようになりました。ジュリアーニ市長時代の浄化作戦によってニューヨークの治安は大幅に改善され、地下鉄で発生する犯罪も大幅に減ったからです。もちろん、油断は禁物ですが、観光客でも気軽に利用できるようになったのはたしかでしょう。

5都市の地下鉄における犯罪発生件数を比較したデータはないようですが、もしあれば東京がもっとも少ないでしょう。なぜならば、5都市では東京の犯罪発生件数がもっとも少ないからです。

治安の次に気になるのは、清潔さでしょう。これに関しても、具体的にデータで比較することはできませんが、私は5都市の地下鉄を利用してみて、東京の地下鉄がとくに清潔で、駅が明るい（照明が明るいだけでなく、明るい色の化粧板が壁に貼られている）のを実感しました。

駅や車内に現れるミュージシャン

海外で地下鉄を利用すると、駅構内や車内で歌ったり楽器を演奏するミュージシャンに出会うことがあります。彼ら彼女らは、突然のように現れ、さまざまなジャンルの音楽を聴かせてくれ、無味乾燥な地下鉄車内に文化的な潤いをもたらしてくれることがあります。

とくに多くのミュージシャンに出会えるのが、ニューヨークとロンドンです。この2都市の地下鉄では、各交通公社が実施するオーディションに合格した人だけが定められたスペースで演奏することを公認されています。

なかにはわずか数分で乗客の心を掴んでしまうミュージシャンもいます。ニューヨークでは、S線と呼ばれる1駅間のみの路線があり、その車内に現れたミュージシャンは電車が動く短時間に演奏を終え、乗客から多くのチップをゲットしていました。

パリやベルリンの地下鉄でもミュージシャンに出会うことはありますが、ニューヨークやロンドンほど数は多くありません。私はパリでアコーディオンの音色を駅のトンネルに響かせているミュージシャンを見たことがあります。

いっぽう東京の地下鉄では、駅構内や車内でストリートミュージシャンを見かけることはほとんどありません。これは、地上の鉄道でも同じです。おそらく駅構内や車内の混雑が激しく、乗客の通行の邪魔になることがあるので、パフォーマンスをしないように指導しているのでしょう。

ただし、東京にも、ニューヨークやロンドンのように許可制にしてライブパフォーマンスをできるようにした例は存在します。たとえば東京都はヘブンアーティスト制度を導入して、都営大江戸線の3駅（都庁前駅・新宿西口駅・上野御徒町駅）に設けたスペースでミュージシャンやパフォーマーがライブをできるようにしています。いっぽう東京メトロは、銀座駅や渋谷駅で小規模のコンサートやライブをときどき開催しています。

ユニークな駅

5都市の地下鉄には、それぞれユニークな駅が存在します。ここではその代表例として、パリのルーブルリボリ駅と東京の永田町駅を紹介しましょう。

ルーブルリボリ駅は、ルーブル美術館に隣接した駅で、ホームにさまざまな造形物がずらりと並んでいます［写真3－13］。まるで駅そのものが美術館の一部のようです。観光客が多いパリならではの装飾ですね。

永田町駅には、駅構内にフードコートがあります［写真3－14］。これは、東京メトロが運営する「エチカ」と呼ばれる駅ナカビジネスの一環で、改札内の空きスペースを利用してつくられました。実際にここで食事をすると、地下にいることを忘れてしまいそうです。

写真3-13　美術館のようなホーム（パリメトロ・ルーブルリボリ駅）

写真3-14　フードコートがある地下鉄駅（東京メトロ・永田町駅）

日本では、1950年代から大都市で地下街が整備されたので、飲食店が地下にあることはあまり珍しくありません。ただ、空気が汚れやすい地下鉄の駅構内の改札内にフードコートを設けた例は、世界でも珍しいでしょう。

第3章まとめ

- 5都市の都市鉄道には、各都市の文化や歴史が色濃く反映されている
- ベルリンのように改札をなくした都市や、東京のように高度に発達した自動改札システムを導入した都市もあるが、どちらも都市鉄道のシステムとして一長一短があり、優劣がつけがたい

コラム

テルマエ・ロマエと技術

ちょっと鉄道から離れて、漫画の話をしましょう。

『テルマエ・ロマエ』という漫画をご存知でしょうか。ヤマザキマリ氏の作品で、古代ローマと現代日本で共通する入浴文化をテーマにしたものです。この漫画は数々の受賞歴があり、アニメ

や実写映画にもなったので、ご存知の方も多いでしょう。

この漫画は、コミカルな人間ドラマとしてだけでなく、「技術をどう学ぶか」という視点で読んでも楽しむことができます。主人公が技術に関して苦悩する場面がたびたびあるからです。

▽古代ローマ人が現代日本から学ぶ物語

物語は、主人公の古代ローマ人であるルシウスが、現代日本にタイムスリップするところからはじまります。ルシウスは浴場設計を専門とする職人気質の技師で、浴槽に浸かりながら皇帝からの依頼にどう応えるかを考えている最中に、時空を移動し、現代日本の浴槽に出現します。

ルシウスは、現代日本で銭湯や一般家庭の浴室にあるものを見て驚き、戻った古代ローマでそれらを「模倣」して、似たものをつくります。はるか未来で進んだ技術を目の当たりにして、それをコピーするのです。

ルシウスは、このことがきっかけとなり、古代ローマで浴場技師として高く評価され、名声を得ます。それまでなかったものを次々と生み出し、皇帝の依頼通り、快適で便利な浴場を実現したからです。

そこで彼は苦悩します。「自分は現代日本で見たものを参考にして、さまざまなものをつくった」という事実を誰にも言えず、功績を讃えられても謙遜するのです。その心境から、次のようにつぶやく場面もあります。

「この後ろめたい心地には耐え難いものがあるが、全てはローマ帝国の為……結果としてこれでローマ文明が更に躍進するのであればそれに越した事はないのではないか……」（第1巻・137ページ）

∇技術の「模倣」で発達した日本の鉄道

もちろん、これまで紹介したのは漫画の話であり、フィクションです。

ただし、これと似た話は、現実の世界に存在します。

日本の鉄道にも、ルシウスと同様に、技術を「模倣」した過去があります。第2章でも紹介したように、日本の鉄道史は、明治時代にイギリスから鉄道を輸入したところからはじまったので、当初は完全に「模倣」をせざるを得ませ

写真3-15　営団丸ノ内線初代電車（300形）。戦後の高性能電車の先駆けとされる

んでした。

終戦後に走り出した営団（現・東京メトロ）丸ノ内線の初代電車（300形）も、数々の「模倣」から生まれました［写真3－15］。300形は、1954年に営業運転を開始した電車で、それまでの日本の電車で使われていなかった技術が初めて本格的に導入され、のちに登場した初代新幹線電車（0系）をふくむ電車たちに大きな影響を与えたので、日本では近代の高性能電車の先駆けとされています。それらの技術が、海外からの「模倣」だったのです。

営団が1960年に発行した『東京地下鉄道丸ノ内線建設誌』には、ニューヨーク地下鉄の電車をモデルにしたことや、自国での開発が難しい電機品は、アメリカのメーカー（ウェスティングハウス社）から電車1両分を輸入して研究し、ロイヤリティを支払って国産化したこと、台車はドイツで開発されたゲルリッツ式を採用した国産品だったことなどが記されています。

この書籍には、海外技術を導入したことで、車両製造費が割高になったことも記されています。国産品だけで電車を製造するよりも、1割程度高くなりました。

なぜ営団は海外技術を導入してまで、従来よりも性能が高い電車を開発したのでしょうか。この書籍には、その理由を次のように記してあります。


（中略）営団としては「日本工業界10年の空白を埋め、かつ将来の車両製作技術の向上にひ益するところ大ならば、多少高くとも……」と後者（海外技術を導入）によることに決定した。

（『東京地下鉄道丸ノ内線建設誌』下巻320ページ、カッコ内筆者追記）

営団が当時のわが国電鉄界で比類ない優秀な性能を持つ車両製作に踏み切ったのは、各産業部門の技術的水準が未だ世界の水準より可成り低かった時代なので、せめて電鉄部門にでも新知識を導入しこれを欧米の水準に引き上げたいというひそかな願いもあったのである。（『東京地下鉄道丸ノ内線建設誌』下巻321ページ）

これらは、先に紹介したルシウスのつぶやきに似ていますね。自国の技術発展のためならば、どこかからの「模倣」もやむを得ないとする点では。

日本の電車技術は、300形の登場以降に急速な勢いで発達しましたが、それは技術者の努力によるものだけでなく、海外からの「模倣」によって技術力を一気に引き上げられるほど、日本の電車技術の水準が著しく低く、大きな伸びしろがあったからなのです。

▽ニューヨークで見たモデル

では、モデルとなったニューヨーク地下鉄の電車とはどのようなものなのでしょうか。私はそれを確かめるためにニューヨーク交通博物館に行きました。そこには300形のモデルになった電車や、そのシリーズ（R形）の元祖となった電車が保存されていました〔写真3－16〕。1930

年から１９５０年に製造された電車です。

　私は実際にそれらを見て驚きました。部分的な見た目が３００形に似た電車があったからです。内装や外装の色はちがっても、行先表示器や両開き側引戸、天井の送風機、つり革に至るまで、形状が似た部品がありました。

　それらは、同年代に日本で製造された電車とくらべると、明らかに革新的なものでした。当時見た日本人が「模倣」したくなるのも無理はありません。

　「模倣」と言うと、「パクリ」などの言葉とともにネガティブにとらえられがちですが、よい「模倣」もあります。先駆者に敬意を払い、ルールを守った上でそのアイデアを拝借し、何かを創り出すことができるならば、それはよい「模倣」と言えます。

　しかし当時は、今よりも情報収集や連絡の

写真3-16　Rシリーズの元祖となったR1形電車。側面のドアの形状などが300形と似ている（ニューヨーク交通博物館）

手段がはるかに限られており、よい「模倣」が難しい状況にありました。海外に行って調査するのも、海外の資料を集めるのも容易ではなく、パソコンやインターネットはもちろん、ファクスすらありませんでした。

３００形の開発者は、このような困難な状況にあっても、技術的なセンスを磨きながらよい「模倣」をし、日本の地下鉄に合うようにアレンジした上で、それまで日本になかった性能の高い電車を創り出したのです。しかも、その技術は、のちに登場する電車たちに受け継がれ、新幹線の実現にもつながりました。

私は、こうした先人の功績が、もっと広く知られてもいいと思うのです。

その後日本の技術水準は、高度経済成長期を経て、欧米に近づいたとされます。もしそうであるならば、３００形と同じように、先人が欧米から多くのものを学び取り、自分のものにして、日本なりにアレンジすることを繰り返した結果ではないでしょうか。

第4章　日本と海外の高速鉄道をくらべる

日本の新幹線は、特殊かつユニークな高速鉄道です。

と言われても、ピンと来る人は少ないかもしれません。日本に住んでいると、新幹線はあるのが当たり前の存在であり、その特殊さやユニークさに気づく機会がほとんどないからです。

そこで本章では、世界の高速鉄道をくらべることで、新幹線の特殊さやユニークさを明らかにします。おそらく新幹線にふだん感じない特徴があることにお気づきいただけるでしょう。

4・1　日英仏独米の高速鉄道をくらべる

高速鉄道とは何か

本題に入る前に、高速鉄道の定義を明らかにしておきましょう。

国際鉄道連合（UIC）では「列車が時速250km以上で走る鉄道」を「ハイスピードレール（高速鉄道）」としています。ただし、この定義では在来線を時速200km以上で走る営業列車が除外されてしまいます。

そこで本章では、「時速200km以上で走る営業列車」を「高速列車」、それが走る鉄道を「高速鉄道」と呼ぶことにしましょう。

世界に広がる高速鉄道

現在世界には、時速200km以上で営業列車が走る高速鉄道が多数存在します［図4－1］。

このなかで急成長を遂げているのが、中国の高速鉄道です。中国は、高速鉄道の営業距離が

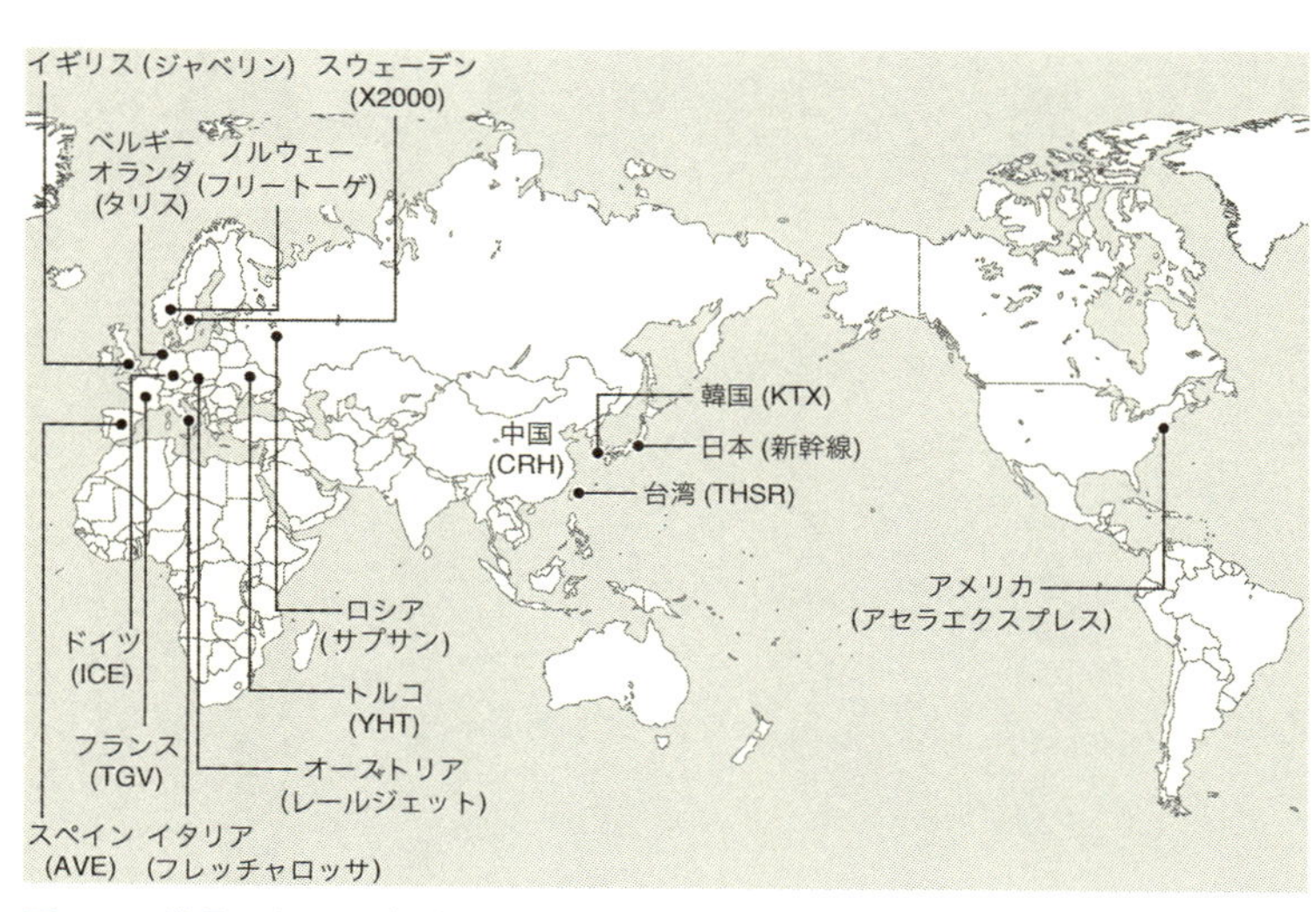

図4-1　世界のおもな高速列車（最高速度200km/h以上）

世界最長であり、そのネットワークは現在も拡大し続けています。

ただし、中国の高速鉄道の技術は、ヨーロッパや日本で開発された技術がベースになっており、各国から車両などを直接輸入し、そのコピー品を製造したという事実があります。

そこで本章では、中国よりも先に高速鉄道を導入した次の5カ国と、その高速鉄道をおもな比較対象としました。

- ―日本― 新幹線（1964年）
- ―イギリス― インターシティ（1976年）
- ―フランス― TGV（1981年）
- ―ドイツ― ICE（1991年）
- ―アメリカ― アセラエクスプレス（2000年）

カッコ内の年は、高速列車が営業運転を開始した年を示しています。

日本以外の4カ国は、新幹線の誕生に刺激を受け、高速鉄道の導入を検討した国です。

4・2 高速鉄道史をくらべる

世界の高速鉄道の歴史は、先ほど紹介した5カ国の高速鉄道史でおおまかに語ることができます。本節では、先ほどの順番に沿って、5カ国の高速鉄道史を紹介します。これで、高速鉄道のざっくりとした歴史がご理解いただけるでしょう。なお、リニアなどの鉄輪式ではない高速鉄道については、このあと4・3でくわしく説明します。

日本――新幹線

最初に紹介するのは、日本の新幹線です〔写真4－1〕。新幹線は、世界で最初に時速200km超での営業運転を実現した鉄道であり、高速鉄道の元祖とも言うべき存在だからです。

日本で新幹線が生まれた理由は、第2章でくわしく述べたように、おもに2つあります。戦後復興とともに鉄道の輸送需要が高まったことと、在来線（東海道本線など）の輸送力不足が深刻化したことです。つまり、既存の鉄道施設があまりにも貧弱で、輸送需要の高まりに対応できなかったことが、「鉄道のハイウェイ」とも言える新しい鉄道の建設を必要としたのです。

写真4-1　日本の新幹線（東海道新幹線・N700系）

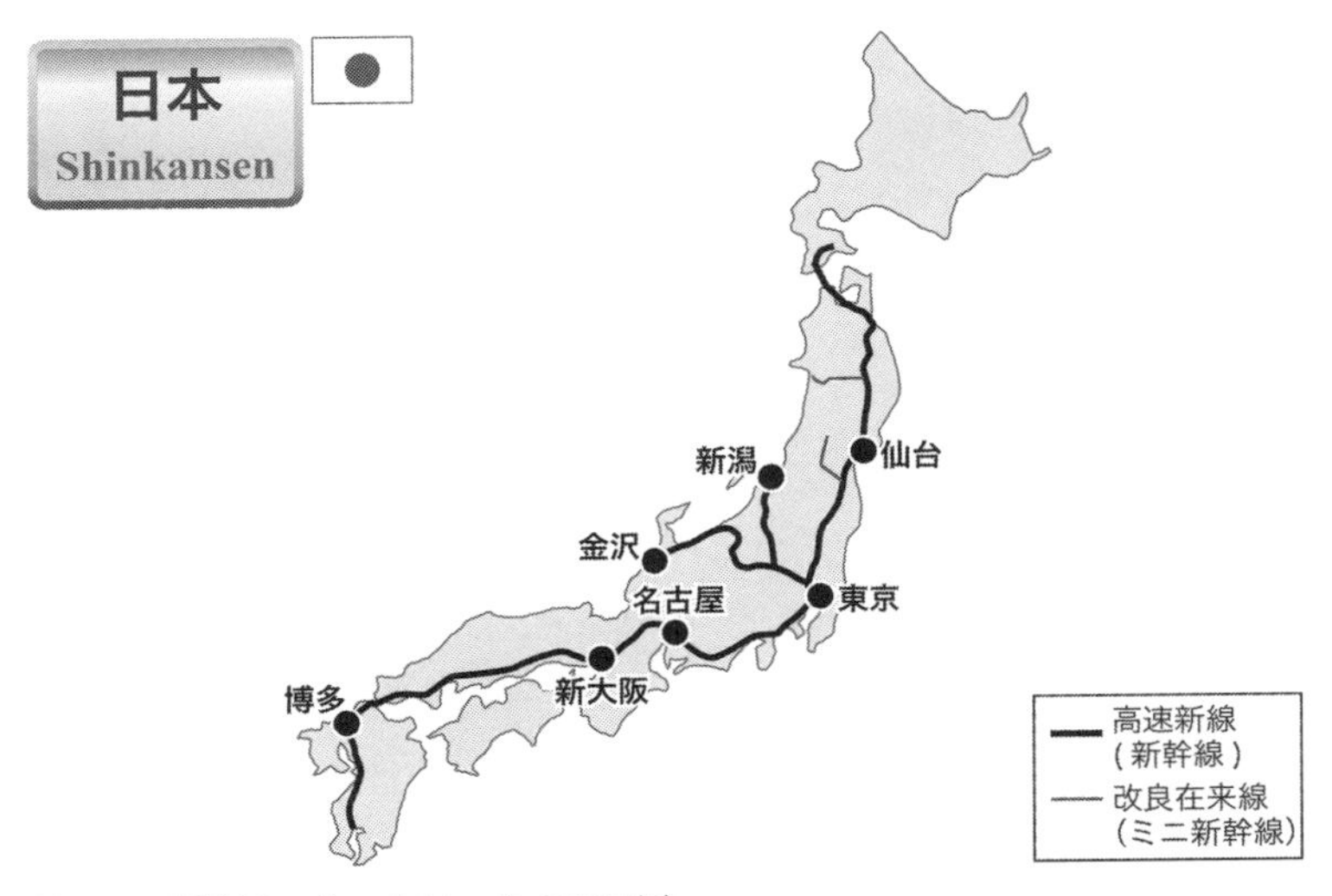

図4-2　新幹線のネットワーク（2017年）

新幹線の大きな特徴は、全区間が高速新線で、在来線と互換性がないことです。つまり、在来線とは切り離されたスタンドアローンの鉄道なので、在来線の影響を受けずに、安定した輸送ができるというメリットがあるのです。なお、現在は新幹線と在来線の直通運転を可能にした「ミニ新幹線」と呼ばれるものがありますが、本書では除外して扱います。

また、新幹線の営業列車はすべて電車（動力分散方式）で運転されています。これが、後述する4カ国の高速列車と大きく異なる点です。

新幹線ネットワークは、東京を中心にして全国に広がっています［図4－2］。現在は北海道・本州・九州を結び、日本列島を縦断しています。

第2章でもふれたように、日本における新幹線の誕生は「鉄道のルネサンス」と呼ばれるほどインパクトがあるものでした。それゆえ、後述する4カ国の鉄道に少なからず影響を与えました。

イギリス――インターシティ

イギリスは、世界で初めて非電化区間に高速列車を走らせた国であり、1976年に高速列車「インターシティ」の営業運転を開始しました［写真4－2］。「インターシティ」は、在来線のみを走る列車で、当初の最高速度は時速125マイル（時速201km）でした。

なお、「インターシティ」は、旧イギリス国鉄時代に使われていたブランド名です。現在は、同国鉄が分割民営化されたこともあり、鉄道会社ごとにさまざまな呼び方がされていますが、本書では「インターシティ」と呼ぶことにします。

イギリスは日本よりも低コストで高速列車を導入しようとしました。鉄道の輸送需要が日本よりも低く、東海道ルートのような輸送需要がとくに高い回廊が存在しなかったからです。また、イギリスの在来線は、非電化区間が多く存在するものの、日本の在来線よりも規格（高速性や安全性など）が高く、標準軌である上にカーブや勾配が少なかったので、施設や車両を改良することで高速運転を実現することが可能でした。そこで、高速新線を建設せず、在来線の電化もせず、ディーゼル機関車を前後両端に連結した客車列車（動力集中方式）を走らせることで高速化を実現したのです。

「インターシティ」のネットワークは全英に広がり、電化区間を走行する電気機関車牽引の客車列

写真4-2　イギリスのインターシティ（IC125）

図4-3　イギリスの高速鉄道網（2017年）

写真4-3　イギリスのジャベリン。日本の日立製作所が車両を開発・製造した

車も登場するようになりました。
しかしその後、高速新線を建設する必要性が出てきました。英仏海峡トンネルが開業したことで、ロンドン・パリ・ブリュッセルを結ぶ国際高速列車「ユーロスター」の営業運転を開始したからです。この列車は、イギリス国内で速度制限がきびしい在来線を低速で走らざるを得ず、所要時間の短縮が大きな課題になっていました。

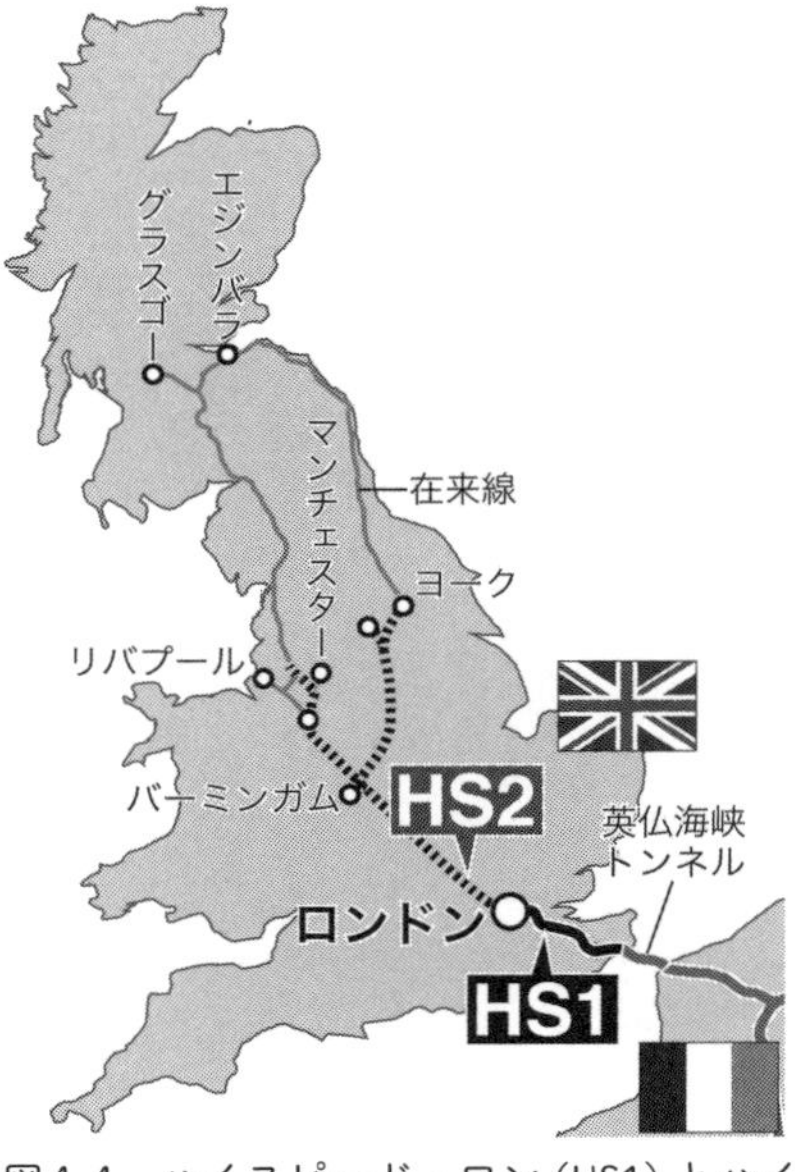

そこでイギリスでは、「ハイスピード・ワン（ＨＳ１）」と呼ばれる高速新線を建設し〔図４－３〕、そこに「ユーロスター」と、イギリス国内のみを走る高速列車「ジャベリン」〔写真４－３〕を走らせました。ＨＳ１における最高速度は、「ユーロスター」が時速３００km、「ジャベリン」が時速２２５kmです。「ジャベリン」には日本の日立製作所（日立）が製造した電車が使われています。

現在は、もう一つの高速新線となる「ハイスピード・ツー（ＨＳ２）」の建設が進められています〔図４－４〕。完成すれば、ロンドンからイギリス北部の都市までの所要時間が短縮される予定です。

図4-4　ハイスピード・ワン（HS1）とハイスピード・ツー（HS2）

フランス　TGV

フランスでは、1981年に高速列車（TGV）の営業運転を開始しました［写真4－4］。当時のTGVは、首都であるパリと、フランス第2の都市であるリヨンを結ぶもので、途中でLGV南東線と呼ばれる高速新線（LGV）を走りました。このときの営業最高速度は時速260kmで、日本の新幹線（時速210km）を抜き、世界最速でした。

日本における新幹線の誕生は、鉄道技術のリーダーを自負していたフランスの鉄道技術者のプライドを傷つけ、TGVの実現に向けた大きな推進力になったようです。

ただしこの国は、イギリスと同様の理由で、日本よりも低コストで高速列車を走らせようとしました。列車が、新幹線のように高速新線だけを走るのではなく、高速新線と在来線の両方を走るよ

写真4-4　フランスのTGV（TGV Sud-Est）

うにしたのです。また、高速列車が走る区間をすべて電化し、電気機関車を両端に連結した客車列車（動力集中方式）を走らせました。この方法は、イギリスの「インターシティ」よりも高コストでしたが、大都市の駅をそのまま使うことができ、新幹線よりもトータルコストを低く抑えられるというメリットがありました。ＴＧＶの車両はすべてフランス製でフランス以外の国の高速列車でも使われています。

その後、ＴＧＶのネットワークはパリを中心にして放射状に広がりました［図４－５］。ＬＧＶの建設が進んだだけでなく、在来線を通ってさまざまな都市を結ぶようになったからです。一部のＬＧＶでは営業最高速度が時速３２０kmまで引き上げられました。

その結果、ＴＧＶのネットワークは、他国の高速列車のネットワークともつながり、パリにさま

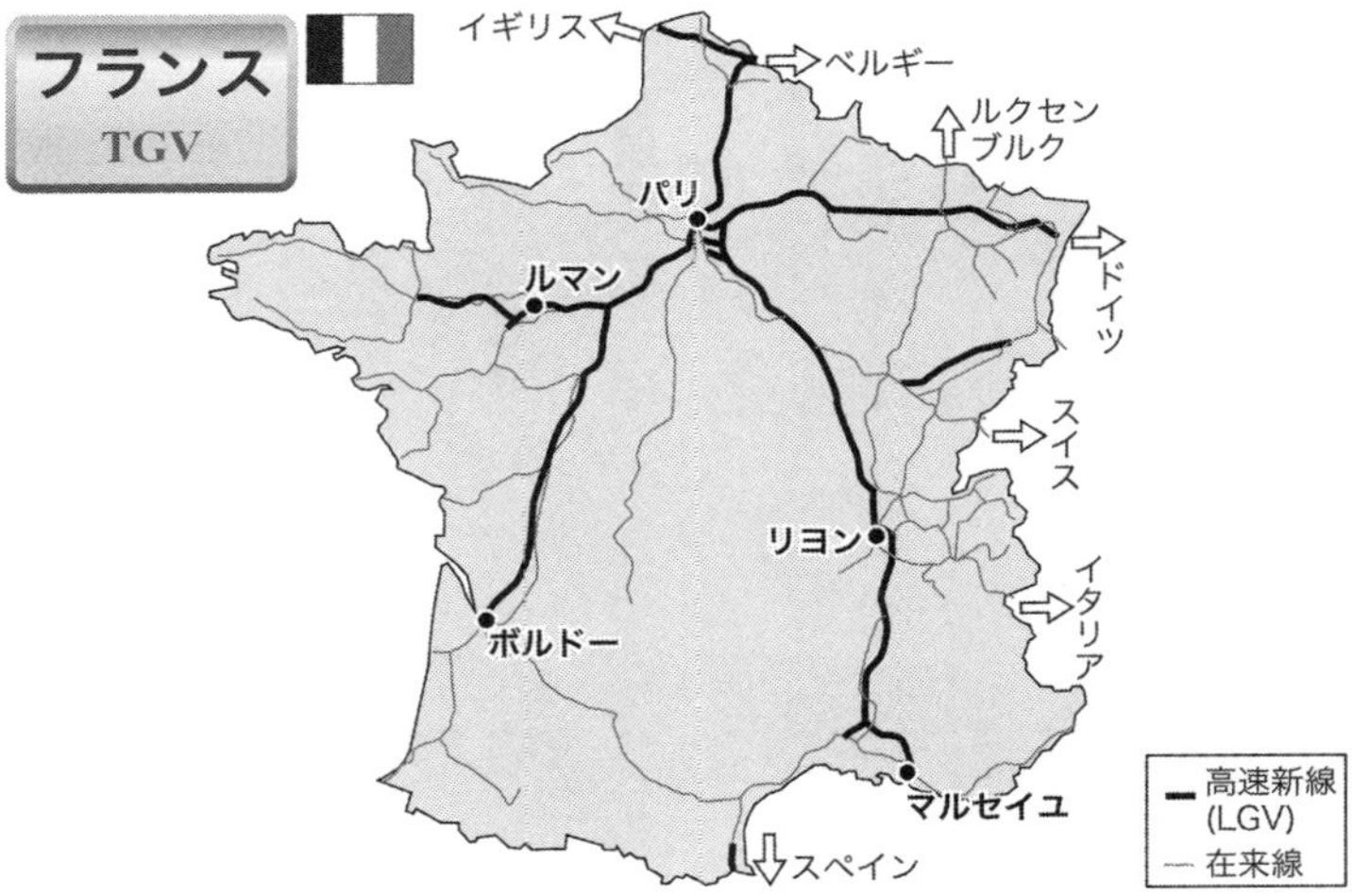

図4-5　TGVのネットワーク（2017年）

ざまな国から高速列車が集まるようになりました。現在は、ドイツのＩＣＥ、スペインのＡＶＥといった各国の高速列車だけでなく、先ほど紹介した「ユーロスター」や、オランダ方面に向かう「タリス」のような国際高速列車もパリに乗り入れています。

ドイツ――ＩＣＥ

ドイツでは、１９９１年に高速列車（ＩＣＥ）の営業運転を開始しました［写真４－５］。それはフランスでＴＧＶが営業運転を開始してから10年後でした。建設当時は冷戦時代で、国土が東西に分断されていたので、高速列車の開発も遅れ、ＩＣＥは当初西ドイツ側で運転されました。

この国は、フランスと同様に最初から高速新線を建設しつつ、在来線の施設も生かして低コスト

写真4-5　ドイツのICE（ICE3）

化を図りました。改良した在来線（ABS）や未改良の在来線をうまく生かすことで、高速新線（NBS）の長さを最小限に抑え、列車の高速化を図ったのです。なお、NBSでの営業最高速度は、区間ごとに異なり、最速が時速300kmです。

東西ドイツの統一が実現してからは、ICEのネットワークが全独に広がり、隣国のフランスやベルギー、スイス、オーストリアにも乗り入れるようになりました［図4－6］。

車両はすべてドイツ製です。初代（ICE1）と2代目（ICE2）では電気機関車＋客車（動力集中方式）でしたが、3代目（ICE3）は電車（動力分散方式）になりました。ICE車両は、ドイツ以外の国の高速鉄道にも使われています。

ICEは並走する自動車に抜かれることがあります。ドイツの高速道路網（アウトバーン）では、大部分で制限速度がないので、自動車がICEよ

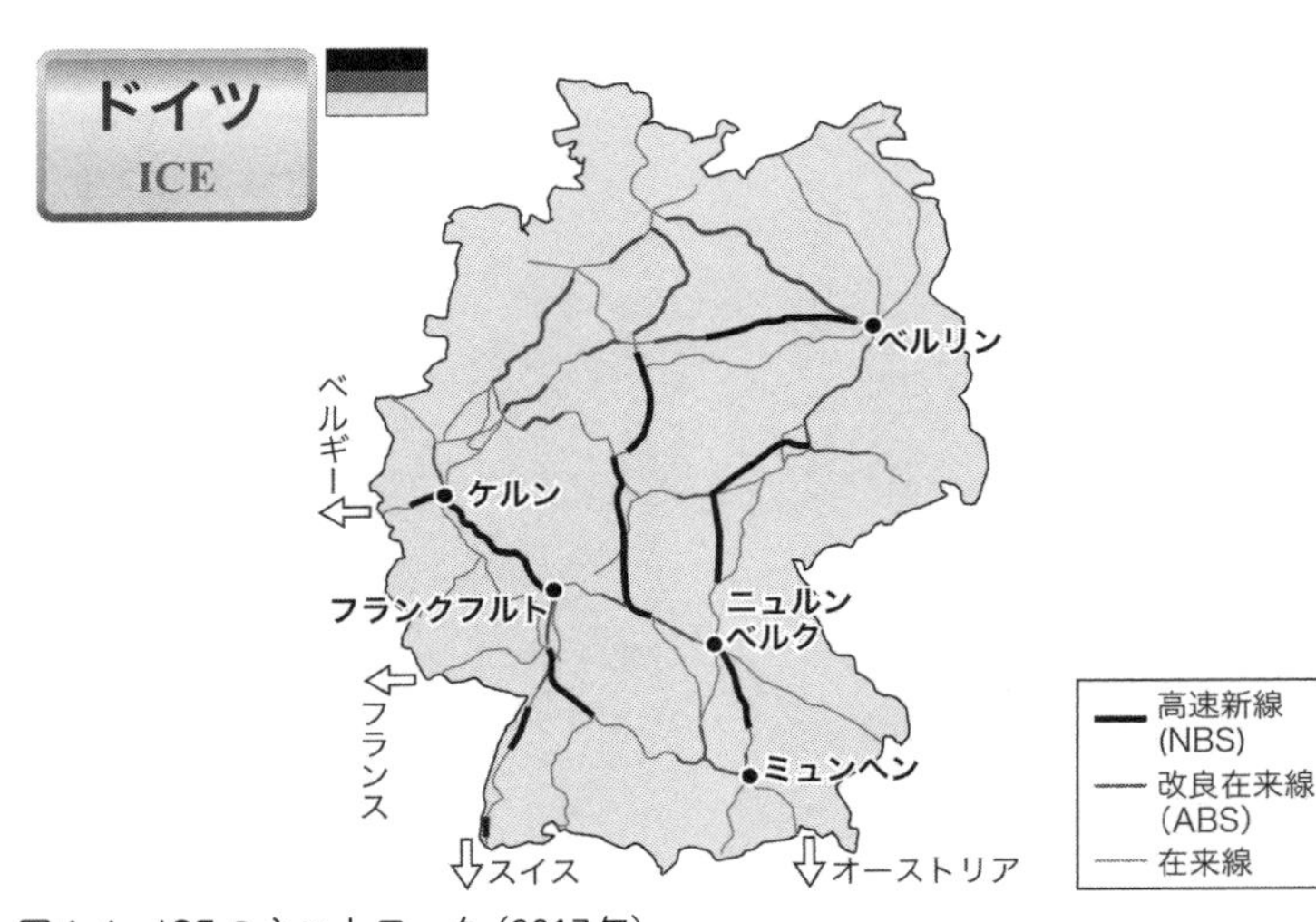

図4-6　ICEのネットワーク（2017年）

りも速い速度で走ることが可能だからです。実際にICEの車窓からアウトバーンを見ると、自動車の流れの速さに驚かされます。

ドイツの列車でスピード感を味わいたい方には、フランクフルト・アム・マイン（以下フランクフルト）とケルンを結ぶICEに乗ることをお勧めします。この区間では、ICE3が最急40パーミル（水平に1000m進んで垂直に40m上下する）という急勾配が連続する区間を時速300kmでアップダウンしながら走行します。大部分でアウトバーンと並行し、多くの自動車をバンバン抜いて行きます。

この区間は、ドイツ屈指の工業地帯であるルール工業地帯と、同国のハブ空港があるフランクフルトを結ぶ重要な役割も果たしています。このため、航空券とICEのチケットをセットで購入できるサービスもあります。

―アメリカ― アセラエクスプレス

アメリカでは、2000年に高速列車「アセラエクスプレス」の営業運転を開始しました〔写真4-6〕。運行ルートは北東回廊の1本のみで、大西洋に面した東海岸の4大都市（ボストン・ニューヨーク・フィラデルフィア・ワシントンD.C.）を結んでいます〔図4-7〕。営業最高速度は時速150マイル（241km）です。

写真4-6　アメリカのアセラエクスプレス

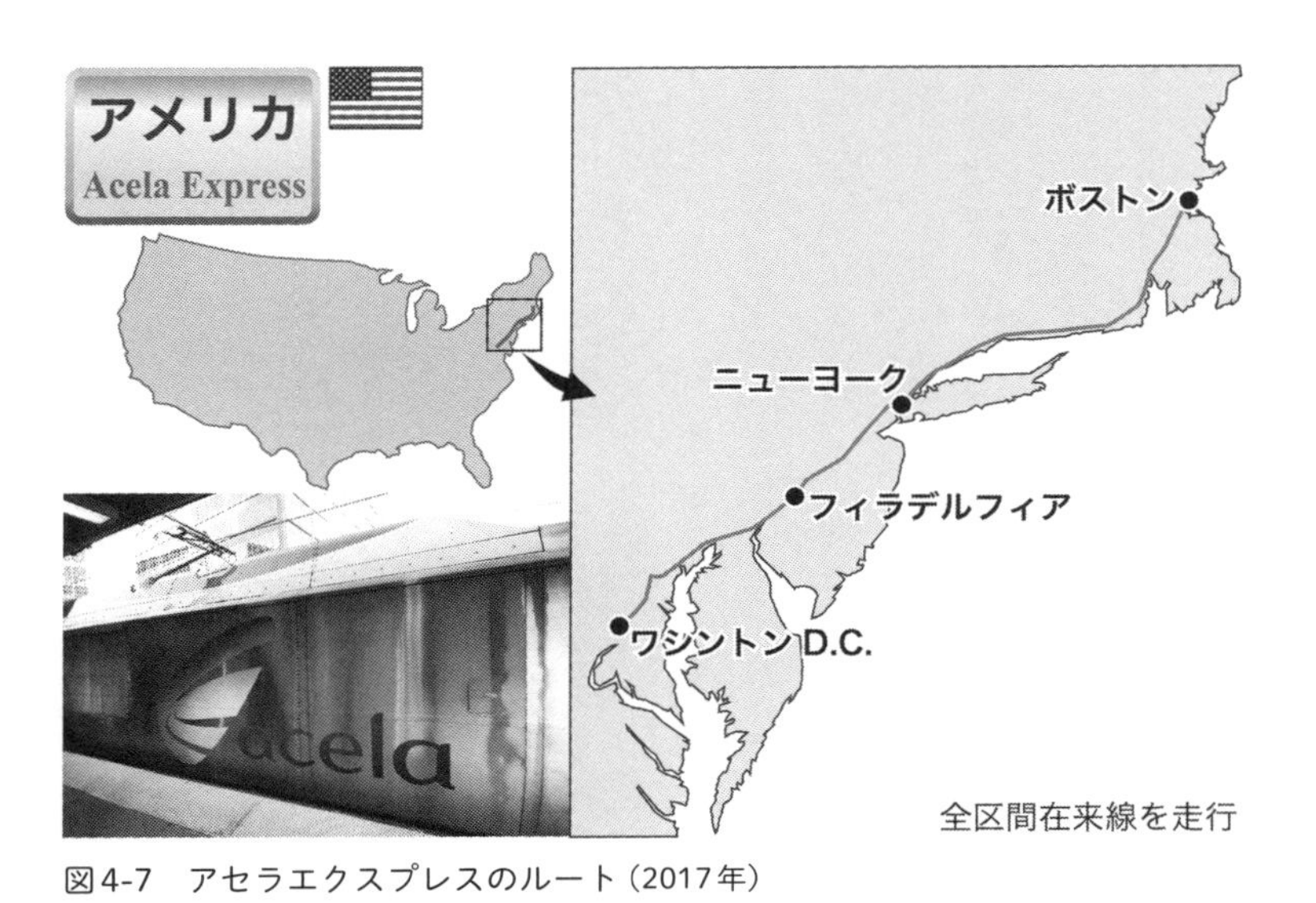

図4-7　アセラエクスプレスのルート（2017年）

この国は、国内旅客輸送における鉄道のシェアが著しく低いため、高速新線を設けることを断念し、改良した在来線だけに高速列車を走らせました。

「アセラエクスプレス」の車両は、フランスが開発したTGV車両の改良型で、電気機関車＋客車（動力集中方式）です。カーブでの乗り心地を保ちつつ、通過速度の向上を図るため、油圧式の車体傾斜装置（運転時の最大傾斜角4・2度）を導入しました。

アメリカでは、全米に高速鉄道網を整備する計画があります。オバマ前大統領政権時代の2009年には政府が全米各地に11回廊を整備することを発表していました［図4－8、フロリダ州の計画は2011年に中止］。この11回廊には、北東回廊に新設する高速新線もふくまれています。

この計画の狙いは、エネルギー効率が高い高速鉄道を整備して原油の自給率を高め、環境負荷を減らしたり、建設によって新たな雇用を創出することでした。

そこで世界の高速鉄道の保有国が、アメリカに高速鉄

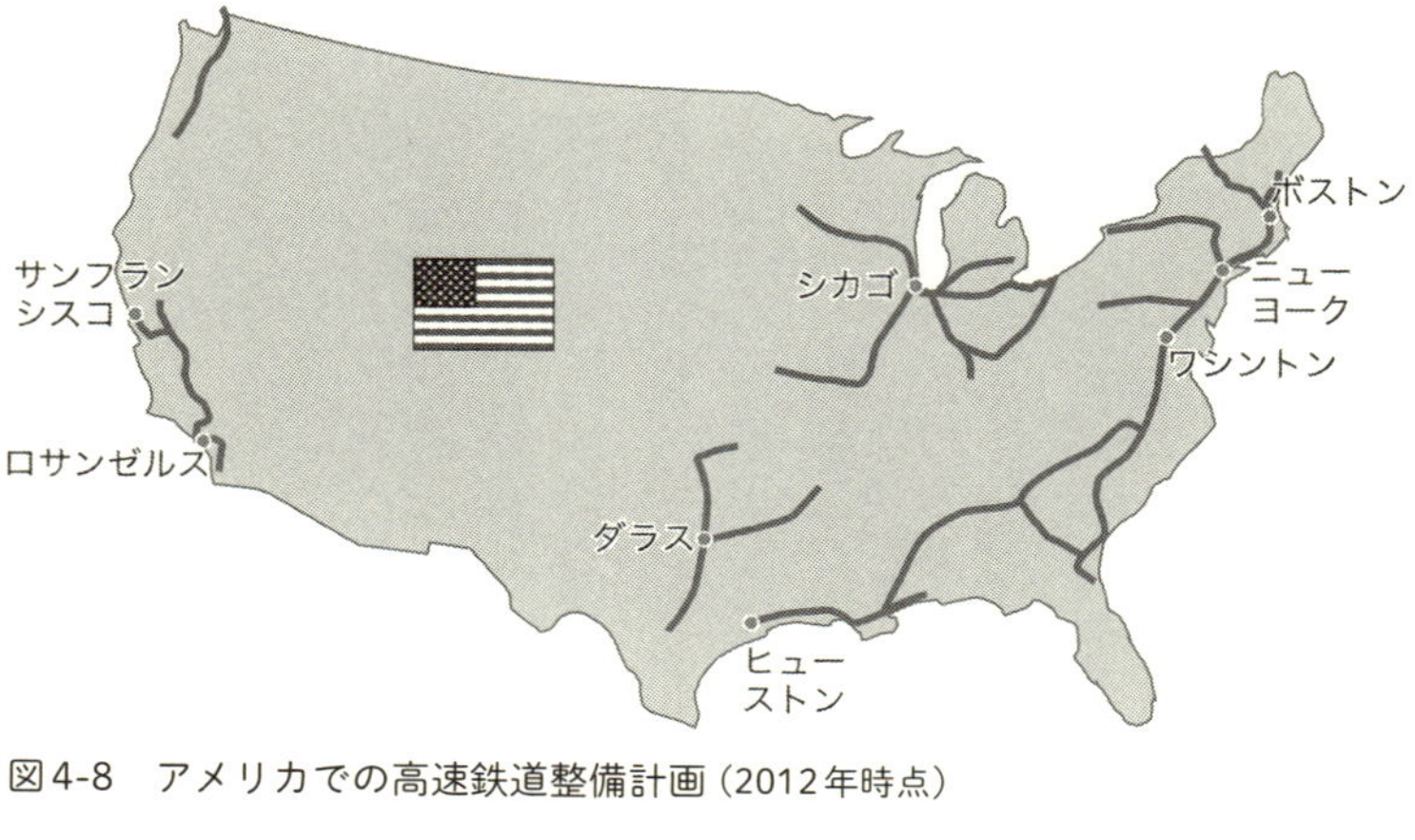

図4-8　アメリカでの高速鉄道整備計画（2012年時点）

道システムを売り込むようになりました。その国には日本やフランス、ドイツだけではなく、中国などもふくまれています。日本のＪＲ東海は、北東回廊の一部に超電導リニア、テキサス州のダラス・ヒューストン間に東海道新幹線で磨き上げた新幹線システムを売り込もうとしています。

ただし、高速鉄道網の整備は、先行きが不透明な状況です。シェール革命以降に原油の自給率が上がり、高速鉄道への関心が薄れているからです。また、オバマ前大統領とは方針が異なるトランプ大統領が新たに就任したことで、計画そのものを見直す動きもあります。

４・３　リニアとハイパーループによる高速化

現在は、さらなる高速化を実現するため、従来の鉄輪式とは異なる走行システムを採用した高速輸送システムが開発され、一部はすでに営業鉄道に導入されています。鉄輪式は、走行中に振動や騒音が生じやすい上に、車輪の空転や滑走が起きやすく、速度向上に限界があるからです。

ここでは高速輸送システムの例として、磁気浮上式鉄道とハイパーループを紹介しましょう。どちらも車両が浮き上がって走るので振動や騒音が生じにくく、摩擦を利用しないで推進するので、車輪の空転・滑走に左右されず、時速４００㎞以上の高速走行が可能です。

磁気浮上式鉄道（リニア）

磁気浮上式鉄道は、線路に相当するガイドウェイを、車両が磁石の力（磁力）で浮き上がり（浮上し）ながら走るシステムです。現在運営・検討されているものはリニアモーターで駆動するので、日本では一般的に「リニア」と呼ばれています。いっぽう海外では、磁気浮上を意味する英語（Magnetic Levitation）を略してマグレブ（ＭＡＧＬＥＶ）と呼ばれています。

磁気浮上式鉄道の開発では、かつてドイツがリードしていました。１９６０年代にはドイツが国策として複数の種類の磁気浮上式鉄道を開発していました。

現在開発または実用化されている磁気浮上式鉄道には、おもに次の３つの種類があります。

- トランスラピッド
- 超電導リニア
- ＨＳＳＴ

トランスラピッドは、ドイツが開発した常電導磁気浮上式鉄道（常電導リニア）で、一般の電磁石（常電導磁石）の磁力で車両が約１cm浮上して走行します。その開発は１９６０年代からはじまったものの、２００６年に実験線で死傷者を出す事故が発生したのを機に下火になり、２０１１年に終了しました。この影響でドイツ国内では実用化できませんでしたが、中国の上海トランスラピッドとして実用化されました［写真４－７］。

その後、中国最大の鉄道車両メーカー（中国中車）が、２０１６年に時速６００㎞で走行できる磁気浮上式鉄道の開発に着手すると発表しました。ただし、トランスラピッドの技術がベースになっているか否かは明言していません。

超電導リニアは、日本が１９６０年代から開発してきた超電導磁気浮上式鉄道で、超電導磁石（磁力が強力な電磁石）の磁力で車両が約10㎝浮上して走行します［写真４－８］。この技術は、ドイツで開発された磁気浮上式鉄道の技術や、アメリカで開発された超電導磁石による浮上・案内技術を組み合わせたものでした。現在は山梨実験線で走行実績を積む試験が行われています。将来は中央新幹線に導入され、時速５０５㎞での営業運転が

写真4-7　上海トランスラピッド（中国）

実現する予定です。

ＨＳＳＴは、日本が１９６０年代から開発してきた常電導磁気浮上式鉄道です。ドイツのメーカーから技術供与を受けて開発したもので、走行システムがトランスラピッドと異なります。当初は日本航空が、東京都心と成田空港との間を時速３００㎞で走る列車で結ぶことを目標として開発していましたが、のちに都市交通の手段として開発することになり、２００５年に愛知高速交通（リニモ）として実用化されました。リニモは、最高速度は時速１００㎞なので、高速鉄道には該当しません。

ハイパーループ

ハイパーループは、減圧した円筒形のチューブのなかで車両が浮上走行する交通システムです

写真4-8　超電導リニア（日本）

〔図4－9〕。当初は浮上・推進を空気の力で行うことが検討されていましたが、さまざまな課題が出てきたので、現在は磁石の力を浮上・推進に使うことが検討されています。ポッドと呼ばれる小型車両を輸送需要に合わせて走らせるので、車両を連ねて列車を編成する従来の鉄道とは輸送の発想が異なります。

　目標とする営業最高速度は、超電導リニアの2倍以上の時速1220km（時速760マイル）で、音速に近く、現在のジェット旅客機よりも速く設定されています。

　この交通システムの開発は、アメリカを中心にしてハイペースで進められています。その開発は、2013年にアメリカの実業家のイーロン・マスク氏が、従来の高速鉄道よりも低コストかつ高速輸送が可能な交通システムの構想を発表したところからはじまり、2017年夏には実物大ポッド

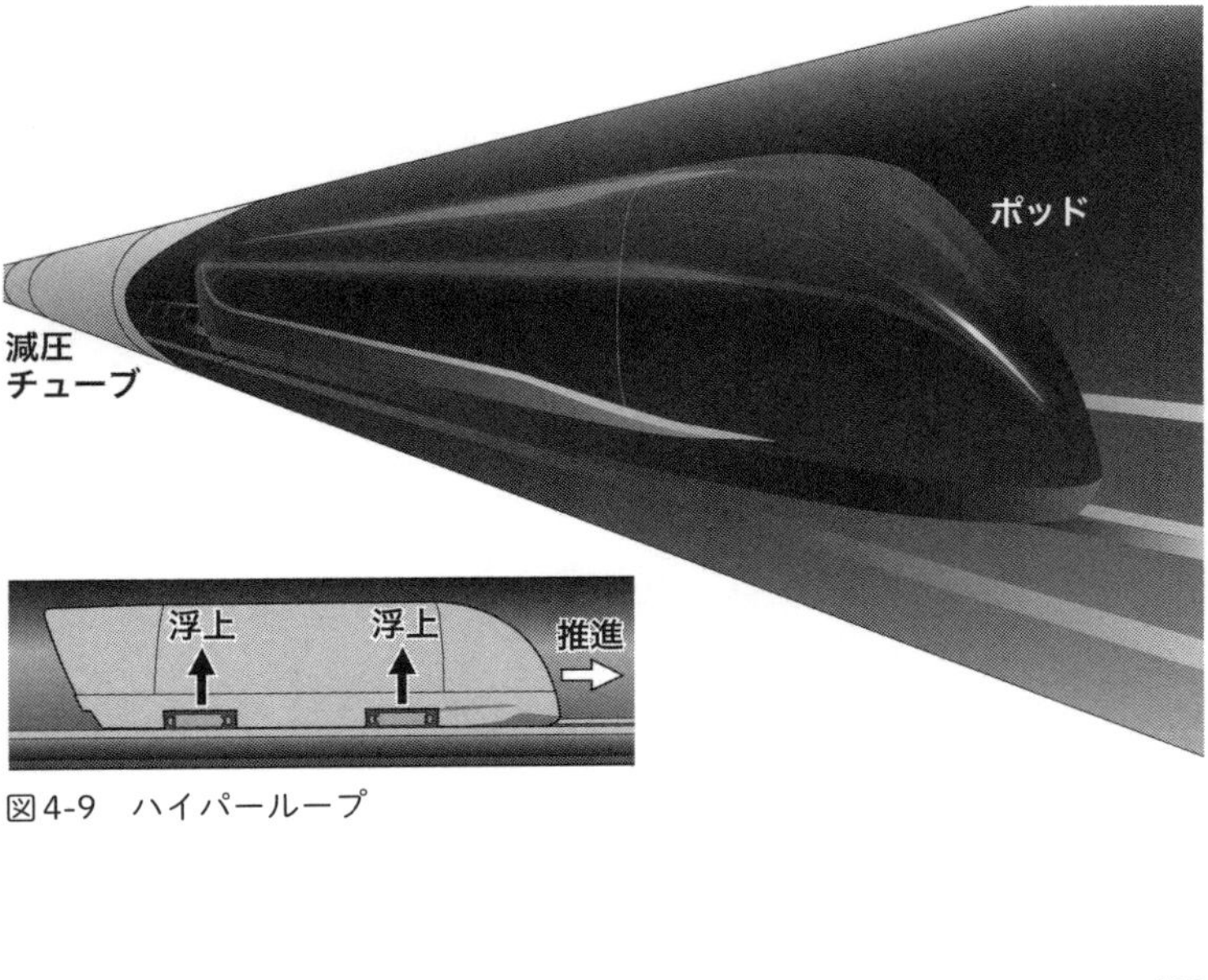

図4-9　ハイパーループ

による走行試験をするに至っています。

まるでSF世界の夢物語のようで、荒唐無稽な計画にも思えますが、新しい輸送革命を起こす交通手段として世界の投資家や交通関係の研究者から注目されており、アメリカやアラブ首長国連邦などをはじめ、さまざまな国が導入検討に名乗りをあげています。

4・4 より具体的にくらべる

次に、高速鉄道（高速列車）をさまざまな側面からくらべてみましょう。

走行試験の最高速度

鉄道の走行試験における最高速度は、その国の技術力を示すことにもなるので、各国が競ってきた歴史があります［図4－10］。日本で新幹線が誕生する前には、おもにヨーロッパでスピード競争が繰り広げられ、戦後にはフランスが鉄道の高速化をリードしていました。

現時点での有人走行試験における世界最速記録は、鉄道全体では、日本の超電導リニアの時速603㎞ですが、鉄輪式ではフランスのTGV特別編成の時速574・8㎞です。東海道新幹線が開

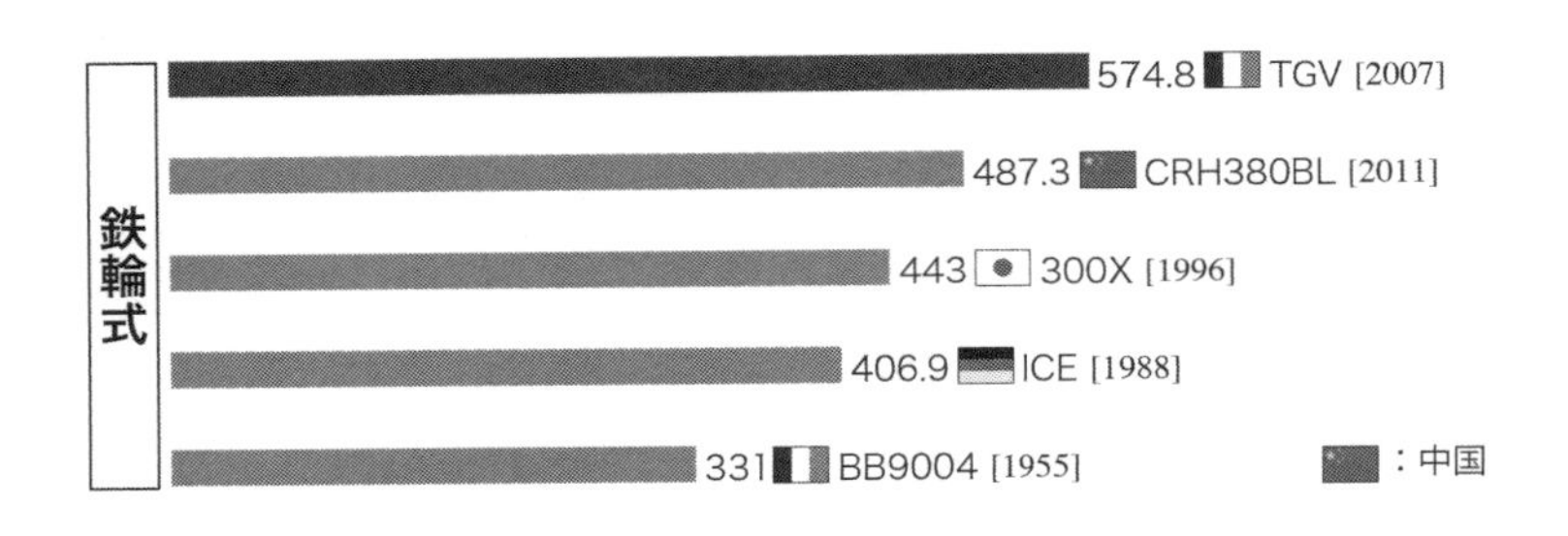

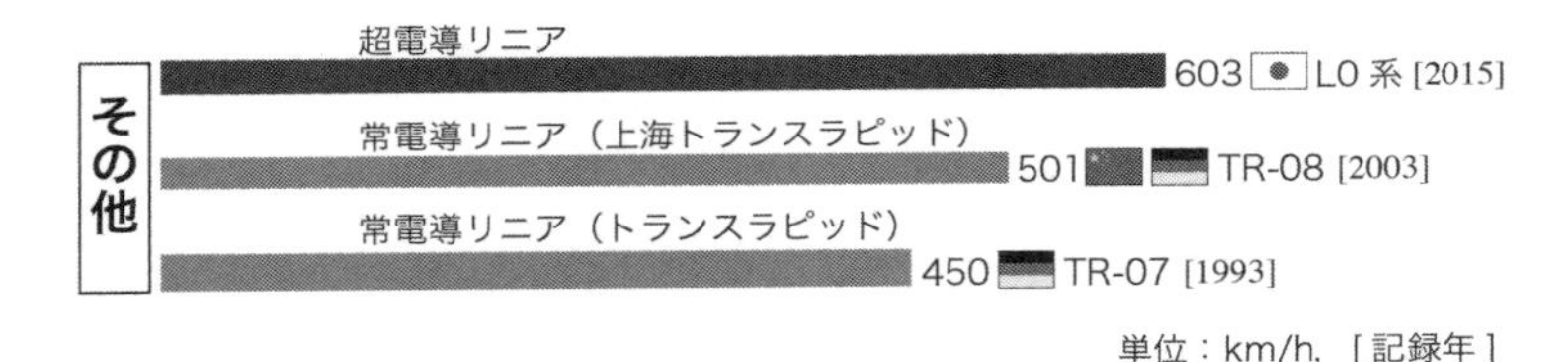

図4-10　有人走行試験での鉄道最速記録（2017年12月時点）

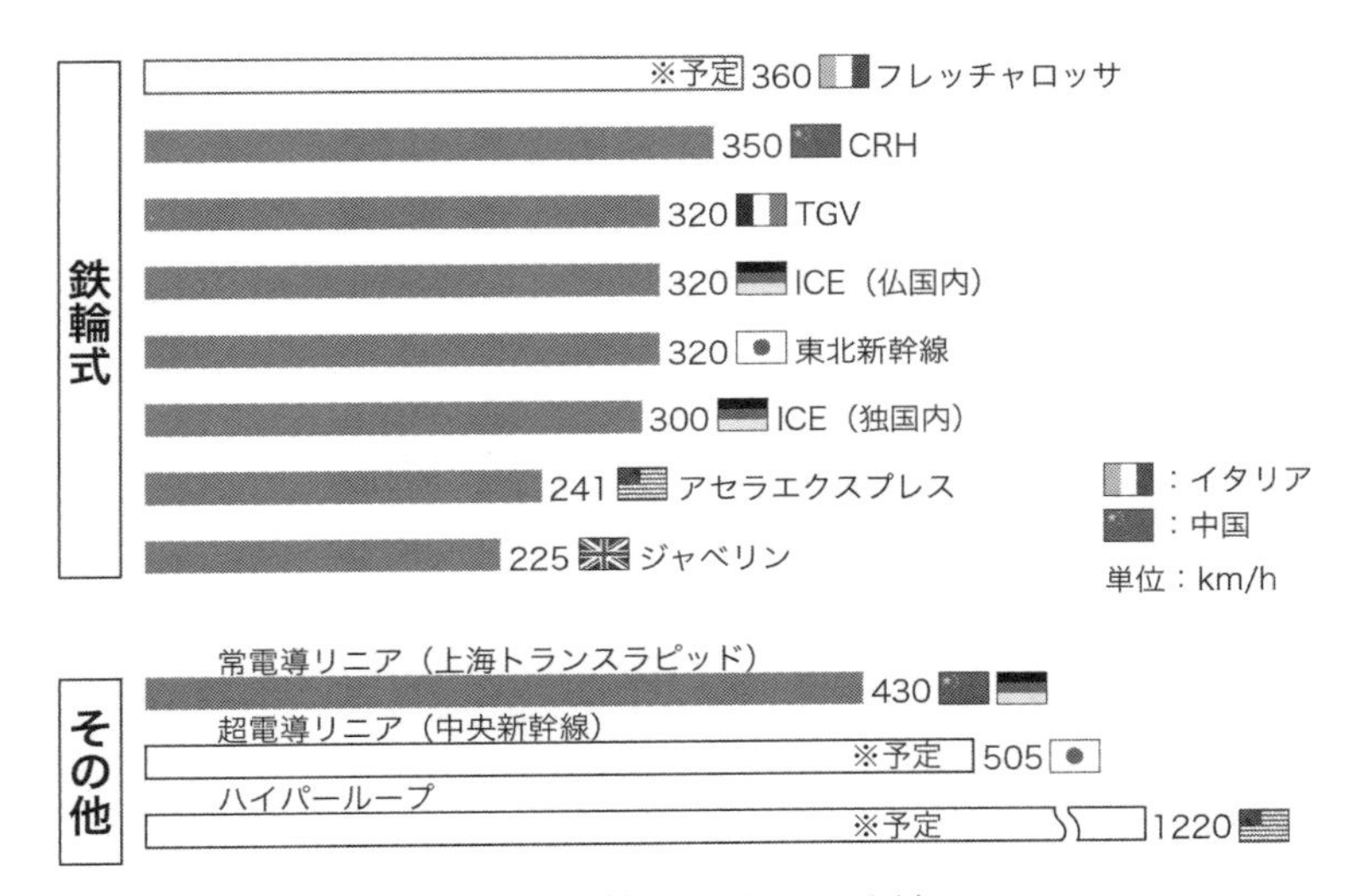

図4-11　営業列車の最高速度の比較（2017年12月時点）

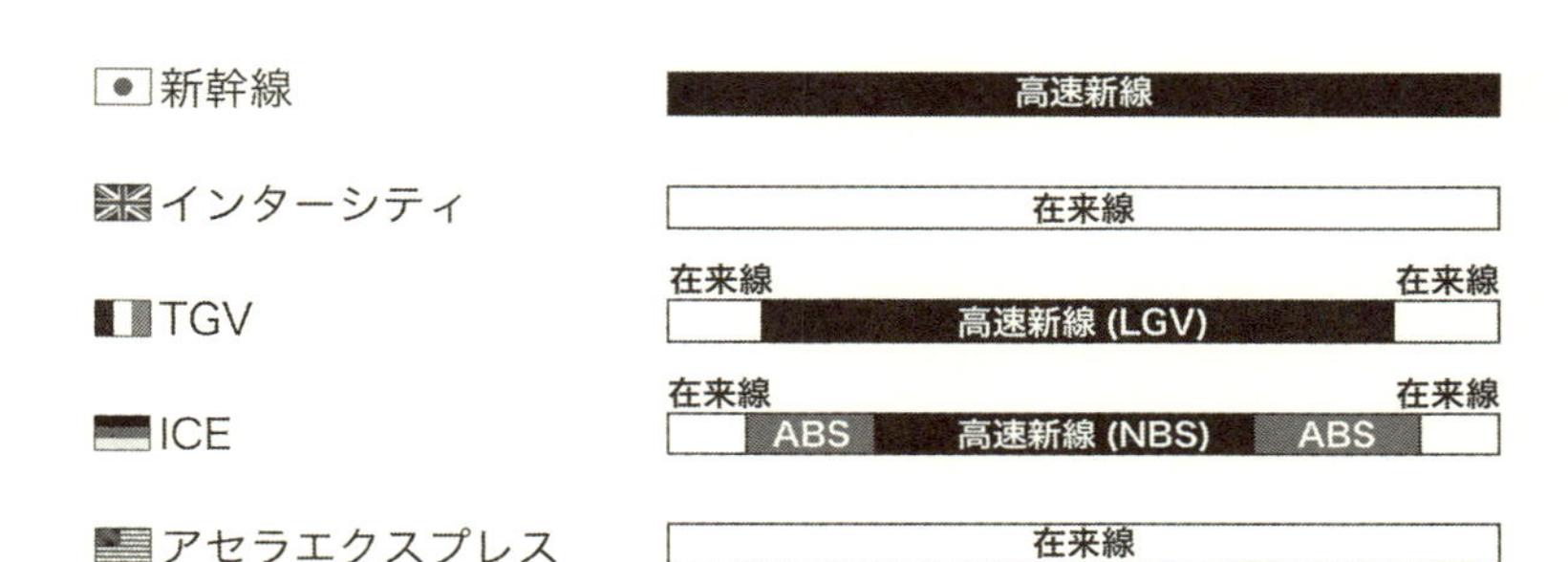

図4-12　走行区間における高速新線の分布（イメージ）

業したころは、鉄輪式は時速３００㎞程度が速度の限界とされていましたが、今では時速５００㎞を超えており、超電導リニアに近い記録が出ています。

営業運転の最高速度

営業運転の最高速度も、各国が競ってきた歴史があります〔図4－11〕。ただし近年は、中国やドイツ、フランスで高速列車の脱線事故が発生したこともあり、スピード競争が下火になりつつあります。現在の世界最速の営業速度は、鉄道全体では中国の上海トランスラピッド（常電導リニア）の時速４３０㎞で、鉄輪式では中国のＣＲＨの時速３５０㎞です。なお、鉄輪式では、イタリアのフレッチャロッサが時速３６０㎞での営業運転を予定しています。

高速新線と在来線の関係

4・2で紹介した5カ国の高速鉄道のうち、高速列車が走行する全区間を高速新線にしたのは日本の新幹線だけです［図4－12］。他の4カ国は、高速列車を高速新線と在来線の両方に走らせるか、在来線のみに走らせています。理由はすでに述べたように、高速新線の建設にコストがかかるからです。

現在は、世界のさまざまな国が高速鉄道を導入していますが、その多くではTGVと同様に高速新線と在来線の両方に走らせる方式になっています。既存の鉄道施設を生かしながら低コストで高速化が図れるからです。これには、多くの国の鉄道で標準軌が採用されていることも関係しています。

高速新線の最急勾配

高速列車が走る高速新線の最急勾配は、路線によって異なります［図4－13］。

日本の新幹線では、基本的に15パーミルまで許容されてい

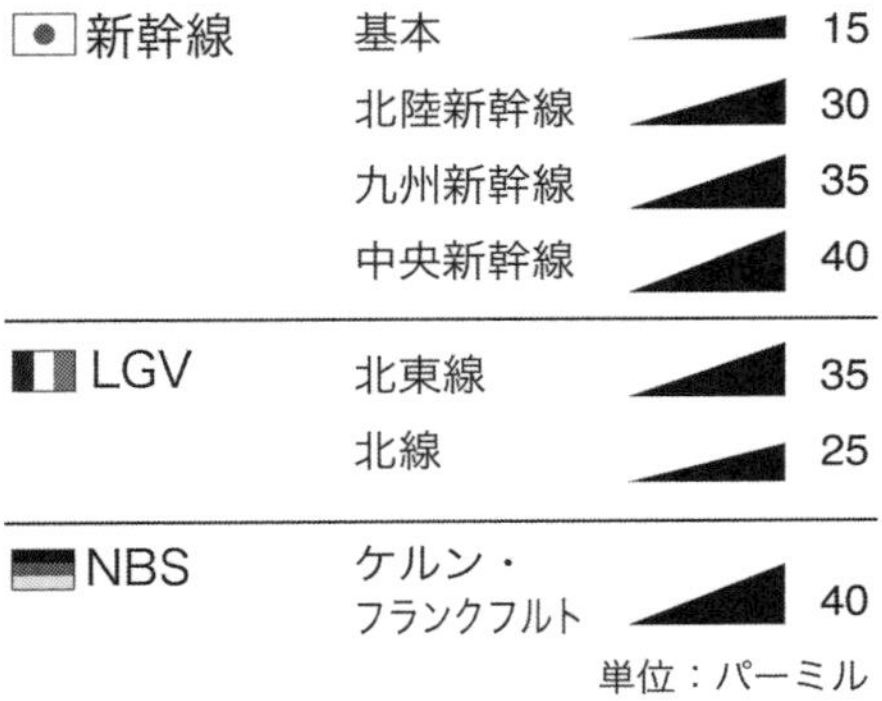

新幹線	基本	15
	北陸新幹線	30
	九州新幹線	35
	中央新幹線	40
LGV	北東線	35
	北線	25
NBS	ケルン・フランクフルト	40

単位：パーミル

図4-13　高速新線の最急勾配の比較

ます。ただし、山岳地帯で大回りすることによる建設費の増加を避けるために特例を認めた区間があります。たとえば北陸新幹線の高崎・軽井沢間には30パーミル、九州新幹線の川内・鹿児島中央間には35パーミルの区間があります。

世界の鉄輪式高速鉄道における最急勾配は、40パーミルです。ドイツのＩＣＥの話でもふれたように、ケルン・フランクフルト間のＮＢＳには、最急40パーミルの勾配がが連続する区間が存在します。

いっぽう、日本で建設が進められている中央新幹線（山梨実験線をふくむ）は、最急勾配が40パーミルであり、ＩＣＥが走るＮＢＳと同じです。中央新幹線では、超電導リニア方式になる予定ですが、勾配の上では鉄輪式でも走行できることになります。

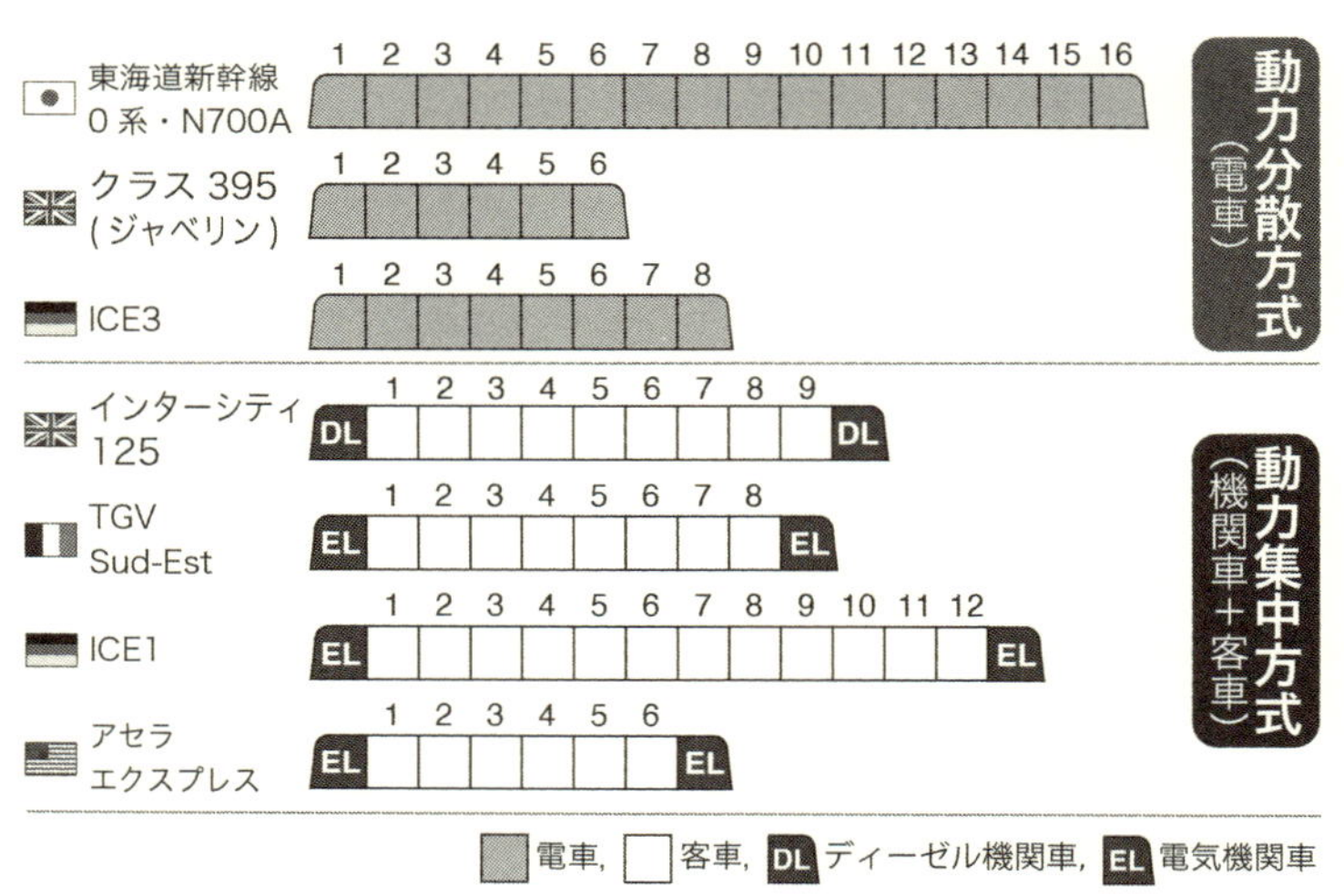

図4-14　おもな高速列車の編成

高速列車の編成と動力配置

高速列車の編成は、国ごとに異なります［図4－14］。車両の数だけでなく、動力の配置方法がそれぞれ異なります。動力の配置方法は、大きく分けると、機関車を連結する動力集中方式と、連結しない動力分散方式の高速列車に分けられます。

動力集中方式と動力分散方式には、どちらも一長一短があります。動力集中方式は、動力装置が機関車に集中配備してあるので、メンテナンスが容易ですが、軸重（車軸1本にかかる荷重）が大きくなるという弱点があります。いっぽう動力分散方式は、動力装置が分散配置してあるので、メンテナンスが煩雑ですが、軸重を小さくできるというメリットがあります。電車の場合は、モーターを使ったブレーキ（発電ブレーキや電力回生ブレーキ）を有効に使えるというメリットもあります。

日本の新幹線では、開業当初から動力分散方式の電車を採用しています。電車は折り返し運転が容易で、機関車よりも軸重を小さくでき、日本の鉄道に適していると考えられたからです。

これには、日本に地盤が軟弱な地域が点在しており、重い機関車を高速で走らせるのが難しいことも関係しています。また、電車で電力回生ブレーキが使われるようになってからは、消費電力の低減も実現しました。

いっぽう日本以外の4カ国の高速列車ではメンテナンスの容易さを重視して、おもに動力集中方式を採用しています。これらの国々では地盤が強固で、軸重が大きい高出力の機関車を走らせることができるからです。高速列車は、折り返し運転を容易にするため、機関車を編成の前後両端につけたプッシュプル方式を採用するのが一般的です。

ただし、近年はドイツやイギリスで動力分散方式の高速列車も走るようになりました。ドイツのＩＣＥでは電車も使われていますし、イギリスの高速列車では電車やディーゼルカー、また電化・非電化の両方を走行できるハイブリッド車両も使われています。

高速列車の運転本数

５カ国の高速列車では、運転本数も異なります。日本を除く４カ国の高速列車では、１時間におおむね1～2本運転されていますが、日本の新幹線ではそれよりもはるかに多く、１時間に10本を超える区間や時間帯もあります。

たとえば東海道新幹線では、16両編成（定員１３２３人）の列車が、最短3分間隔で東京駅を出発しています。このことだけでも、東海道新幹線が輸送する旅客数が、他国の高速鉄道にくらべて極端に多いことがご理解いただけるでしょう。

２階建て車両

新幹線とＴＧＶでは、２階建て車両も使われています。どちらも輸送力の増強を目的にして開発されたものです。

両者をくらべてみましょう［図４－15］。新幹線のＥ４系は８両編成の電車で、定員が８１７人です。２編成連結して16両編成にしたときの定員は１６３４人で、高速列車１列車あたりの定員としては世界最多です。いっぽうＴＧＶの２階建て車両（デュプレクス）は、機関車２両＋客車８両の編成です。定員は５１６人でＥ４系１編成よりも少ないですが、最高速度が時速３２０㎞で、Ｅ４系（時速２４０㎞）よりも速いです。

車窓風景

E4 系新幹線電車

TGV デュプレクス

	編成	定員	最高速度
E4 系 新幹線電車 （1 2 3 4 5 6 7 8）	8 両（16 両）	817 人（1634 人）	240km/h
TGV デュプレクス （EL 1 2 3 4 5 6 7 8 EL）	10 両（客車 8 両）	516 人	320km/h

図4-15　２階建て車両の比較

先ほどの5カ国の高速鉄道のうち、日本とその他の国では、車窓風景が異なります。シンプルに言えば、日本以外の4カ国の高速列車では建物がほとんど見えない地域や、人口密度が著しく低い地域をよく走るのに対して、新幹線は建物が常に見える地域や、人口密度が高い地域をよく走るので、車窓に他の4カ国の高速列車よりもたくさんのものが移り変わって見えます。

外国人が東海道新幹線に乗車すると、どこまで行っても建物が途切れないことに驚くそうです。逆に日本人がTGVやICEなどに乗車すると、人が住んでいる気配がまったくない場所があることに驚かされます。つまり、沿線の人口分布のちがいが、そのまま車窓風景の変化に現れているのです。

客室の座席

各高速列車の普通車（2等車）の座席をくらべると、それぞれの高速列車で座席の構造が異なることがわかります。日本の新幹線では、2階建て電車を除き、すべての座席が回転リクライニングシートで、進行方向によって向きを変える構造になっています。いっぽうTGVやICEでは、向きを固定した座席が使われています。

また、ICEでは一部に簡易コンパートメントがあり、向かい合わせた座席とテーブルを配して、家族やグループが利用しやすくしてあります。これと似たものは、日本の山陽新幹線を走る「ひかりレールスター」にもあります。

非常用設備

海外の高速車両では、日本の新幹線電車では見られない非常用設備が存在します。ここではその代表例として、ハンマーと安全パンフレットを紹介しましょう。

ハンマーは、非常時に乗客が窓ガラスを割り、車外に脱出するときに使うもので、車内に設置してある例が多いです〔写真4－10〕。また、非常時に窓ガラスを外しやすい構造にした高速車両も存在します。台湾の高速鉄道では、日本の新幹線電車（700系）の改良型が走っていますが、車内にはハンマーが設置されており、脱出しやすいように

写真4-10　窓に置かれたハンマー（ICE）

700系と質が異なる窓ガラスが使われています。

安全パンフレットは、アセラエクスプレスの座席に置かれています〔写真4－11〕。そこには、非常時の避難経路や、窓ガラスを外して脱出する方法などが図解してあり、文字を読まなくてもおおまかな内容がわかるようになっています。アメリカでは鉄道を利用する機会が少ないので、航空機の座席に置いてあるものとよく似た安全パンフレットを車内に置いているのでしょう。

つまり、万が一の事故やトラブルに備える安全対策の考え方が、日本と海外では異なる部分があるのです。新幹線の海外展開を進めるならば、こうした車両の細かい仕様も他国の状況に合わせていく必要があるでしょう。

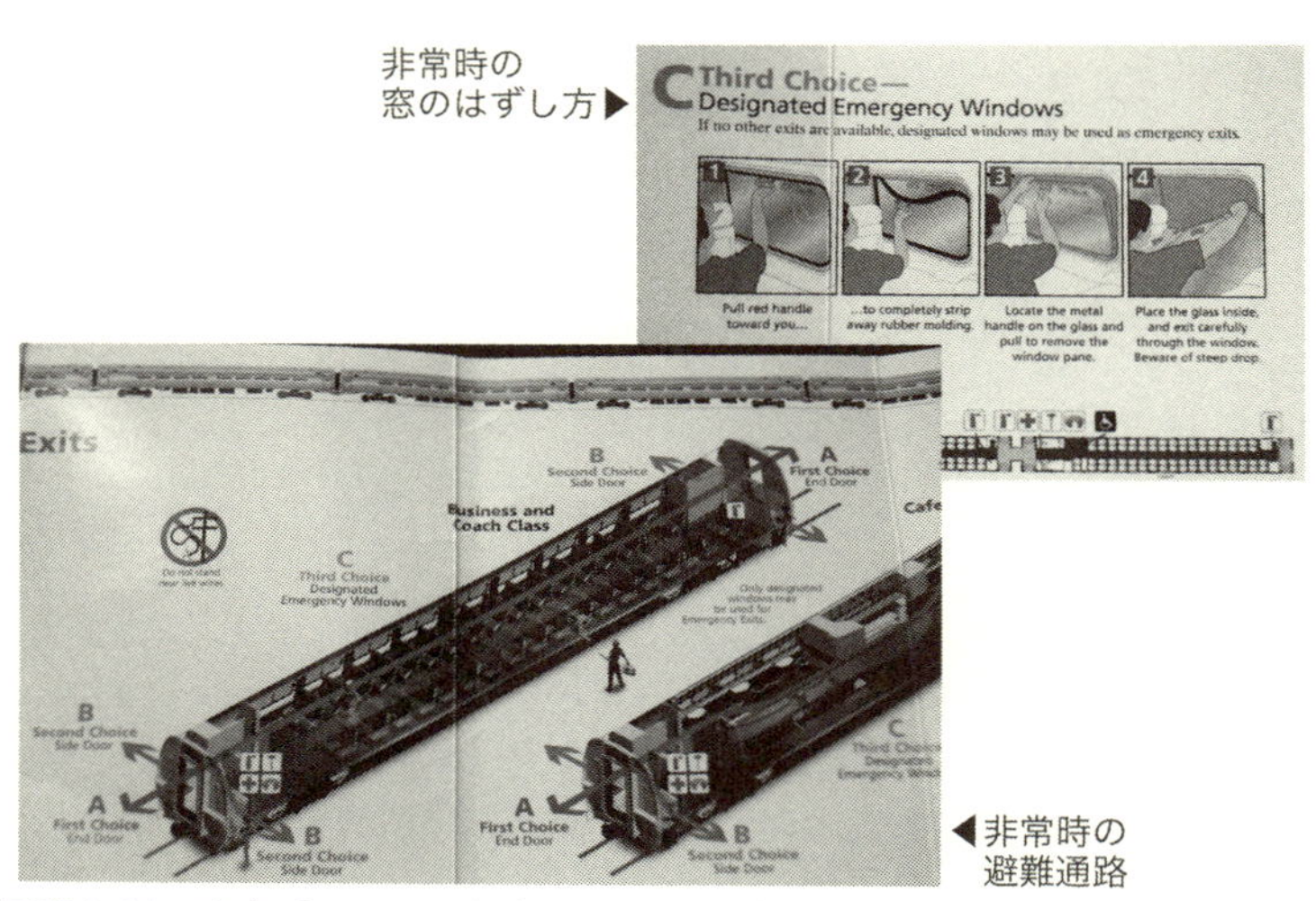

写真4-11　安全パンフレット（アセラエクスプレス）

無線ＬＡＮサービス

近年は、公共の場における無線ＬＡＮ（Wi-Fi）サービスが普及したこともあり、バスやタクシー、航空機などでも同サービスが利用できるようになってきました。

このため、世界の鉄道では車内で無線ＬＡＮサービスを利用できる高速列車が増えています。インターシティやＴＧＶ、ＩＣＥ、アセラエクスプレスでは、いずれでも無線ＬＡＮサービスが提供されており、乗客が簡単な操作をすれば無料で利用できるようになっています（一部列車を除く）。

いっぽう新幹線での無線ＬＡＮサービスの提供は大幅に遅れており、同サービスを使い慣れた訪日外国人が不便さを感じる要因にもなっています。

たとえば東海道新幹線では提供されていますが、あらかじめプロバイダと契約する必要があり、簡単かつ無料で利用することができません。いっぽうＪＲ東日本やＪＲ西日本では、２０１８年以降に訪日外国人向けの無料の無線ＬＡＮサービスを随時開始すると発表しています。

さらに、東海道・山陽新幹線を除く新幹線の一部区間では、携帯電話の電波も圏外になります。これにはトンネルが多いなどの新幹線ならではの事情もあります。ただ、常時ネットに接続できるのが当たり前になった現在では、早く接続環境を整える必要があるでしょう。

ネットでのチケット購入

日本以外の4カ国の高速列車では、各国内はもちろん、海外からもネットでチケット購入ができます。イギリスのナショナルレール、フランス国鉄、ドイツ鉄道、アメリカのアムトラックのウェブサイトにアクセスすれば、クレジットカード決済で容易にチケットを入手できます。また、各鉄道事業者が提供しているアプリをダウンロードすれば、スマートフォンでもチケット購入や座席予約もできます。

ところが日本では、全国の新幹線のチケットを一括で扱うウェブサイトが1つもありません。JR旅客各社のウェブサイトでは、新幹線のチケット購入や座席予約ができるページが存在しますが、他の4カ国とくらべると、操作が容易とは言いがたいです。座席予約のみを全国一括でできるウェブサイト（JRサイバーステーション）も存在しますが、日本語にしか対応していません。こうしたネット対応では、日本の鉄道業界は4カ国の鉄道業界だけでなく、航空業界よりも大幅に遅れています。

日本政府は訪日外国人を増やす政策を進めていますが、こうした状況を改善して外国人の利便を図ることも、大きな課題と言えるでしょう。

世界の高速鉄道のなかには、利用促進を図る必要に迫られているものが存在します。格安航空（ＬＣＣ）や長距離バス、自動車のライドシェアの発達によって、競争が激しくなっているからです。

フランスは、その傾向がとくに見られる国です。規制緩和によって長距離バスが急速に発達しただけでなく、航空会社の戦略によって「航空機はＴＧＶより安い」というイメージが定着したゆえに、ＴＧＶはきびしい競争にさらされています。

そこでフランス国鉄は、近年ＴＧＶで「ウィゴー（Ouigo）」や「イヌイ（InOui）」と呼ばれるサービスを実施するようになりました。「ウィゴー」は、ＴＧＶの廉価版で、航空業界におけるＬＣＣのような存在であり、ふだん乗用車を利用するファミリー層を取り込むため、大きな駐車場がある駅にも停車します。「イヌイ」は、ＴＧＶのアップグレード版で、従来よりも車内設備が充実した車両が使われています。

いっぽうドイツ鉄道では、新しいＩＣＥ車両（ＩＣＥ４）に自転車置場やコンパートメントを充実させるなどして、利用者の多様なニーズに応えようとしています。

こうした動きを見ると、ヨーロッパではたんに最高速度を上げて所要時間の短縮を図っていた時代は終わり、ニーズの変化に合わせたサービスの提供に力を入れていることがわかります。

自動運転の導入

現在は自動車業界で自動運転の技術が話題になっていますが、鉄道業界でも自動運転の技術を積極的に取り入れる動きがあります。

たとえばフランス国鉄は、貨物列車やＴＧＶの自動運転を実施する方針を示しており、ＴＧＶに関しては２０２３年ごろに一部区間における半自動運転（運転できる乗務員が乗務する自動運転）を実施する予定です。実現すれば世界初の自動運転高速列車が誕生することになります。

地震対策

地震対策は、新幹線がもっとも得意とするものです。台湾の高速鉄道で日本製の電車や地震対策システムが採用されたのも、１９９９年に台湾で大震災が発生したことが関係していると言われています。

いっぽう欧米の高速鉄道では新幹線のような地震対策は実施されていません。そもそも地震がほとんど発生せず、必要ないからです。

第4章まとめ

・日本での新幹線の誕生を機に、世界に高速鉄道が広がった
・フランスやドイツは、低コストで導入できる高速鉄道システムを開発し、国外にも輸出している
・新幹線は、日本以外の4カ国の高速鉄道よりもIT対応が遅れている

コラム

国内外の鉄道博物館をくらべる

鉄道の歴史を知る施設に、鉄道博物館があります。日本と海外の鉄道博物館をくらべると、国ごとに鉄道のとらえ方や楽しみ方が異なることがわかります。

鉄道博物館は、海外にも複数存在します。ここではヨーロッパの代表例として、イギリスの国立鉄道博物館と、ドイツ鉄道博物館を見てみましょう。

イギリスの国立鉄道博物館は、世界最大規模の鉄道博物館で、ヨークにあります。ヨークは、イングランド北部にある都市で、旧市街が城壁に囲まれた観光の街として知られており、鉄道の

要衝として栄えた街でもあります。ロンドンからヨークまでは、高速列車（インターシティ）に乗れば2時間強で行けます。

国立鉄道博物館の大きな特徴は、鉄道史の全体像を学べるという点にあります。ヨーク駅付近の車庫跡には、300両以上の鉄道車両が収蔵されており、かつて世界最速を記録した蒸気機関車（マラード号）から王室専用客車までさまざまな車両が常設展示されています。展示の解説を読むと、鉄道という交通機関が社会や産業に何をもたらしたかがわかるようになっています。博物館が発達したイギリスらしいですね。

ここで販売されているパンフレットは、第2章で紹介した鉄道史のメインの流れを知る上で参考になります。鉄道と社会の関わり、つまり産業革命やイギリスならではの階級社会、戦争、旅行のレジャー化などに鉄道がどう関わったのかがわかるようになっているのです。写真や絵が多く使われており、解説文を読まなくても内容がおおまかにわかり、大人でも子供でも楽しめる工夫がしてあります。

この博物館は日本とも縁があります。ＪＲ西日本が寄贈した初代新幹線電車（0系）も展示してありますし、さいたま市の鉄道博物館とは姉妹提携しています。この博物館の車両展示館では、中央にターンテーブル（転車台）があり、そこから放射状に延びる線路に置いた車両の入れ替えができる構造になっています。この構造は、さいたま市の鉄道博物館でも採用されました。

次に、ドイツ鉄道博物館を見てみましょう。

ドイツ鉄道博物館は、ドイツ鉄道が運営する博物館で、ドイツ南部のニュルンベルクにあります。ニュルンベルクは、ヨークと同様に旧市街に城壁が残る街で、ドイツ最初の鉄道が開業した街でもあります。ベルリンからニュルンベルクまでは、航空機で約1時間、高速列車（ICE）で約5時間かかります。

この博物館は、実物車両が見たい人には物足りないかもしれません。敷地や建物は、先ほどの国立鉄道博物館よりも規模が小さく、展示してある実物車両の数が少ないからです。

その代わり、歴史を紹介する展示が充実しています。展示室は、ドイツの鉄道史を5つの年代に分けて紹介しています。ドイツ国営鉄道が発足した1920年、終戦の1945年、ベルリンの壁が崩壊した1990年を節目として、歴史の流れがわかるようになっています。

展示のクライマックスは、1920年から1945年までです。鉄道が国威発揚の道具にされ、ヒトラー政権によって鉄道技術の向上が図られ、戦争へと突入した時代です。この展示では、入口の壁が真っ赤に塗られており、内部にはドイツが熱狂の末に破滅的な最後を迎えた時代や、アウシュビッツ収容所への輸送に使われた鉄道最大の「負の歴史」を物語る展示があります。なおドイツには、この時代の「負の歴史」を物語る博物館がほかにも複数あり、過去の失敗をさまざまな角度から学ぶことができます。

これら2つの鉄道博物館は「鉄道を通して歴史を知る」ことが重視されており、「学習の場」になっています。おそらくヨーロッパでは、日本よりも鉄道そのものに関心を持つ人が少なく、鉄道博物館の来館者数を維持することが難しいので、展示内容の充実に力を入れているのでしょう。なお、フランスの鉄道博物館は来館者数の低迷で一時休館したことがあります。

いっぽう日本の鉄道博物館は、「知る」ことよりも「楽しむ」ことが重視されており、「テーマパーク」に近いと言えるでしょう。おそらく日本では、ヨーロッパよりも鉄道趣味が発達しているので、「楽しむ」ことを重視したほうが来館者数を維持しやすいのでしょう。

もちろん、身近な交通機関である鉄道を通して楽しめる人が多いことは素晴らしいことです。しかし、博物館としての価値を高め、近年増えた訪日外国人にも来館してもらうには、今よりも「鉄道を通して歴史を知る」場にする必要があるでしょう。古い車両を並べてそれらのデータだけを紹介するだけなら、博物館ではなく車両展示場です。

私ごとで恐縮ですが、私は2016年4月に開館した京都鉄道博物館の車両ガイドの一部を執筆し、各車両が開発された理由や工夫点を、社会的・歴史的な背景と照らし合わせながら解説しました。こうした試みが多くの方にとって「鉄道を通して歴史を知る」きっかけになればと思っています。

第5章　空港アクセスと貨物の鉄道を国際比較

日本の鉄道には利便性において大きな課題があります。その代表例が、他交通との連携があまりとられていないことです。

日本では、総合交通政策が十分に確立されず、各交通機関がバラバラに発達しながら「なりゆき」で輸送のバランスをとってきたという歴史があります。このため鉄道と他交通の旅客や貨物の乗り継ぎが不便です。それは、かつて鉄道偏重の交通政策がとられた名残か、もしくは戦後における世界全体の交通の変化に、日本の政治が追いつかなかった影響でしょう。

そのことは、日本にいると気づきにくいですが、日本と他国の交通の状況をくらべるとよく見えてきます。

そこで本章では、5カ国の空港アクセス鉄道と貨物鉄道をくらべます。空港アクセス鉄道はおもに航空と鉄道、貨物鉄道は4つの交通機関（自動車・鉄道・船舶・航空）との連携がわかるからです。なお、ここで言う空港アクセス鉄道は、旅客輸送を担う鉄道のことで、航空燃料などを運ぶ貨物鉄道は除外します。

5・1　空港アクセス鉄道

最初に、空港アクセス鉄道をくらべてみましょう。これまで紹介してきた5カ国を代表する空港を例に挙げ、空港アクセス輸送を担う鉄道を比較し、そのちがいが生じた理由を探っていきます。

なぜ空港アクセス鉄道が必要か

本題に入る前に、まず、空港アクセス鉄道の役割についてふれておきましょう。

欧米では、当初空港アクセス鉄道はいらないと考えられてきました。陸上交通は自動車が担うので、わざわざ鉄道で空港と市街地を結ぶ必要はないと考えられていたからです。

ところが1980年代からは、欧米で徐々に空港アクセス鉄道が整備されるようになりました。

その理由にはおもに次の3つがあります。

①1970年代から航空機の大型化が進んで航空利用者数が増え、大量旅客輸送ができる鉄道が必要になった

②交通量の増加によって道路で渋滞が頻発し、空港アクセスの機能が十分に果たせなくなった
③航空業界で合理化のため路線網の統合・整理が進み、都市間輸送を十分に担えなくなった

③の路線網の統合・整理とは、直行便主体の「ポイント・ツー・ポイント型」から「ハブ・アンド・スポーク型」への転換によるものです。「ハブ・アンド・スポーク型」とは、自転車の車輪のハブ（車軸部分）とスポークのように、拠点となる空港（ハブ空港）から各都市を結ぶ路線を設定するもので、従来よりも路線数を減らせるという利点があります［図5－1］。一見合理的ですが、従来直行できた路線が減るので、ルートによっては乗り継ぎが必要になり、不便になります。

そこでフランスやドイツでは、高速列車を空港に直接乗り入れさせることで、航空網と高速鉄道網を直結させ、航空網の都市間輸送の空白を高速鉄道網でカバーすると

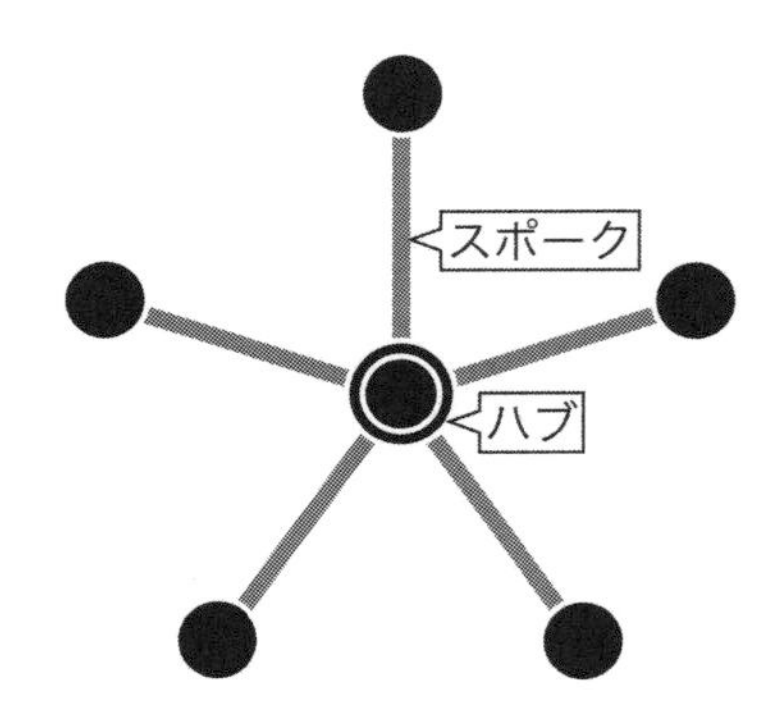

ポイント・ツー・ポイント型　ハブ・アンド・スポーク型

図5-1　ポイント・ツー・ポイント型とハブ・アンド・スポーク型

いう試みをしています。航空機と高速鉄道が互いに競争し合うのではなく、協調し合うように発想を転換しているのです。

さあ、空港アクセス鉄道の役割の話はこの辺にして、早速世界の空港アクセス鉄道をくらべてみましょう。

―ロンドン― 地下鉄や近郊鉄道と直結

最初に紹介するのは、ロンドンのヒースロー空港です［図5―2］。

この空港は、イギリスを代表する国際空港であるだけでなく、ヨーロッパでも最大規模のハブ空港で、2013年にドバイ空港に抜かれるまでは国際線利用者数が世界最多でした。ロンドンを代表する空の玄関口であり、日本との直行便も発着します。

また、空港アクセス鉄道が発達した空港でもあり、地下鉄と近郊鉄道がそれぞれ乗り入れています。この空港には5つの旅客ターミナルがあり、それぞれに地下鉄と近郊鉄道が乗り入れているのです。

地下鉄は、ロンドン交通局が運営するピカデリー線で、近郊鉄道よりも先に開業しました。この路線は、「ロンドンのへそ」とも言われる中心地の広場（ピカデリーサーカス）を経由します。近郊鉄道よりも運賃が安い半面、停車駅が多く、所要時間が長い（空港・ピカデリーサーカス間で約1時間）

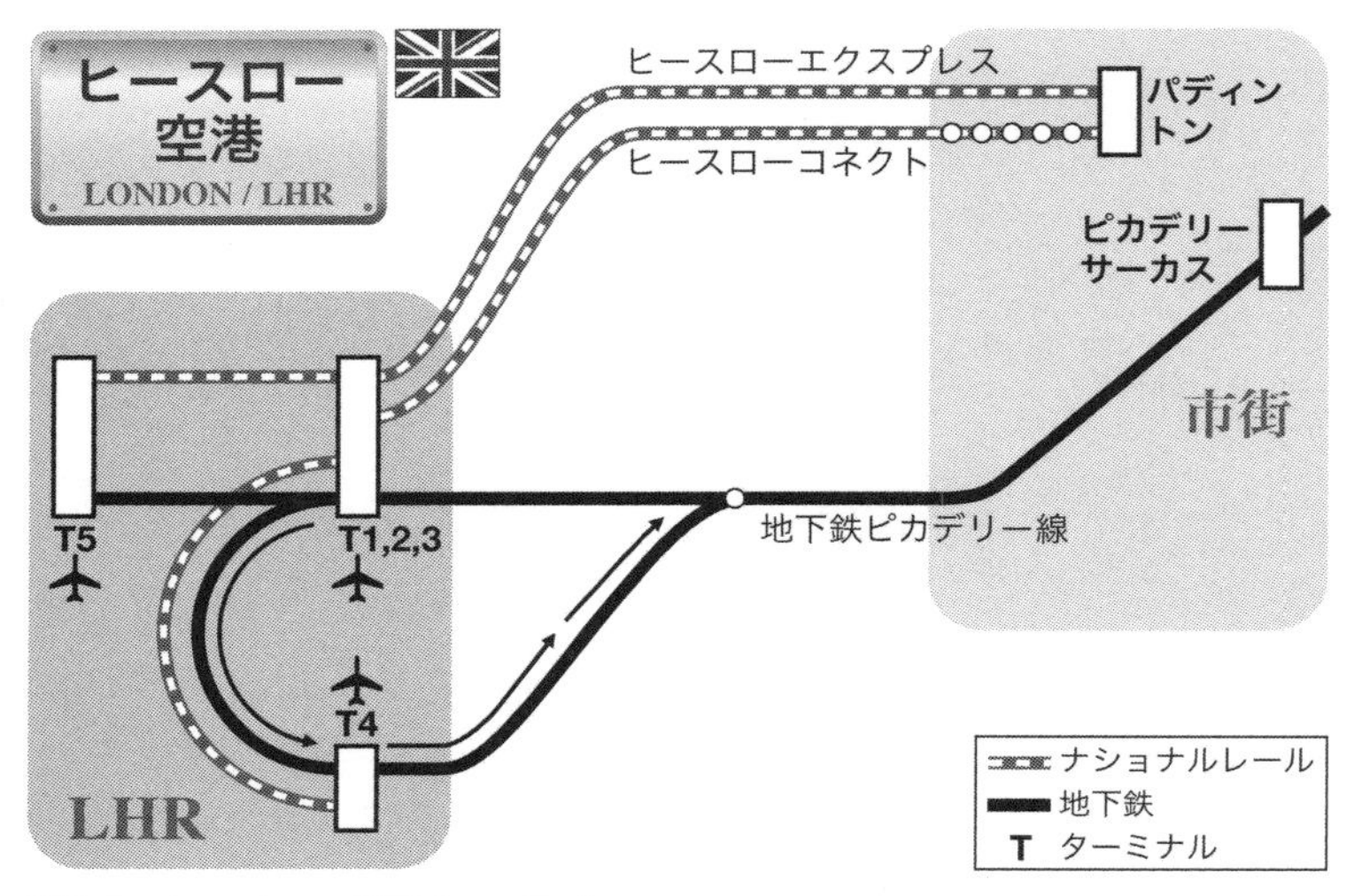

図5-2　ヒースロー空港（ロンドン）

写真5-1　ヒースローエクスプレス

です。

近郊鉄道は、ロンドン中心部のターミナル駅（パディントン駅）に乗り入れています。地下鉄よりも運賃が高い代わりに、所要時間が短いという特徴があります。たとえば「ヒースローエクスプレス」［写真5－1］は、空港・パディントン駅間の所要時間は約15分で、車内にはスーツケースなどを置ける大型荷物置場があります。

今後はクロスレールが空港に乗り入れる予定です。クロスレールは、現在建設中の鉄道で、ロンドン市街を東西に横断し、支線がヒースロー空港に乗り入れることになっています。

空港アクセス鉄道が発達した背景には、交通渋滞があります。ロンドンは、自動車の交通量が多いわりに道路網が貧弱で、渋滞が頻発するので、空港アクセス鉄道を充実させています。

―パリ― TGVも乗り入れる空港

次に紹介するのは、パリのシャルル・ド・ゴール空港です［図5－3］。

この空港は、フランスを代表する国際空港であり、同国最大のハブ空港です。その規模はヒースロー空港には及ばないもの、パリを代表する空の玄関口で、日本との直行便も発着します。

この空港の大きな特徴は、高速列車（ＴＧＶ）が旅客ターミナルビルに直接乗り入れていることです。第2旅客ターミナルにある駅には、ＴＧＶのみならず国際列車のタリスも停車するので、こ

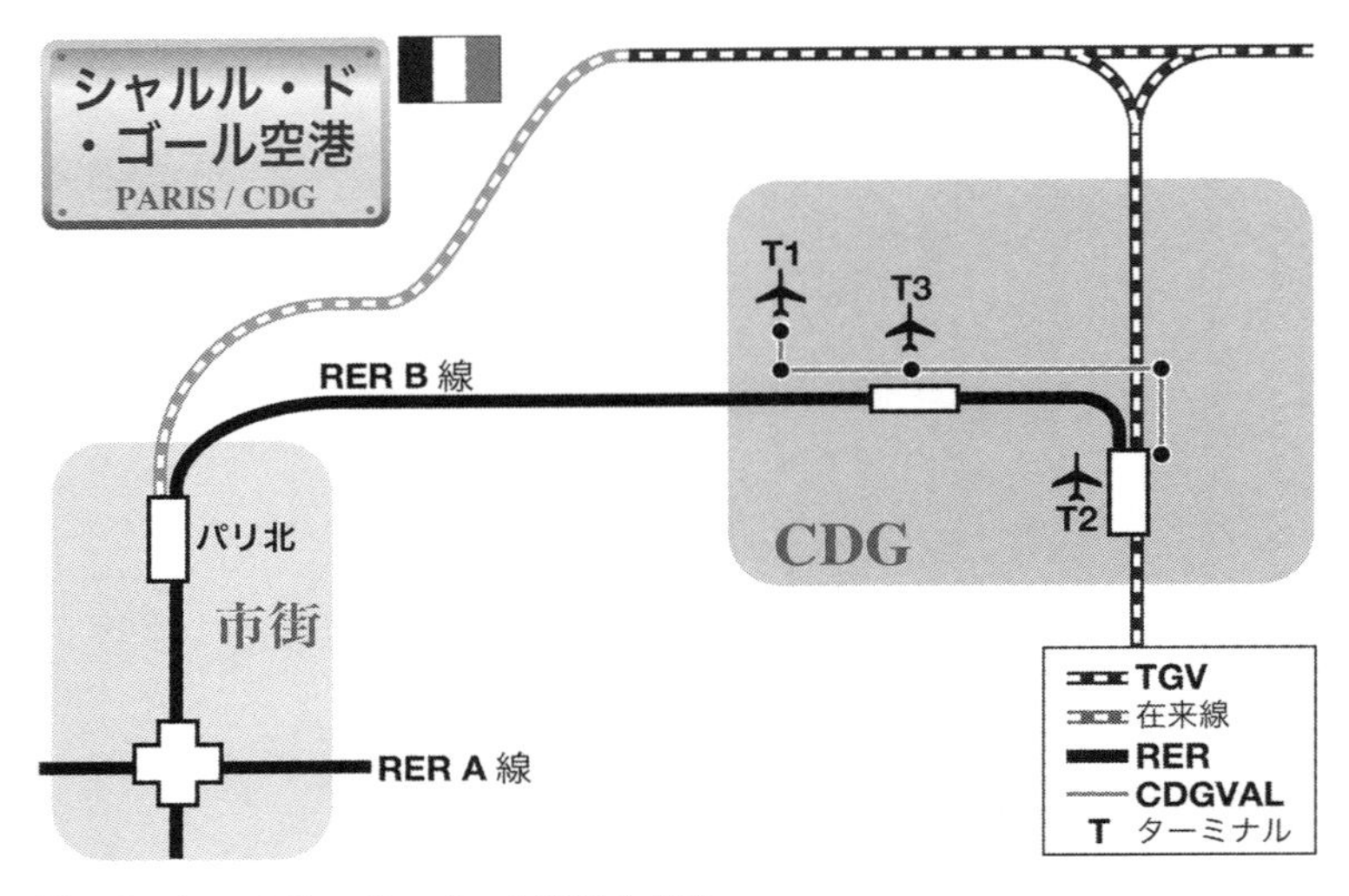

図5-3　シャルル・ド・ゴール空港（パリ）

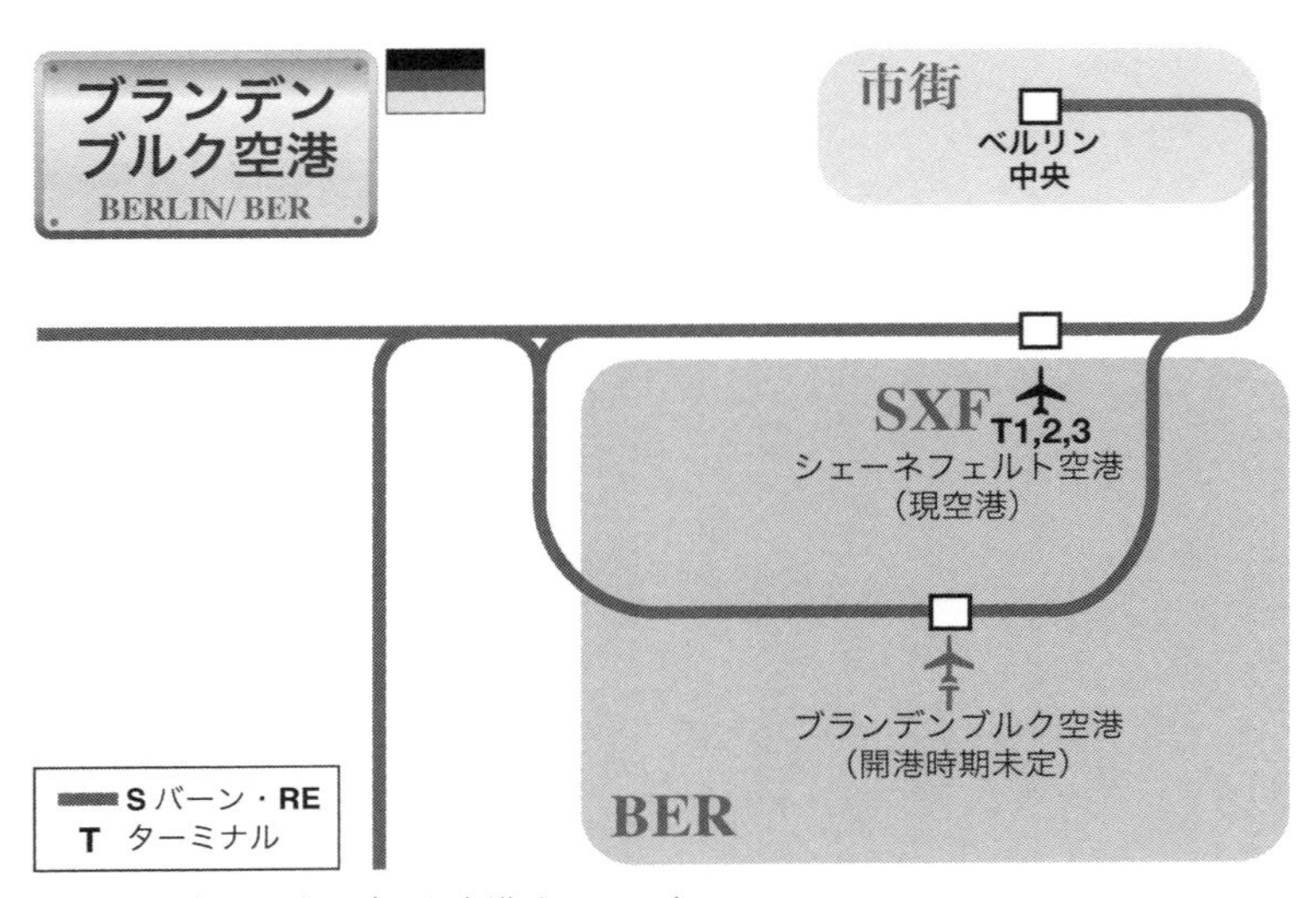

図5-4　ブランデンブルク空港（ベルリン）

こからフランス国内の都市だけでなく、ブリュッセルなどのフランス以外の都市にも移動することができます。つまり、航空網と高速鉄道網を空港で直結させることで、長距離移動の利便性を高めているのです。

また、この空港には急行地下鉄（RER・B線）も乗り入れており、空港からパリの中心地に直行できるようになっています。第1旅客ターミナルは、RERの駅から少し離れていますが、空港内を走るバスや新交通システム（CDGVAL）が双方を結んでいます。

ベルリン　将来ICEが乗り入れる計画も

ベルリンでは、空港アクセス鉄道の整備がロンドンやパリよりも大幅に遅れています。これには、冷戦時代に市街地が分断され、空港の拡張や統廃合が長らく進まなかったことが少なからず関係しています。

ただし、今後開港するブランデンブルク空港は、空港アクセス鉄道が直接乗り入れる便利な空港になる予定です［図5－4］。

ブランデンブルク空港は、ドイツを代表する国際空港となり、同国最大級のハブ空港になる予定です。開港すればベルリンを代表する玄関口となり、日本からの直行便もようやくベルリンに乗り入れることになりそうです。

この空港の旅客ターミナルビルは、ベルリンにある2つの空港の1つ（シェーネフェルト空港）の南側に位置します。つまり既存の空港の施設を生かしながら敷地を広げ、開港する予定なのです。なお、シェーネフェルト空港の近くの駅には、現在ベルリン中央駅に直行する近郊列車（Sバーンと RE）が発着しています。

ブランデンブルク空港が開港すると、その旅客ターミナルビルの真下にある駅が開業し、Sバーンと RE だけでなく、ICE の乗り入れも可能になります。このため、ベルリンの新しい交通拠点にもなると期待されています。

ただし、その開港時期は2020年10月の予定です（2017年12月現在）。2006年の着工時は、2011年10月に開港すると報じられたものの、その後は延期が繰り返されてきました。

フランクフルト――ICEも乗り入れる空港

このブランデンブルク空港が開港するまでは、フランクフルト・アム・マイン（以下フランクフルト）空港［図5－5］がドイツを代表する国際空港で、同国最大のハブ空港として機能することになります。

この空港の大きな特徴は、シャルル・ド・ゴール空港と同様に、高速列車（ICE）が旅客ターミナルビルに隣接した駅に直接乗り入れていることです［写真5－2］。また、ここからフランクフル

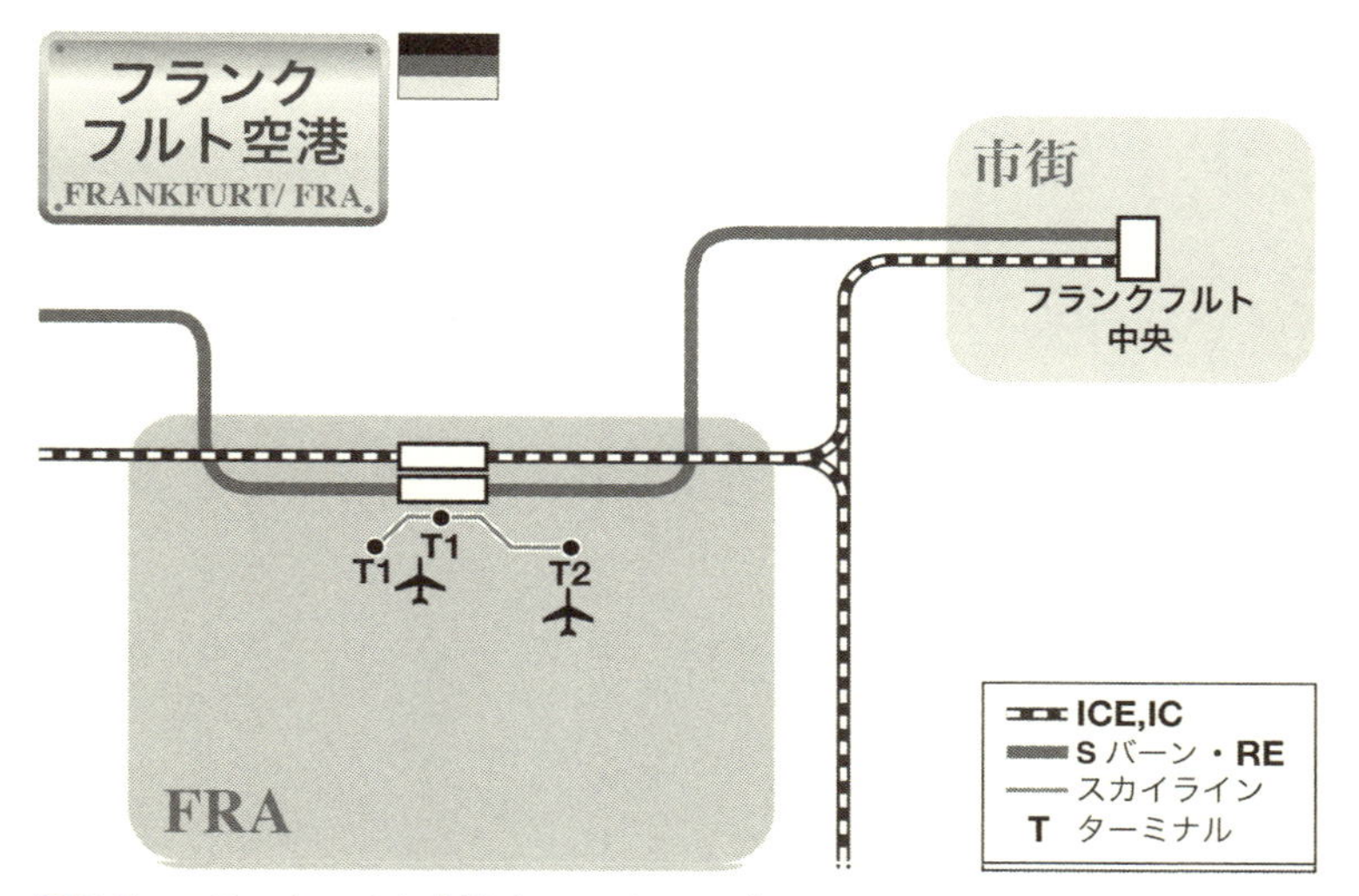

図5-5　フランクフルト空港（フランクフルト）

写真5-2　フランクフルト国際空港駅

ト中央駅に移動すれば、フランスから乗り入れるTGVを利用することもできるので、ドイツ国内のみならず、フランス国内の主要都市にもアクセスしやすくなっています。

また、第1旅客ターミナルビルの地下には、近郊列車（SバーンとRE）が乗り入れており、フランクフルトの中心地に直行できるようになっています。

第1旅客ターミナルと第2旅客ターミナルの間は、空港内を走るバスや、新交通システム（スカイライン）が結んでいます。この点も、シャルル・ド・ゴール空港と似ています。

―ニューヨーク― 空港アクセス鉄道が未発達

次に紹介するジョン・F・ケネディ（以下JFK）空港は、アメリカを代表するハブ空港の1つで、ニューヨーク最大の国際空港です［図5－6］。現在機能している旅客ターミナルだけでも6つもあることからも、その規模の大きさがおわかりいただけるでしょう。敷地面積はヒースロー空港の約1・6倍、成田空港の約2倍です。

この空港には、ニューヨークの中心地に直行できる鉄道が乗り入れていません。利用者の多くが自動車を利用するので、空港アクセス鉄道があまり発達していないのです。

ただし、2003年に開業した「エアトレインJFK」と呼ばれる鉄道が空港敷地内を走っており、6つの旅客ターミナルビルと直結した各駅に列車が停車します［写真5－3］。「エアトレインJ

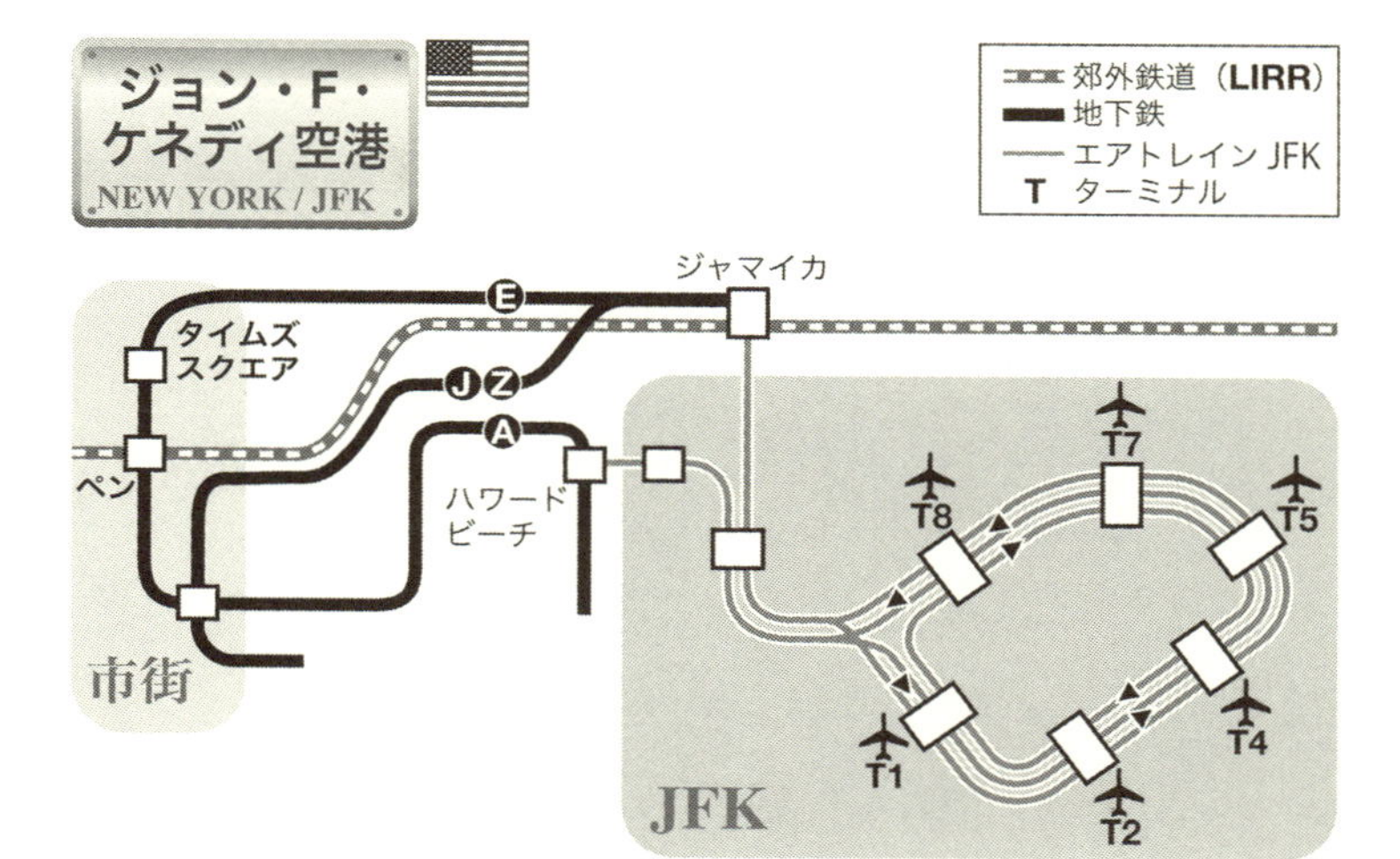

図5-6　ジョン・F・ケネディ空港（ニューヨーク）

写真5-3　エアトレインJFK

FK」の終端には、2つの乗換駅（ジャマイカ駅・ハワードビーチ駅）があり、そこから地下鉄や近郊鉄道（ロングアイランド鉄道・LIRR）に乗れば、ニューヨークの中心地に直行できます。

JFK空港に鉄道でアクセスする旅客はあまり多くありません。鉄道は、渋滞に巻き込まれる心配がないいっぽうで、乗り換えが不便である上に所要時間がバスやタクシーと大差ないからです。

―東京― 新幹線との乗り継ぎが不便

最後に東京の空港アクセス鉄道を見てみましょう。ここでは、東京都心に近い東京国際空港（以下、羽田空港）と、千葉県にある成田国際空港（以下、成田空港）と、それらに乗り入れる鉄道を紹介します［図5－7］。

羽田空港と成田空港には、大きな弱点があります。それは、新幹線と十分にリンクしていないことです。つまり、新幹線網と国内航空網がそれぞれバラバラに存在するので、海外から日本に来た人が日本国内の各地に移動しにくいのです。もちろん、各空港と東京都心は鉄道で結ばれているので、それを乗り継げば新幹線にアクセスできますが、乗り場が離れており、乗り換えが不便です。

そこで、かつては成田空港と東京駅を新幹線（成田新幹線）で結ぶという計画がありましたが、沿線住民の反対にあって工事が凍結し、実現しませんでした。また、羽田空港と東京駅をJR在来線で結ぶという構想もありますが、事業化には至っていません。

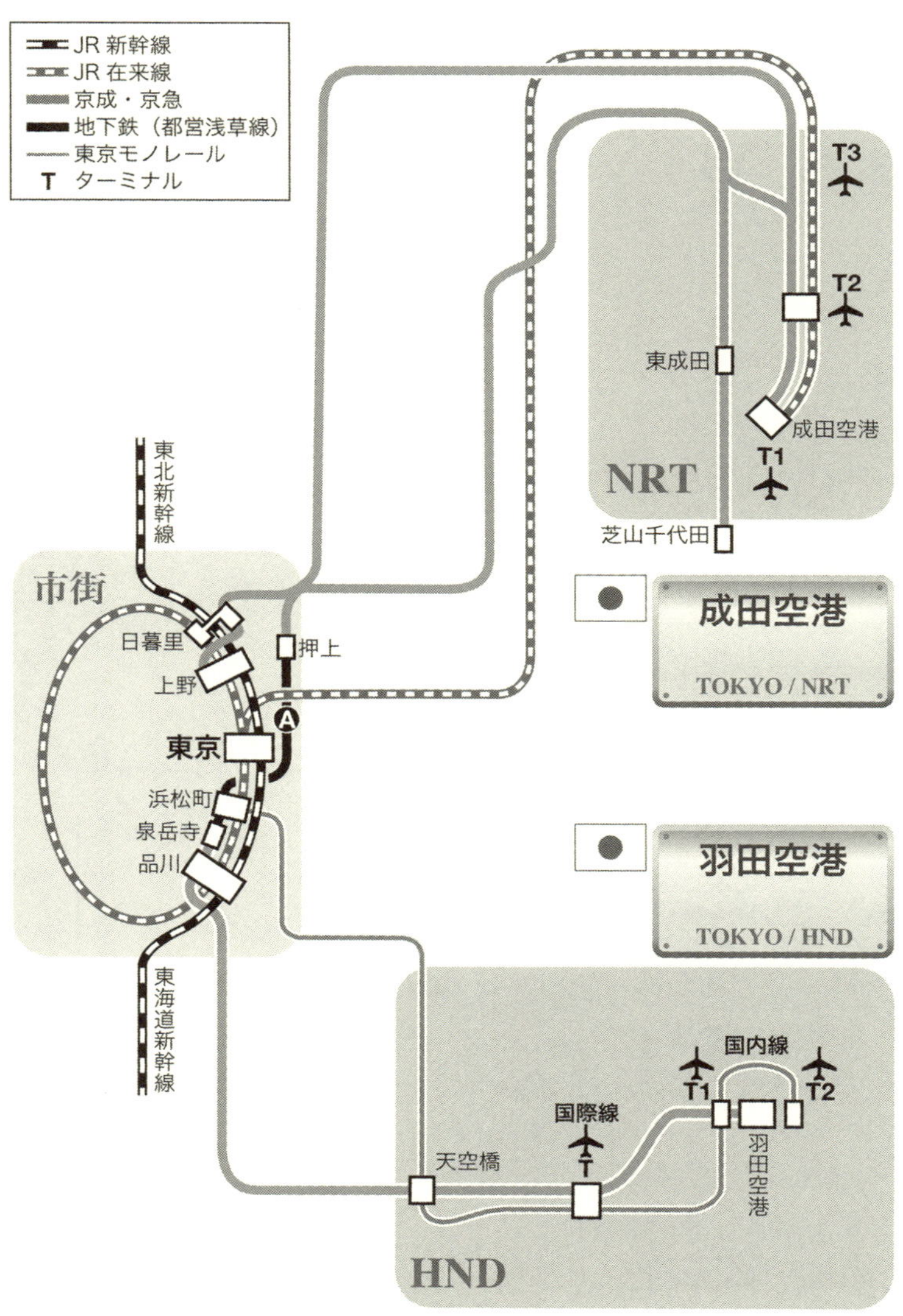

図5-7　羽田空港と成田空港（東京）

とはいえ、両空港にはそれぞれ2つの鉄道が直接乗り入れています。羽田空港には東京モノレールと京急、成田空港にはJRと京成の列車が乗り入れ、東京都心との間を結んでいます。

両空港は、鉄道によってつながっていますが、所要時間が長く、便利とは言えません。いっぽう、両空港を結ぶバスは30分間隔、所要時間は約1時間で運転されており、旅客ターミナルビルの地上階に直接乗り入れるので便利です。

ちなみに、羽田空港は、国内でもっとも鉄道利用者数が多い空港で、利用者の58%が鉄道でアクセスしています[図5－8]。

航空機と新幹線の壁は崩せるか

日本には、シャルル・ド・ゴール空港やフランクフルト空港のように、高速鉄道（新幹線）が直

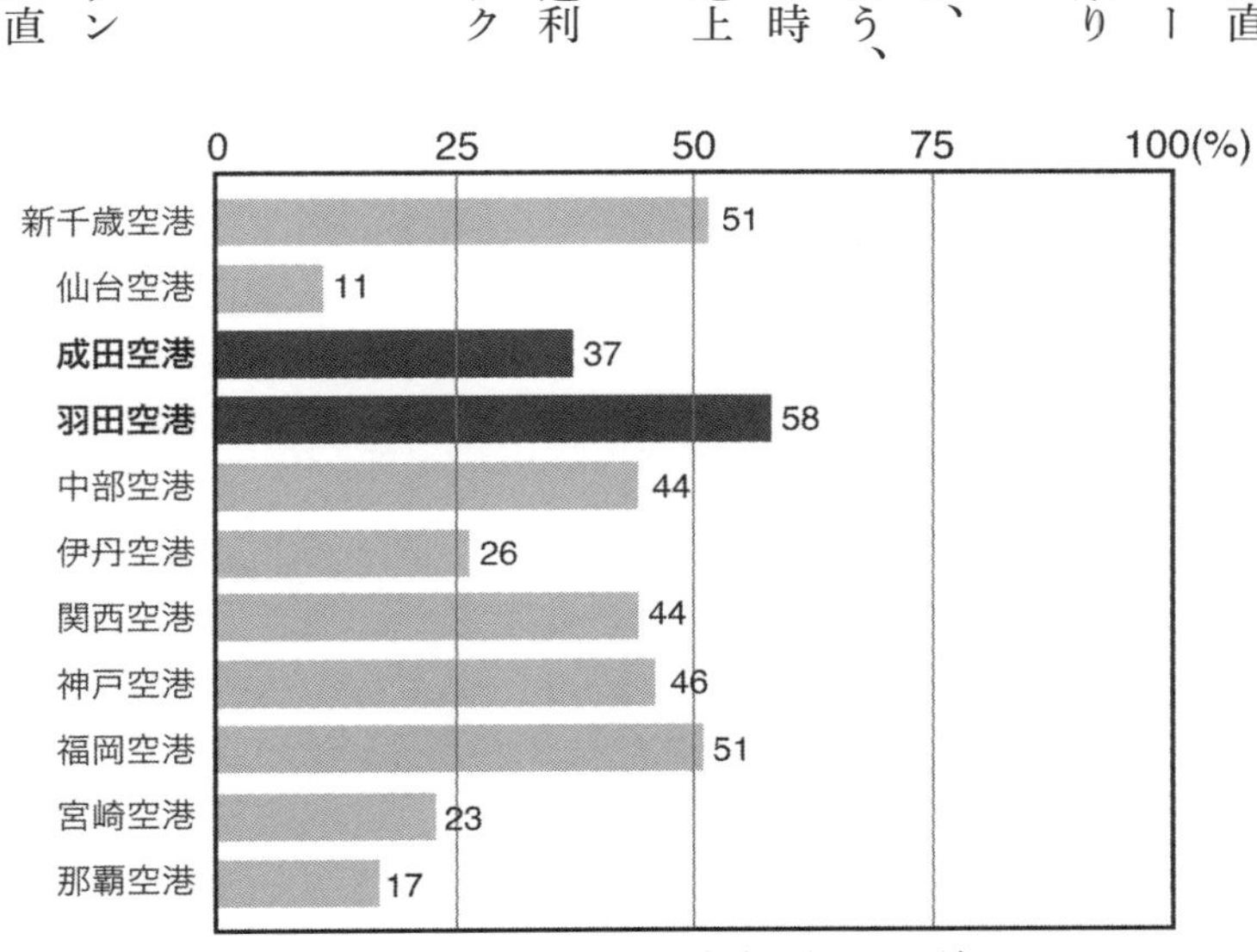

図5-8　各空港の鉄道の分担率（日本・2011年度調査週間平均）

接乗り入れている空港はまだ1つもありません。現在建設中の中央新幹線にも、空港に乗り入れる計画はありません。上越新幹線の先を新潟空港まで延伸したり、北陸新幹線の先を関西空港まで延伸する案はありますが、実現するかはわかりません。

フランスやドイツのように、航空機と高速鉄道が「成熟した大人の関係」を保ちながら互いに連携し合い、長距離旅客輸送システムの壁を崩す日は、日本ではまだまだ先になりそうです。

5・2　貨物鉄道

ここまでは旅客輸送だけをくらべてきたので、本章の最後に貨物輸送についても簡単にくらべておきましょう。

現在の貨物輸送の主流はコンテナ輸送ですが、日本の貨物鉄道は、国際規格の大型海上コンテナに十分に対応できず、一列車あたりの輸送量が小さいという弱点があります。

そのことを、他国の貨物鉄道とくらべながら見ていきましょう。

—アメリカ— 貨物鉄道大国

アメリカは、自動車大国と言われますが、じつは貨物鉄道大国でもあります。国内貨物輸送における鉄道のシェアは、自動車よりも高いのです。第2章でもふれたように、アメリカは鉄道の総延長が世界最長の国でもありますが、その大部分が貨物鉄道です。

この国では、輸送量が大きい貨物列車が走っています。貨車数が100両、列車長が2kmを超える貨物列車も珍しくありませんし、コンテナを上下2段で積んで輸送効率を高めた貨物列車も存在します［写真5－4］。軸重が30トン以上の重くて出力が大きい機関車が走行でき、車両限界が大きいからこそできる運び方ですね。

なぜアメリカでは、これほど貨物鉄道が発達したのでしょうか。その理由は、広い国土にあ

写真5-4　コンテナを2層積んだ貨物列車（アメリカ）

ります。

アメリカは、陸地面積が広い上に、河川や海に面した地域が少ないため、船舶での貨物輸送ができない地域が多く存在します。また、トラックで大量貨物輸送をしようとすると、その台数分だけ運転手が必要となります。いっぽう鉄道の貨物列車ならば、１人の運転士が機関車を運転するだけで、一度に大量の貨物を輸送できます。つまり、鉄道で運ぶほうが効率がよいので、国内貨物輸送に鉄道が多用されているのです。

―ヨーロッパ― 日本より高い輸送シェア

ヨーロッパは、国内貨物輸送における鉄道のシェアが日本よりも高い傾向があります。これは、イギリス・フランス・ドイツも同じです。

ＥＵ全体では、環境負荷を下げるため、鉄道のシェアを上げる試みをしています。鉄道は、自動車よりもエネルギー効率が高いので、鉄道・道路・船舶の結節点を改良してモーダルシフト（輸送手段の転換）を図り、温暖化効果ガスの排出量を削減しようとしています。

ヨーロッパの貨物列車の輸送量は、アメリカほど大きくありません。線路の最大軸重が23トンとアメリカより小さく、出力が大きい機関車で牽引できないので、列車長も最大８００ｍとなっています。

いっぽう、トラックを貨車に載せて運ぶピギーバック輸送は盛んに行われており、機動力があるトラックと、大量輸送が得意な貨物列車のそれぞれの長所を生かす輸送を実施しています。

日本──制約が多い貨物輸送

日本は、残念ながら国内貨物輸送における鉄道のシェアが低く、5カ国では最低です。これは、国土の状況と、日本の鉄道ならではの特殊性や制約が関係しています。

日本は、島国ゆえに海に面した地域が多数存在し、船舶による貨物輸送が発達しています。このため、鉄道は自動車だけでなく船舶との競争にもさらされています。

また、JR在来線では、アメリカやヨーロッパよりも輸送量が小さい貨物列車しか走らせることができません。最大軸重が16トンと小さく、列車長も540m以下に制限されているからです。さらに、国際規格の大型海上コンテナに関しては、対応できる貨物駅やコンテナ車、輸送できる区間が限られるという弱点があります。

図5-9　日本で実施されたピギーバック輸送。トラックの屋根を曲面にして車両限界内に収めた

先ほど紹介したピギーバック輸送は、日本でも過去に導入されたものの、長続きはしませんでした[図5-9]。1986年に導入されたのち、2000年に廃止されました。

その理由は車両限界にあります。貨車に一般のトラックを搭載すると、高さが車両限界を突破してしまうので、屋根を低くした特殊構造のトラックしか貨車に載せられません。この制約が貨物輸送の妨げとなり、日本ではピギーバック輸送が定着しなかったのです。

なお、日本でもヨーロッパのように鉄道へのモーダルシフトを推進する動きはありますが、実際にはあまり進んでいません。

第5章まとめ

- 日本では交通機関どうしの連携があまりできていない
- 高速鉄道が直接乗り入れる空港は、フランスやドイツにはあるが、日本にはない
- 日本の貨物列車は、輸送規模が小さく、大型海上コンテナに十分に対応していない

第6章　イメージと現実のギャップ

ここまでは、日本の鉄道を、交通全体や海外の鉄道とくらべながら、その立ち位置を探ってきました。日本の鉄道がいかに特殊でユニークであるかは、これでおおまかにご理解いただけたと思います。

そのいっぽうで、一般的に言われていることとちがうと思った人もいるでしょう。そう、日本では、鉄道に関する一般論と現実がかならずしも合致しておらず、その間にギャップが存在するのです。

なぜこのようなギャップがあるのでしょうか?

その理由は、鉄道に対する過剰な期待にあります。

しかもそのギャップが、さまざまな問題を起こしています。

どのような問題がなぜ発生するのか。探っていきましょう。

6・1 日本人は鉄道が好き？

日本人と鉄道は特殊な関係にある

日本では、鉄道と人の間に、海外にはない特殊な関係があるようです。

こう書くと、鉄道が好きな人からお叱りを受けるかもしれませんが、そもそも鉄道は、人や物を運ぶ道具であり、交通機関の一種にすぎません。つまり、本来の目的は輸送だけなのです。

ところが日本では、そうとは言い切れません。鉄道はたんなる輸送を目的としたものにとどまらず、もはや交通機関としての役割を超越した存在として扱われることがあるからです。

そこで、私は次のような仮説を立てました。

「日本人は、誰もが多かれ少なかれ鉄道が好き」

こう書くと、「私は鉄道ファンではない」という人もいるでしょう。日本人という総称は、主語として大きすぎるし、一概に言えることではないというご批判もあるでしょう。

しかし、あながち誤りとも言い切れない状況もあるのではないでしょうか。日本には、国内外の豪華列車に乗ってみたいと思う人や、新しい鉄道路線の開通を聞くと行ってみたいと思う人、列車のなかで駅弁を食べるのが好きな人、鉄道を通して家族旅行や修学旅行、冠婚葬祭などの思い出を語れる人が結構いるはずです。他国の人から見れば、国民全体として十分鉄道が好きと言えるのではないでしょうか。

もし仮説が正しいとするならば、本章の冒頭で紹介したイメージと現実のギャップは、「好き」という感情があるゆえに、実像よりもプラスのイメージを抱いて生じたと考えられます。

日本人は鉄道が好きであると言える根拠

では、なぜ私は先ほどのような仮説を立てたのか。それは、日本ではおもに次に示す5つの事実があり、鉄道が交通機関としての役割を超越した存在として扱われているからです。

㋐鉄道趣味が発達している
㋑列車の写真を撮っても怪しまれない
㋒鉄道イベントが多い

㊁列車や車両の誕生や引退がニュースになる
㊂列車で行く国内パックツアーが多い

㋐の「鉄道趣味が発達している」は、気づいている人も多いでしょう。

その証拠に、日本では、どこの書店に行っても、鉄道趣味関連の書籍や雑誌がたいてい売られています。これは日本では当たり前かもしれませんが、海外の書店を見るとそうでないことがわかります。気になる方は、ぜひパソコンやスマートフォンなどでさまざまな国のネット書店を探し、「鉄道」を意味する言葉で検索してみてください。日本のネット書店が扱う鉄道関連の書籍や雑誌の点数が異様なほど多いことがおわかりいただけるでしょう。

また、日本では、一般的な新聞や経済誌にも鉄道趣味関連の記事が載っています。新聞での代表例には、朝日新聞の「テツの広場」や東京新聞の「鉄学しましょ」があります。経済誌では、鉄道趣味もふくめた鉄道関連の記事を『週刊東洋経済』などが掲載しています。『週刊東洋経済』を発行する東洋経済新報社は、「東洋経済オンライン」というサイトも運営しており、トップページにある6つのカテゴリーのなかに「鉄道」があります。

これらは、日本における鉄道を趣味とする人、もしくは鉄道に関心を持つ人の多さを示していると言えます。おそらく日本ほど鉄道関連の出版物や記事を読める国は、ほかにないでしょう。

㋑の「列車の写真を撮っても怪しまれない」は、日本における鉄道写真の認知度の高さを示しており、㋐の「鉄道趣味が発達している」とも深い関係があります。

日本では、列車の写真を撮ることがすっかり一般化しています。駅のホームで列車を前に記念撮影している姿をよく見かけますし、ホームの端に一眼レフカメラを構える人がいても、「鉄道が好きな人」と思われるぐらいで、怪しまれることは少ないです。

海外ではそうは行きません。そもそも列車の写真を撮る人が少ないので、駅で一眼レフカメラを持って歩いているだけで目立ちますし、怪しまれて職員に注意されたり、警察官に職務質問をされ、パスポートの提示を求められることもあります。海外では、防犯などの理由から駅での撮影を禁じている国や地域もあるので、列車の写真を撮るときは注意が必要です。

つまり、日本と海外では、鉄道写真に対する認識が大きく異なるのです。鉄道写真が許容されやすいことは、日本では当たり前でも、世界全体から見れば特殊と言えるでしょう。

㋒の「鉄道イベントが多い」は、鉄道に対する関心の高さを示しています。

日本では、車両基地などを一般公開する鉄道イベントが多数あります。その多くは国土交通省が制定する「鉄道の日（10月14日）」の前後に全国各地で開催され、多くの人が来場します。

鉄道イベントの来場者のほとんどは一般の家族連れです。大きなカメラを持った鉄道ファンばかりが集まるイベントだと思う人もいるかもしれませんが、そのような人はむしろ少数派です。私が全国各地の鉄道イベントを取材した限りでは、首都圏でカメラを構える鉄道ファンの割合がやや高くなる傾向があっても、来場者数全体の１割にも満たないと感じました。

鉄道イベントに行くと、鉄道が世代の垣根を越えるツールになることに気づきます。たとえば車両基地の一般公開イベントで、かつて寝台特急で使われた電気機関車や引退した新幹線電車が展示されると、その前で「私が若かったころはこれに乗って○○まで行った」という自らの思い出を、親が子に、高齢者が孫に伝える姿をよく見かけます。このように、世代を越えて共有できる話題はほかにあまりないのではないでしょうか。

㋓の「列車や車両の誕生や引退がニュースになる」も、鉄道に対する関心の高さを示しています。鉄道が輸送だけを目的としたものならば、鉄道関連のニュースに関心を持つ人は、基本的にその影響を受ける人、つまり、利用者や沿線住民などに限られます。言い換えるならば、ふだん利用しない鉄道のことに関心を持つ人はほとんどいないとも言えます。

ところが日本では、そうとも言い切れません。ふだん利用しない列車や、自分が住む地域以外での鉄道の話題に関心を持つ人が多いからです。

たとえば近年は、北陸新幹線や北海道新幹線の部分開業、「ブルートレイン」と呼ばれた寝台特急の廃止が報じられ、話題になりました。また、ヨーロッパの長距離夜行列車「オリエント・エクスプレス」が2009年に廃止されたことは、日本では報道されたいっぽうで、現地ではあまり報道されなかったようです。

これらの報道された開業や廃止の影響を直接受ける人は、日本の人口全体で言えば少ないはずですし、関心を持つ人が多い地域も限られるでしょう。ところが日本では、これらが全国的に報じられたのです。

㋔の「列車で行く国内パックツアーが多い」は、鉄道旅行にこだわる人の多さを示しています。たとえば新聞には、そのようなツアーの広告がたびたび掲載されており、「日本全国の新幹線を乗りつくす」とか「列車で日本一周」といった、列車の旅を短期間でコンプリートするツアーの広告が載ることも珍しくありません。それだけニーズがあるからこそ、旅行代理店が企画しているのでしょう。

以上のことから、日本では、鉄道が交通機関としての役割を超越した存在として扱われていることがおわかりいただけたでしょう。

ここで紹介した5つの事実は、日本ではあたかも当たり前であるかのように認識されていますが、他国では考えられないことでしょう。言い換えれば、日本には、他国の人とくらべると鉄道に関心がある人や、好きな人が相当多いのでしょう。

このことが、私が「日本人は、誰もが多かれ少なかれ鉄道が好き」という仮説を立てた根拠でもあります。

何が日本人を鉄道好きにさせたのか

では、なぜ日本では鉄道に関心を持つ人が多いのでしょうか。

それは、鉄道に日本人の気分を高めてくれる要素があるからではないでしょうか。そうでなければ、たんに人や物を運ぶだけの道具に興味を持ち、好きになり、趣味の対象にまでする人は少ないはずだからです。

私は、この気分を高めてくれる要素の代表例に、「はじめに」でも紹介した次の2つの価値観があると考えます。

Ⓐ日本の鉄道技術は世界一である
Ⓑ鉄道ができると暮らしが豊かになる

どちらも、日本では一般的に言われていることですし、日本に住む多くの人が希望を感じる価値観ではないでしょうか。自分の住む国に誇れるものがあることや、地域の暮らしが豊かになることは、誰にとっても嬉しいことだからです。

では、これらの価値観は、どのような考え方から派生したものなのでしょうか。

私は、次に示すように派生したのではないかと考えています［図6－1］。

Ⓧ「過去の成功体験」　→Ⓐ「日本の鉄道技術は世界一である」
Ⓨ「鉄道万能主義」　→Ⓑ「鉄道ができると暮らしが豊かになる」

Ⓧの「過去の成功体験」は、言うまでもなく、新幹線の誕生です。それは、欧米で斜陽と言われた鉄道に新たな可能性をもたらしたルネサンスであり、敗戦後に日本が手にした、わかりやすい「世界一」でした。

Ⓨの「鉄道万能主義」は、「鉄道が交通等のあらゆる社会問題を解決してくれる」という考え方で、第2章で紹介した交通政策が鉄道中心だった時代に定着したものです。

ただし、「Ⓧ→Ⓐ」や「Ⓨ→Ⓑ」という考え方は、現在はかならずしも通用しません。時代の流れとともに国内外の鉄道や交通、社会の状況が変化したからです。つまり、もう賞味期限切れなのです。

では、なぜこれらの考え方は、今まで残ったのでしょうか。そもそも何を根拠にしたものだ

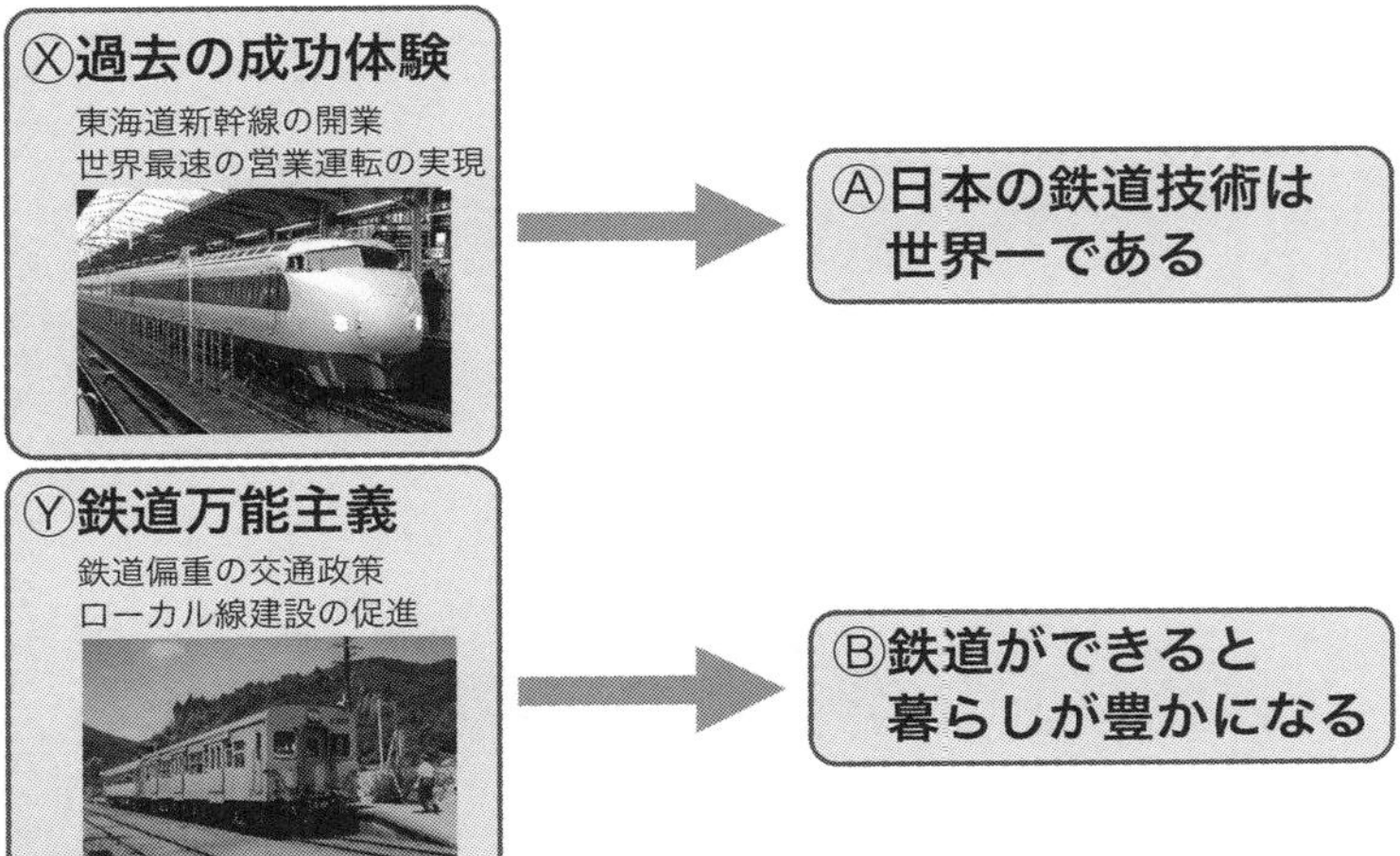

Ⓧ過去の成功体験
東海道新幹線の開業
世界最速の営業運転の実現
→ Ⓐ日本の鉄道技術は世界一である

Ⓨ鉄道万能主義
鉄道偏重の交通政策
ローカル線建設の促進
→ Ⓑ鉄道ができると暮らしが豊かになる

図6-1　根源と価値観

ったのでしょうか。あらためて検証してみましょう。

6・2 日本の鉄道技術は世界一なのか

新幹線の誕生が生んだ「世界一」

まずは、Ⓧ「過去の成功体験」→Ⓐ「日本の鉄道技術は世界一である」という考え方を検証し、本当に「世界一である」と言えるのかを探って見ましょう。

この考え方の根本にあるのは、先ほど述べたように、新幹線の誕生というⓍ「過去の成功体験」です。

新幹線の誕生は、第4章でもふれたように、多くの人に強いインパクトを与えました。

それは、「喪失」と「再起」の体験も関係しているでしょう。敗戦という大きな「喪失」を体験して、欧米に対する劣等感で自信を失ったあとに、高度経済成長という大きな「再起」を体験し、そこで欧米をしのぐ「世界一」速い列車が走りはじめたら、熱狂する人がいても不思議ではありません。

それゆえ、当時「日本の鉄道技術は世界一である」という価値観が多くの人々に支持されたことは、このような背景を踏まえれば、それから半世紀以上たった現在でもある程度理解できるでしょう。

日本の鉄道が世界一とされる3つの論拠を検証

では、なぜ「日本の鉄道技術は世界一である」という価値観が現在まで根強く残ったのでしょうか。

その理由としては、一般的に次の3つがよく挙げられています。

㋕世界最速の営業列車を走らせた
㋖列車が時間通りに走る
㋗安全性が高い

これらが「日本の鉄道技術は世界一である」の理由になることを実証するには、誰もが納得する明確な根拠が必要です。そうでなければ、世界各国の人が「世界一」だと認めてくれないからです。もし「世界共通の物差し」で実証できれば、それは明確な根拠になります。「世界共通の物差し」

は客観性があり、定量的に評価する上での基準になるからです。

では、㋕㋖㋗は「世界共通の物差し」で実証できるのでしょうか。それぞれ見て行きましょう。

㋕世界最速の営業列車を走らせた

㋕は、「日本が世界に冠たる技術力を持っていた」という根拠になると考える人はいるでしょう。たしかに、それなりの技術力がなければ、いきなり世界最速の営業列車を走らせることはできません。

ただし、この一つの事実だけで「日本の鉄道技術は世界一である」と結論づけるのは、あまりにも論理が飛躍しすぎています。なぜならば、鉄道技術の総合力はそれほど単純に評価できるものではないからです。

そもそも鉄道技術の総合力は、客観的に評価して国別に順位をつけることが難しいものです。範囲を絞った特定の技術に関しては、「世界共通の物差し」として、有力な学術誌に投稿された論文数や、その引用数などで評価することもできます。いっぽう鉄道技術を支える鉄道工学は、総合工学と呼ばれるほど幅広い学術分野が関係しているので、各分野の評価をまとめて総合力を評価するのが容易ではありません［図6－2］。

また、第2章でも述べたように、日本はイギリスなどから鉄道技術を輸入した国なので、先駆し

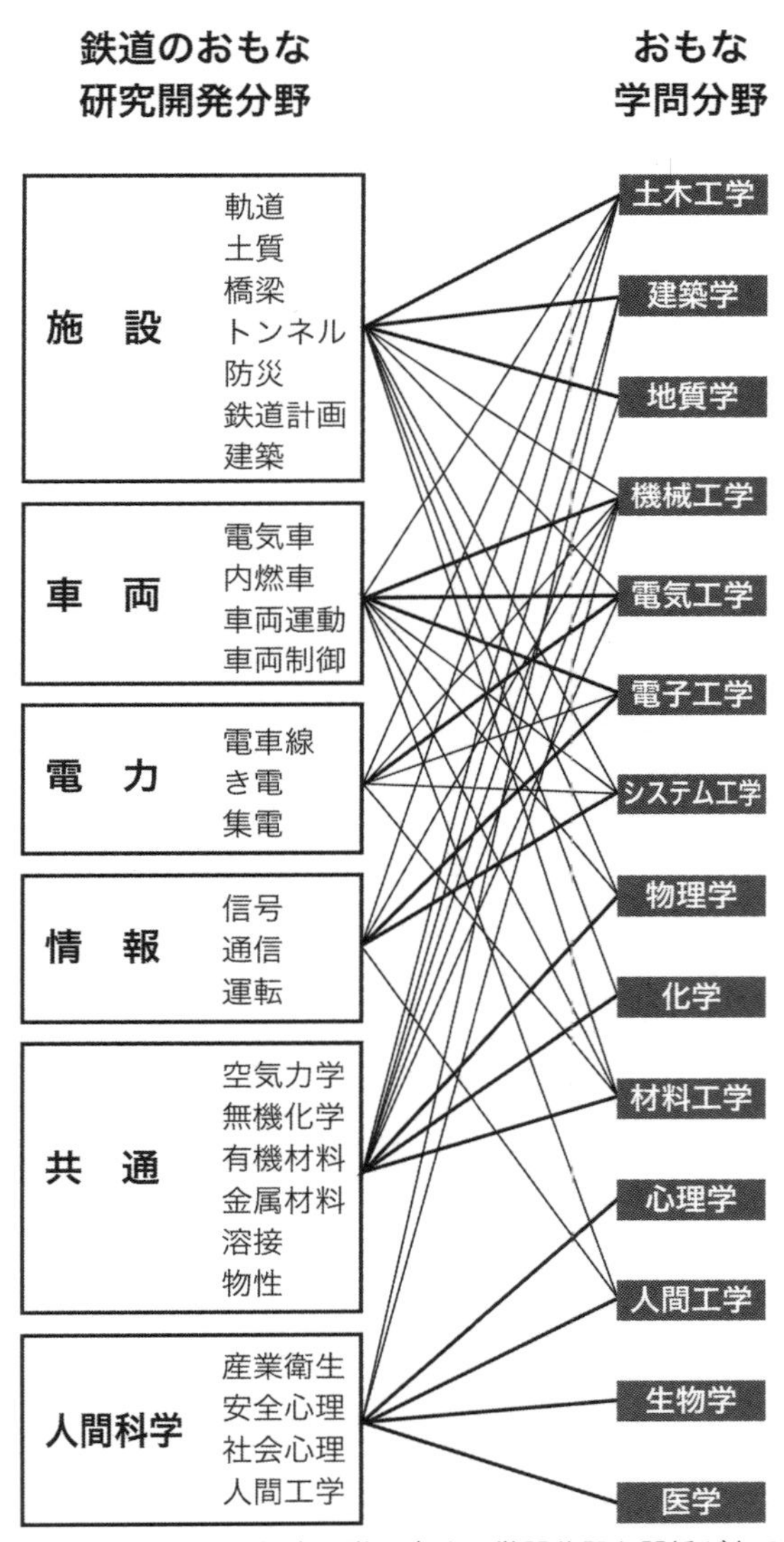

図6-2　鉄道工学は総合工学。多くの学問分野と関係がある

た国々を差し置いて、日本が自ら「世界一」と自画自賛するのは、どこか違和感があります。また、日本よりも先に鉄道の高速化に取り組んできた国はドイツやフランスなどがあるので、日本だけが先を走っていたわけではありません。さらに、第2章でも述べたように、新幹線は、海外で確立されたローテクをまとめ上げたものであり、技術的な新規性はほとんどありません。

それゆえ、日本の鉄道技術の何が優れているかを明確に言うことができないのです。

㋖列車が時間通りに走る

㋖は、一般的によく言われることです。「日本の鉄道は世界一時間に正確である」という人もいますし、日本人の生真面目さや几帳面さなどを示す例として挙げる人もいます。

たしかに日本の鉄道は、列車の出発や到着の時刻を秒刻みで管理しているので、そう思われているのでしょう。海外では、列車の時間管理が日本よりもルーズな国が多いのは事実です。

私が、第4章で挙げた海外4カ国の高速鉄道を利用したときには、列車の到着時刻が10分以上遅れることがよくありました。たとえばドイツのICEでは、終着駅到着が20分以上遅れても、日本のように車内放送で車掌が謝ることもなく、文句を言う乗客もいませんでした。長距離列車は遅れが生じやすいので、この程度の遅れなら気にしないのかもしれません。ただし、列車を乗り継ぐときに不便さを感じました。

いっぽう第3章で挙げた海外4都市の都市鉄道の時間の正確さは、東京の都市鉄道とあまり変わらないと感じました。ロンドン・パリ・ベルリン・ニューヨークの地下鉄では、駅のホームにある発車標（発車時刻や行き先を伝える表示）とほぼ同じ時間に列車が走っていました。

ただし、時間の正確さについては、あくまでも定性的に評価されるばかりで、客観的かつ定量的に評価されることはあまりないようです。

かと言って、定量的に評価できないわけではありません。

時間的正確さを示す数値には、列車の平均遅延時分や、定時率があります。平均遅延時分は、列車の遅れの平均値です。定時率とは、「定時」で運行している列車の割合のことであり、「定時」とはあらかじめ定められた出発・到着時刻（定刻）に対して許容される範囲に列車が発着していることを指します。

たとえば先述した山之内氏の著書『新幹線がなかったら』の214ページには、JR東日本では「平均遅れ時間が新幹線で40秒、在来線は30秒ぐらいである」と記されており、平均遅延時分が1分を切っていることが示されています。また、JR東海のウェブサイトには、東海道新幹線における2008年度の1列車あたりの平均遅延時分が0・6分（36秒）だったと記されています。また、私が東海道新幹線の運転士をインタビュー取材したときは、同新幹線の定時率は90%程度と聞きました。これは、定刻に対する遅れが15秒以内の列車が、全体の90%程度を占めることを指します。

おそらくこれほど時間に正確に列車を走らせている国は、日本ぐらいでしょう。

ただし、「日本の鉄道は世界一時間に正確である」ことを実証するには、「世界共通の物差し」で他国とくらべる必要があります。

ところが鉄道業界では、平均遅延時間や定時率は「世界共通の物差し」になっていません。平均遅延時間に関しては、すべての鉄道保有国で比較することはできません。データとして公表している国とそうでない国があるからです。

定時率の基準となる「定時」の定義も世界では統一されていません。つまり、「定刻」に対して許容される範囲が国や地域、鉄道事業者などによって異なるので、世界各国の鉄道の定時率を同じ基準で評価できないのです。

じつは日本の鉄道でも、「定時」の定義は統一されていません。「定刻」は秒刻みで決めていますが、「定刻からの遅れが何秒以内であれば定時とする」という定義が、鉄道事業者や路線、区間によって異なるのです。つまり、日本の鉄道だけでも、「どの区間の定時率が一番高い」とは言えないのです。

いっぽう、航空業界では、定時率を「世界共通の物差し」で評価する試みがされています。たとえばアメリカのフライトスタッツ社は、世界中のフライトのデータを収集・分析して、航空会社や空港ごとに定時運行率をランキング形式で発表しています。この定時運行率は、定刻に対する遅延が15分以内の便の割合です。つまり、フライトスタッツ社は「世界共通の物差し」を自ら定義して、世界の航空会社や空港を評価しているのです。

もし、フライトスタッツ社の調査のように、世界の列車の定時率を国ごとに公平に評価することができて、日本がランキングで第1位になれば、「日本は列車の定時率が世界一の国」であり、「日本の鉄道は世界一時間に正確」と言えるでしょう。ただ、現時点では「世界共通の物差し」がないので、そのような評価ができないのです。

とはいえ、先ほど述べたように、日本ほど時間に正確に列車を走らせている国は、ほかにほとんどないでしょう。

これは、日本では「よいこと」とされていますが、運転士の労働環境としては、そうとは言い切れません。列車は駅での乗降の混雑などで10秒や20秒ぐらいの遅れがよく生じるのに、10秒または15秒刻みのダイヤ通りに走れと言われるのは酷な話です。

ある運転士からは「終着駅に定時で到着できなかったら指令所に連絡しなければならない」と聞いたことがあります。これは運転士にとっては大きなプレッシャーにもなるでしょう。人間ができる時間管理能力を超えた要求をされているとも考えられます。

海外には、労働に対する価値観が日本と異なる国がたくさんあります。そうした国から見れば、この時間の正確さは、「優れている」とは評価されないでしょう。

そもそも日本の鉄道における時間の正確さは、施設の貧弱さと関係があります。

日本の鉄道は、欧米の鉄道とくらべると施設に余裕がないので、「複線→複々線」というように線路を増やしたり、列車の編成を長くして輸送力を増やすことが容易ではありません。したがって、列車を高密度で走らせないと必要な輸送力を確保できません。このため、列車の運転間隔が短くなり、わずかな遅れでダイヤのバランスが崩れたり、遅れが雪だるまのように徐々に膨れ上がって輸送全体が混乱することがあるので、できるだけ時間に正確に列車を走らせないと安定した輸送を確保できません。

つまり、こうした必要に迫られていることが、日本の鉄道が列車をほぼ時間通りに走らせざるを得ない大きな要因になっているのです。そのため、時間の正確さという一面だけ見て「世界的に優れている」と一概に評価できません。

㋗安全性が高い

㋗も、㋖の「列車が時間通りに走る」と同様に、日本人の生真面目さや几帳面さを示すものとしてよく言われることです。

その理由としてよく挙げられるのは、「新幹線車内での乗客の死亡事故がゼロだった」という話です。これは「世界共通の物差し」で評価したと言えるでしょう。ただし、２０１５年まではたしかにゼロだったのですが、２０１６年に車内での焼身自殺による火災で乗客２人が死亡したことで、この記録は破られました。また、過去には、自殺や不慮の事故を除いても、新幹線ではホームでの人と車両の接触による死亡事故が起きていますし、車両が衝突することで保線作業員が死亡した事故も起きています。さらに、車軸が破損したり、台車に亀裂が入るなど、大惨事につながりかねなかった重大インシデントも起きています。

もっと言えば、日本の鉄道の安全性は、新幹線の安全性だけでは語れません。新幹線は、線路設備に多額の投資をして、本線の全区間で踏切をなくし、線路に人や動物が入れないようにして、事故が起こる確率を徹底的に下げた特殊な鉄道なので、他国の鉄道関係者のなかには「安全性が高いのは当たり前だ」という人もいるでしょう。豊富な財源があれば、安全対策を強化した鉄道はどこでもつくれるからです。

鉄道の安全性を示す指標の一つに、旅客の死亡事故発生率があります。これは、鉄道が輸送する旅客10億人に対して、事故で何人死亡したかを示すものです。

私は、この指標で鉄道の安全性の評価を試みた人の講演を聴いたことがあります。それは、2015年11月に幕張メッセで開催された「第4回鉄道技術展」の併催事業「STECH2015」のセミナーの講演の一つでした。

この講演では、イギリスのインペリアルカレッジのロドリック・スミス教授が、日本とヨーロッパの鉄道の安全性を評価した結果、両者の安全性に大差があるとは言えないことを報告しました。旅客の死亡事故発生率は、評価基準が世界で統一されておらず、EUに限っても各国のデータの信頼性にばらつきがあり、公平で正確な比較ができないとのことでした。

つまり、現時点では、世界各国の鉄道の安全性を評価する「世界共通の物差し」がないので、日本の鉄道だけが安全性が高いと客観的に示すことができないと言えます。

「世界一」には明確な根拠がない

以上の検証から、㋕㋖㋗の3つの理由は、残念ながら日本の鉄道技術が「世界一」であることを示す明確な根拠にはならないことが示されました。

もちろん、一般に言われていることとは合致しない結果なので、納得が行かないという人もいるでしょう。ただ、他国の人も納得するようにデータに基づいて検証すると、このような結果になるのです。

つまり、「日本の鉄道技術は世界一である」は根拠のない楽観的な思い込みであり、客観的な事実に基づかず、そうであってほしいという人々の願望や、期待を表した言葉にすぎないのです。それは、日本の鉄道の特殊さやユニークさを日本の優位性と無理に結びつけて評価した結果とも言えるでしょう。

にもかかわらず、それが長らく語られてきたのは、政治の影響もあるでしょう。つまり、日本が開発したものが世界一であると国民を煽れば、それが国威発揚につながり、国内産業を発展させる上で都合がよかったと考えられるからです。

実際に鉄道には、国威発揚の道具として使われた歴史があります。

たとえばドイツでは、第4章末尾の鉄道博物館に関するコラムでもふれたように、戦前戦中には鉄道が国威発揚の道具として使われました。第2章で紹介したシーネンツェッペリンや、流線型の機関車を登場させ、ドイツの技術力を誇示したのが、ちょうどこの時期です。

中国は、今まさに高速鉄道で国威発揚を図ろうとしています。その高速鉄道には、フランスやドイツ、そして日本などの海外技術が使われているのに、国内で開発された独自の技術が使われた世界最先端の高速鉄道であると主張しています。

となれば、日本政府が新幹線を国威発揚に使った可能性は高いでしょう。

元首都高速道路公団理事長の山田正男氏は、『首都高速道路公団三十年史』に掲載された座談会のなかで、「首都高速道路は、世界の都市高速道路のモデルとして大いに国威を高揚することができました」と語っています。東海道新幹線も、首都高速道路と同時期に整備され、「日本で世界最速の営業列車が走る」というわかりやすいインパクトをもたらしたのですから、これが国威発揚になっていないとは言いがたいでしょう。

私は右のようなことを踏まえて、『週刊東洋経済』２０１２年2月25日号に「日本が誇る新幹線本当に世界一なのか」という記事を寄稿し、「世界一」には明確な根拠はないと述べ、新幹線が国威発揚に使われたのではないかと疑問を投げかけました。

また、同記事に、中国は日本をモデルにして国威発揚を図っているのではないかとも書きました。中国が北京で五輪、上海で万博を開催し、両都市を高速鉄道で結んださまは、東京で五輪、大阪で万博を開催し、両都市を東海道新幹線で結んださまと似ているからです。

さらに、むやみに「世界一」と持ち上げる危険性を示すため、ノーベル物理学賞を受賞した江崎玲於奈氏が『週刊ポスト』で述べた「わが国の科学・技術水準が世界最高レベルであると信じるのは、発展を妨げる危険思想（要約）」という言葉を引用しました。こうしたことは、それまで科学者や技術者が言うに言えない状況が続いていたので、「（前年に）東日本大震災や東京電力福島第一原発事故が発生し、日本の科学・技術に対する信頼が著しく低下した今、やっと言えたのだろう」と推察し、最後に次の言葉で締めました。

日本の新幹線や鉄道技術を「世界に冠たるもの」と信じるのは、今後の発展や海外展開の妨げにもなりうる。今われわれに求められているのは、半世紀以上も続いた価値観を過去のものとする勇気ではないだろうか。

この記事は、一般論を真っ向から否定したものだったため反響が大きく、当然のことながらご批判を多数受けました。そのいっぽうで、賛同してくださるご意見が私の予想以上にありました。

この記事を寄稿したのは、タイミングがちょうどよいと思ったからです。当時は、東日本大震災の直後で、既存の価値観が大きく揺れ、中国の温州で高速列車の衝突・脱線事故が起き、中国に対する大人げないバッシングが見られた時期でした。また、日本が「あの日の輝きをもう一度」と言わんばかりに、超電導リニアによる世界最速の営業列車の実現に動き出していた時期でもありました。それゆえ、このタイミングで警鐘を鳴らしたら聞いてもらいやすいと思ったのです。

ある鉄道関連メーカーの役員は、この記事を読み、私に直接こう言ってくれました。

「マスコミがようやく大人の意見を載せるようになりましたね」

この言葉が何を意味するかは、だいたいご理解いただけるでしょう。

今の中国のような成長期の国が「わが国はすごい」と実力を誇示したら、世界は「育ち盛りの子供だからしょうがないな」と大目に見てくれるかもしれません。しかし、今の日本のように成熟期に入った大人の国が同じことをしたら、「いい歳して恥ずかしくないか？」と言われても仕方ないでしょう。

また、そもそも技術は、さまざまな国や地域の人々で共有するものなので、国境はありません。そのことを知っていれば、安易に「世界一」だとは恥ずかしくて言えないはずなのです。

6・3 鉄道ができると暮らしが豊かになるのか

次に、Ⓨ「鉄道万能主義」→Ⓑ「鉄道ができると暮らしが豊かになる」という考え方を検証し、本当に鉄道で「暮らしが豊かになる」と言えるのかを探ってみましょう。

「鉄道が交通等のあらゆる問題を解決してくれる」というⓎ「鉄道万能主義」が日本で定着したおもな要因としては、次の3つが考えられます。

㋘鉄道開業のインパクト
㋙鉄道敷設法の改正
㋚鉄道が国民産業だった

㋘「鉄道開業のインパクト」は、「鉄道万能主義」の原点とも言えるでしょう。第2章で述べたように、日本では江戸時代まで舗装道路がほとんどなく、馬車などによる車両交通が発達できないまま、明治時代に突然鉄道の時代を迎えたので、鉄道が国内交通に与えたインパクトは大きかったからです。

そのインパクトは、先ほどの「過去の成功体験」と同様に、当時の人が「喪失」と「再起」を体験したこととも関係しているでしょう。日本は、黒船来航を機に開国し、それまで日本で培われたものが否定され、精神的な「喪失」を体験しました。いっぽう、西洋から多くの技術や文化が急激に入ってくることで生活が一変するという、物質的な「再起」を体験しました。そのような時代に、それまで見たことがない蒸気機関車が煙を吐きながら走り、交通や産業を一変させたら、鉄道があたかも夢を叶える打ち出の小槌のように思えて、鉄道に取り憑かれてしまう人がいても不思議ではないでしょう。

㋙「鉄道敷設法の改正」は、多くの国民が鉄道に期待するきっかけになったと考えられます。それまで大都市や幹線のみにもたらされた鉄道の恩恵が、地方にも及ぶことが示されたからです。

鉄道敷設法は、国内で整備する鉄道路線を定めた法律で、明治時代から戦後の国鉄末期まで存在しました。この法律は明治時代に制定され、建設する区間が指定されましたが、大正時代にはそのほとんどが完成しました。

そこで、１９２２年にこの法律を改正して、全国鉄道網の拡充を図ることになり、人口密度が低い地域を通る地方路線が新たに追加指定されました。当時は、鉄道が唯一の近代的輸送機関と考えられていたので、鉄道による輸送ネットワークを全国津々浦々に広げることが、国家プロジェクトとして重視されていたのです。

その必要性は、国を人体に置き換えるとわかりやすいです。人体が生命を維持するには、血管に血液を常に循環させ、人体の隅々まで酸素などの物質を運べるようにする必要があります。これと同様に、国を維持するには、交通網を整備して、隅々の地域まで人や物を運べるようにする必要がありますし、それが国防上においても求められます。その交通網は道路でもいいはずですが、日本では長らく鉄道偏重の政策が続き、「主たる国内交通網＝鉄道網」だったので、鉄道網を広げることが国の維持に必要とされたのです。

いっぽう、地方に住む人にとっては、これは大きなインパクトがあったはずです。道路が貧弱だった時代に、自分の家の近くに輸送の動脈となる鉄道ができたら、生活が一変するからです。

それゆえ政治家は、有権者からの支持を得るため、地元の鉄道の早期整備を国に「おねだり」しました。これがいわゆる「我田引水」ならぬ「我田引鉄」です。

こうしてできたローカル線は、のちに国鉄の経営を悪化させる要因の一つになりました。

㋚「鉄道が国民産業だった」は、鉄道産業の裾野が広く、大きな雇用の受け皿になったことを指します。実際に鉄道は、終戦後に戦地から帰還した復員者なども職員として受け入れていました。

現在の日本では自動車産業が「国民産業」であり、経済産業省が『自動車産業戦略２０１４』でそのことを明記しています。ただ、自動車産業が今ほど発達していなかったころは、鉄道が「国民産業」だったのです。

日本には、「鉄道の街」と呼ばれるほど鉄道関係者が多く住んでいる街がありますが、これは鉄道産業が大きな雇用の受け皿だった名残です。鉄道では、かつて蒸気機関車の整備のように労力を必要とする仕事が多かったので、鉄道に従事する人が今よりもはるかに多く、その家族が集まるだけで街ができたのです。埼玉県の大宮や群馬県の高崎、新潟県の新津、滋賀県の米原などはその代表例です。

つまり、現在のように道路や自動車が発達していなかった時代は、鉄道ができるだけで、地域の交通事情が大幅に改善され、さらには大都市にも地方にも大きな雇用が生まれたのです。となれば、多くの人が「鉄道万能主義」を支持し、「鉄道ができれば生活が豊かになる」と考えるのは、当然かもしれません。

今や鉄道が生活を豊かにするとは限らない

しかし、この考え方が現在も通用するとは限りません。次に示す2つの変化が起き、鉄道を取り巻く環境が大きく変わったからです。

㋛社会の変化（少子高齢化・人口減少・地方衰退）
㋜交通の変化（道路網・航空網の発達）

㋛と㋜の詳細は第7章で述べますが、今後はこれらの変化によって鉄道を利用する人が減少し、他交通の発達で鉄道が担う役割が減ることが懸念されます。となれば、鉄道網の縮小や鉄道業務の省力化が必要になり、雇用の受け皿にはなりにくくなります。つまり、日本で人口が増え続け、鉄道が次々と建設された時代とはちがうことがこれから起こり、今ある鉄道を維持することが難しくなるのです。

言い換えれば、「鉄道万能主義」や「鉄道ができれば生活が豊かになる」という考え方は、もう通用しない時代に入っているのです。

「鉄道万能主義」への批判の歴史

こうした「鉄道万能主義」を批判した資料は半世紀以上前から存在します。

その代表例が、産業計画会議の勧告です［写真6－1］。産業計画会議は、1956年に結成された私設のシンクタンクで、戦後の政府に大きな影響を与えた事実上の諮問機関でした。

産業計画会議は、結成から12年間に、政府に対して16の勧告をしました。そこに記された構想のなかには、成田空港や東京湾アクア

写真6-1　産業計画会議の勧告。左は第4次、右は第16次（資料提供・一般財団法人電力中央研究所）

ラインの整備、原子力政策の推進のように、のちに実現したものが存在します。

産業計画会議は、国鉄問題についても2回政府に勧告しています。1回目は1958年に勧告した「国鉄は根本的整備が必要である」［写真6－1左］、2回目は1968年に勧告した「国鉄は日本輸送公社に脱皮せよ」［写真6－1右］です。これらの勧告を読むと、国鉄が1950年代にすでに経営悪化に直面し、組織としても手詰まり状態だったことがわかります。

先ほど述べた「鉄道万能」という言葉は、2回目の勧告に繰り返し出てきます。この勧告では、冒頭に「国鉄は今や破産状態にある」とあり、その背景として国鉄の経営方針が時代錯誤であることが次のように記されています。

この法律（筆者注・1922年改正鉄道敷設法のこと）ができた当時は、前述したように、自動車も航空機もまだ発達しない時であって、今日とは全く情勢がちがう。それにもかかわらず、国民が国鉄に対して大きな期待を寄せることは、この法律ができた当時にもまさり、国鉄当局も今日の時勢の変化を知らずに、鉄道万能時代の経営方針を踏襲している。

その期待、その努力が、的を射ているならよい。しかし、事実は、遺憾ながら完全に的を外れている。的外れの期待と、それに答えんとする的外れの努力が、今日の国鉄の苦境を生み出しており、ひいては、日本の国力の正当なる発展を阻害することになろうとしているのである。

（産業計画会議第16次勧告5ページ）

この文を読むと、鉄道に高い期待を寄せる国民と、それに対応しようとする国鉄が、ともに望まない結果を生んだ状況がよくわかります。国民の鉄道に対する期待が高かったのは、この勧告の4年前に、後述する東海道新幹線が開業したからでもあるでしょう。またこの文のあとには、日本では最適輸送体系の考え方が確立されておらず、「鉄道万能」という考え方が依然として残っていることが記されています。最適輸送体系とは、各交通機関の特徴を生かした最適な役割分担をすることです。

のちに国鉄の分割民営化が実現したのは1987年なので、1回目の勧告から根本的な解決までに29年かかったことになります。時間を要したおもな理由は、労使関係を巡って最後まで揉めたことです。

「鉄道万能論」批判への反論『日本列島改造論』

戦後にローカル線をつくり続ける動きは、産業計画会議の勧告以降に国鉄再建を目的としてブレーキがかかったものの、1970年代からふたたび加速しました。ちょうど田中角栄氏が首相になったころに、政府が赤字ローカル線を廃止するのをやめ、ローカル線の建設を継続したからです。田中氏の自著『日本列島改造論』〔写真6－2〕には、赤字ローカル線の廃止に反対する理由が次のように記されています。

すべての鉄道が完全にもうかるならば、民間企業にまかせればよい。私企業と同じ物差しで国鉄の赤字を論じ、再建を語るべきではない。(同書122ページ)

北海道開拓の歴史が示したように鉄道が地域開発に果す先導的な役割はきわめて大きい。赤字線の撤去によって地域の産業が衰え、人口が都市に流出すれば過密、過疎は一段と激しくなり、その鉄道の赤字額をはるかに越える国家的な損失を招く恐れがある。(同書123ページ)

写真6-2 『日本列島改造論』

今から見れば、「鉄道万能」を批判した産業計画会議の勧告を批判し、鉄道で国土の強靱化を図ろうとする意図が感じられますね。

なお、このあとローカル線をつくり続けた結果、その運営を押し付けられた国鉄が破綻し、ＪＲ発足直前までに多くのローカル線が廃止されました。そのことは、ご存知の人も多いでしょう。

いっぽう『日本列島改造論』には、全国各地に９０００km以上に及ぶ新幹線を整備することを示した全国新幹線鉄道網が掲載されています。これが、現在の整備新幹線のもとになる構想です。

この背景については、「地域開発のチャンピオンとして、いずれも地元の人たちがその実現を強く求めている」と記されてあり、全国各地で新幹線待望論があったことをうかがい知ることができます。それぐらい、新幹線が地域開発をリードし、日本列島の均衡ある発展を実現する「万能」な存在として期待されていたのでしょう。

ただ、現在整備している新幹線の必要性が問われている状況を見れば、その考え方がもはや通用しなくなったのは明らかです。半世紀近く前と今では、新幹線の必要性が大きく異なるからです。

６・４　鉄道に対する認識のギャップ

検証結果を受け入れる人、受け入れない人

ここまで紹介した検証によって、「Ⓐ日本の鉄道技術は世界一である」に明確な根拠がないことや、「Ⓑ鉄道ができると暮らしが豊かになる」が現在通用しないことが示されました。つまり、鉄道に

関する一般的なイメージは、残念ながら正しいとは言えないのです。

ではなぜ、これらのイメージが現在まで根強く残ったのでしょうか。

その理由を明確に示すことはできませんが、私は、冒頭で述べたように、ともに日本に住む多くの人が希望を感じる価値観だったからだと考えています。

こんなことを言ったら、当然ご批判もあるでしょう。感情的に受け入れがたい方もいることでしょう。「そんなバカな」と思う人もいるでしょう。

とくに現在60代以上の人たちには、私の考え方に賛同していただきにくいかもしれません。日本の鉄道の発展と高度経済成長が重なった時代を知る人にとっては、鉄道の発展は目に見える経済成長であり、「明日は今日より良くなる」とか「日本が世界一に上り詰めた」と実感できるものであり、心のよりどころでもあったでしょう。そのような時代と自身の肉体の成長がリンクした人たちにとっては、なおさらそうでしょう。

ところが、若い世代の人にもこの検証結果が受け入れてもらいにくいようです。

実際に私は、仕事をしていて、編集者や放送作家、放送局のディレクターに受け入れてもらえなかったことがあります。「日本の鉄道技術は世界一と言われているのに、そんなはずはないのでは？」と言われたり、打ち合わせ中に「何を言っているんだ！」と怒られたこともありました。「あなたの意見は一般的に言われていることとちがうから表に出せない」と指摘してくる人もいました。

このような反応そのものが、人々の認識と現実のギャップがかなり大きいことを示しているのかもしれません。

「鉄道＝ハイテク」という誤解が原因に

このような認識のギャップを生む原因の一つとして、「日本の鉄道には多くのハイテクが使われている」という人々の思い込みがあります。

鉄道と言うと、最先端技術の塊で、おもにコンピュータなどの機械が鉄道輸送を支えていると思う人が多いようなのです。「日本の鉄道技術は世界一」というイメージが強いとすれば、そう思う人がいてもおかしくはないでしょう。

しかし、実像はそのイメージとはかけ離れています。じつは、鉄道は「技術」よりも「人」が支えている部分が圧倒的に多いのです。

私はこれまで、鉄道の運営者側の舞台裏を取材し、紹介してきました。列車の運行を管理する指令室や、鉄道工場や車両基地といった施設や、列車に乗務する運転士・車掌・客室乗務員などの乗務員、鉄道の新設や改良を行う工事現場や、車両や線路設備、またそれらの部品を製造するメーカーなど、鉄道の現場や、それを支える現場、またそれらで働く人々を取材してきました。そのことで、利用者の立場では通常見ることがない職場で人々が何をしており、どのようなことに気を使い、工夫を重ねているのかなどを知り、書籍などで紹介してきました。

その結果、鉄道を支える現場では、「人」によって支えられている部分がほとんどを占めていることをあらためて知りました。最先端技術というイメージとは程遠いほどアナログで、人力に頼らざるを得ない部分が圧倒的に多いのです。もちろん、機械化されている部分もあるのですが、最終的には人が判断せざるを得ない部分がまだまだたくさんあるのです。

たとえば列車の運行を管理する指令室では、ほとんどの業務が「人」によって支えられています。鉄道でトラブルが起きたときに、できるだけ早くダイヤを正常に戻す方法を考えたり、乗務員や車両のやりくりを考えたり、利用者に状況を知らせたりするのは、みんな「人」です。

指令室では、今も紙や鉛筆（シャープペンシル）、定規などが使われており、列車ダイヤを印刷した紙に定規を使って線を引いている指令員がいます。指令員は、いついかなるトラブルが起きても迅速に対処できるように、日々トレーニングしています。

このような現場では、最先端技術はかならずしも役立ちません。たとえ性能が優れていても、そこで働く人が「使いにくい」と感じれば、役立たずで終わるからです。

そのことは、ＪＲ東日本の東京総合指令室を取材したときにひしひしと感じました。この指令室は、日本最大級の指令室で、１日に８０００万人が利用する東京圏のＪＲ在来線の輸送を司る中枢です。東京圏のような鉄道による大量旅客輸送を実現している都市圏は世界的にも珍しいので、世界最大級の指令室と言えるかもしれません。

このような大規模な指令室も、「人」によって支えられている部分が大部分を占めていました。

毎日約150人の社員がここで働いており、鉄道でトラブルが起きるたびに走り回り、手作業で対処しているのです。拙著『東京総合指令室』（交通新聞社・2014年）にも書きましたが、屋内にもかかわらず、社員が本当に走っています。もちろん、コンピュータによって機械化された部分も存在しますが、基本的には「人」が対処しているのです。

私は、このような職場の取材を重ねるうちに、「技術」そのものよりも「人」を紹介するようになりました。鉄道で使われている「技術」が、（開発に携わった技術者には申し訳ないのですが）特別優れたものではないことがわかった半面、「人」が支えている部分が一般的に思われている以上に大きいことに気づいたからです。

「人」をメインで紹介するようになってからは、鉄道で働く人たちのモチベーションに注目するようになりました。取材を通して、鉄道関連の仕事は、モチベーションを保つのが難しいと感じたからです。一人一人が背負う責任やプレッシャーが大きいことが多いのに、求められる結果を出すのが当たり前で、誰からも褒められることもなく、ひとたびトラブルが起これば クレームが来る。運転士などの乗務員ともなれば、勤務時間が不規則で、泊まり勤務もあるので、細かい体調管理も求められる。そのようなきびしい労働条件で、どのようにしてモチベーションを保ち、安全な輸送を実現しているのか。私はそこに強い関心を持ちました。

その結果わかったのは、「日本は労働者の質が高い」ということでした。このことは、鉄道に限らず、グローバルなビジネスをしている人がよく指摘していることです。

ある国鉄ＯＢからは、「日本の鉄道は労働者の忠誠心と職人気質によって支えられてきた部分が大きい」と聞いたことがあります。どうもこの忠誠心と職人気質が労働者の質と関係があるようです。

ただし、忠誠心と職人気質は、日本人ならではの美徳というよりは、年功序列や終身雇用、退職金などの雇用制度があったおかげとも言えます。人材の出入りが激しい組織では、人間関係が希薄になりがちで、忠誠心や職人気質が育ちにくいからです。

現在はこれらの雇用制度が過去のものになろうとしています。となれば、今後鉄道はどうなるのか。いま一度考える必要があるのではないでしょうか。

6・5 認識のギャップが過剰な期待を生じさせる

鉄道は終わりなきサービス改善要求に苦しんでいる

ここまでの話で、私が一般的なイメージと異なることをあえて指摘しなければならなかった理由が、おおまかにご理解いただけたかと思います。

それを私がわざわざ書いたのは、このようなイメージと現実のギャップが、鉄道に対する過剰な期待につながっているのではないかと問題視しているからです。

もし人々が、このギャップによって鉄道に過剰な期待をしたら、人々にとっても、鉄道にとっても、望まない結果になる可能性があります。先ほど紹介した産業計画会議の勧告に記された「的外れの期待と、それに答えんとする的外れの努力が、今日の国鉄の苦境を生み出しており」という状況が今起こることは、誰も望んでいないでしょう。

では、鉄道で働く人は、過剰な期待を感じているのでしょうか。

実際に聞いてみると、立場上「過剰」とまでは言いませんが、高い期待は感じているようです。とくにサービスに関しては、日本では求められる水準が「異様なほど高い」と言う人もいます。

私は鉄道会社やそれを支える企業の役員にインタビューをしたことがありますが、彼らが口をそろえて言うのが、「お客様の高い期待」です。しかも、それが年々高まりつつあるとも聞きました。

ある鉄道会社の幹部は、「サービス改善に終わりはない」と言います。

鉄道会社は、利用者からのクレームをよく受ける立場にあり、制約をクリアしながらそれに対応し、サービス改善を図っています。ただ、それがひとたび実現すると、利用者はそれを当たり前と認識して、改善されたことを忘れてしまい、さらに上の要求をしてきます。たとえば、鉄道会社がラッシュ時に特急列車を1本増やしても（ダイヤが密だと非常に難しいことです）、利用者が「よくなった」と感じるのはダイヤ改正直後ぐらいで、すぐに慣れてしまい、「もっと増やしてほしい」という要望が出てくるのです。

だから鉄道会社は、サービス改善をひたすら繰り返すしかないのです。しかも、サービス向上は、先にふれたように機械化で実現するには限界があるので、結果的に「人」の負担を増やすことにつながりやすいです。

そのような終わりなきサービス改善を、海外の鉄道はできるでしょうか。おそらく経営者がそれを望んでも、労働者が「負担が増えるから給料を上げろ」などと言って反対し、実現できない場合が多いでしょう。

日本の鉄道が終わりなきサービス改善ができるのは、労働者の質が高いからと言えるでしょう。もちろん、先ほどもふれたように、これは労働者の負担を増やし、労働条件を悪くする場合もあるので、これがよいことか否かは一概に言えません。

現場職員が受ける必要以上のプレッシャー

鉄道に対する高い期待は、利用者のクレームとして表に出ることがあります。利用者と直接接する駅員や乗務員（以下鉄道員）のなかには、そのクレームを受け続け、大きなプレッシャーを感じている人もいます。

ある電車運転士によれば、駅のホームで鉄道員同士が談笑しているだけでも、利用者から「私語をしている」とクレームが来るそうです。もちろん、業務以外の話をしてふざけあっていたら問題ですが、実際は鉄道員同士のちょっとした雑談が重要な情報交換になることが多く、それによって防げるミスもあるそうです。

鉄道員も人間なので、うっかり忘れてしまうことがあります。ただ、何気ない会話で「今日は臨時列車がありますね」などと誰かが言えば、「あ、そうだった。いつもとちがうんだ」と気づく人もいるのです。

いっぽうクレームによって大きく変わった点もあります。その一例が鉄道員の勤務態度です。たとえば現在のJRでは、社員教育が徹底されたこともあり、鉄道員に利用者を「お客様」と呼ぶサービス業の考え方が根付いています。いっぽう国鉄時代はそうではなく、全体から見れば一部とはいえ、態度がよくない職員もおり、クレームが寄せられることも多かったようです。

ただし、これには弊害もあります。鉄道員が利用者に対して抵抗できない立場になったことで、利用者から理不尽なクレームを受けることもあります。たとえば利用者から「終電に乗り遅れたからタクシー代を出してほしい」などという無茶な要求をされたなどの話は、乗務員や駅員をしている知人からたびたび聞きます。

この状況がエスカレートして、鉄道員が暴力を受けることもあります。国内の鉄道事業者（34社局）が2017年7月3日に一斉に発表した「鉄道係員に対する暴力行為の件数・発生状況について」によれば、2016（平成28）年度の発生件数は712件で、平均で1日に2件近く発生している計算になります。

このような暴力は、鉄道への期待というよりは、社会のモラルの問題かもしれません。ただ、その発生件数がこの10年で増えたことは、鉄道員の負担の増加にもつながるので、けしてよい状況とは言えないでしょう。

鉄道への過剰な期待が安全性を蝕む

鉄道にある程度期待することは、鉄道関係者の励みになるでしょう。

しかし、過剰に期待するのは逆効果になることがあります。

たとえば、利用者が「列車は時間通りに来るものだ」と思い込めば、列車のわずかな遅れがクレームの原因となります。それを避けるために列車を無理に時間通りに走らせようとすると、これまた誰も望まない結果を生むことがあります。

その一例に、２００５年に発生したＪＲ西日本の福知山線脱線事故があります。これは、列車が速度超過したままカーブに進入して脱線し、運転士をふくむ１０７人が亡くなった事故で、ＪＲ発足後最大の鉄道事故です。

この事故の詳細な説明は、航空・鉄道事故調査委員会（現・運輸安全委員会）が作成した報告書に記されているので割愛しますが、この事故の原因は、運転士が列車の遅れを無理に取り戻そうとしたことだけではありません。この報告書には、ミスをした運転士に日勤教育や懲戒処分などを行うという社員管理をしていたことや、列車の運行よりも人命の安全を最優先する運行管理ができていなかったことが背景にあったと記されています。

これは、とても世界に誇れるものではありません。運転士の人間性を軽視して精神論的な教育をするのはパワハラそのものですし、そのような職場がある鉄道会社は、公共交通機関としての最大の使命である安全の確保を忘れてしまった組織だからです。

この事故は、海外でも報じられました。

たとえばアメリカのドキュメンタリーTVチャンネルである「ディスカバリーチャンネル」は、「衝撃の瞬間」というシリーズで福知山線脱線事故を特集した番組を制作し、放送しました（日本初放送は2013年3月）。この番組では、運転士に負担を与えた背景として懲罰的な日勤教育があった点や、安全よりもサービス向上を重視して最悪の結果に至った点がクローズアップされました。

これを見ると、日本の鉄道が安全を軽視してまで時間の正確さを追求する状況が、海外からは「病的」に見えたことがわかります。

なぜ「病的」に見えたのか。それは、運転士も人間であるという認識が欠如していたからでしょう。

われわれ人間は、誰もが意図せずミスをしてしまうことがあります。これは、人為的なミス、またはヒューマンエラーと呼ばれ、人間である以上完全に防ぐことができないものです。

このため、安全を重視する業種では、人為的なミスが発生することを前提として安全対策をする例が多いです。人為的なミスが発生しても、それが大きなトラブルや事故につながらないように対策すれば、全体的な安全性を高められるからです。

たとえば、私がかつていた化学メーカーでは、「ミスは誰もがする可能性があるので、ミスに関する情報を大小問わず職場全体で共有し、発生を未然に防ぐ」という合理的な安全対策をしていました。他人がしたミスを自分もしてしまうかもしれないと意識することで、職場全体でミスの発生を減らすというものです。

また、情報を共有するときには、報告書にミスの内容と部署、勤続年数だけを記し、ミスした個人の名前を伏せ、その人を罰しないのが当たり前になっていました。個人を罰すると、社員全体に必要以上にプレッシャーがかかって萎縮し、新たなミスを誘発する恐れがありますし、細かいミスが報告されにくくなるからです

ところが鉄道業界では、人為的なミスをした個人を罰する風土がまだ根強く残っているようです。もちろん、それには鉄道業界ならではの事情もあるでしょう。そもそも製造業の化学業界と運輸業の鉄道業界では業種や業務内容が根本的に異なるので、安全対策に関して同じように扱うのは無理があるかもしれません。ただ、労働者が人間であり、人為的なミスが大きなトラブルや事故につながる可能性があるという点は共通しています。

実際に鉄道会社の現場で働いている人のなかには、安全対策の現状に不満を感じる人や、他業種

に学ぶべきだと主張する人もいます。

A社のベテラン運転士は、「上層部は人為的ミスの重要性を認識しているのに、現場では人為的なミスをした社員を『指導』する場合が多い」と言います。また彼は、「ミスをして落ち込んでいる社員を教育しても、何の効果もない」と言い切り、「鉄道業界は同じ運輸業である航空業界から安全対策を学ぶべきだ」とも言っていました。

B社の元乗務員は、「鉄道現場ではかつてミスをできるだけ現地でもみ消すという慣習があり、上層部に伝わらないようにしていた」と、隠蔽（いんぺい）体質があったことを素直に認めて私に語ってくれました。

JR西日本は、こうした日本の鉄道業界の体質に危機感を抱いたのでしょう。同社は、福知山線脱線事故から10年後の2015年に、人為的なミスについて懲戒処分の対象から外す方針を固め、「日本の鉄道業界では初の試み」であると発表しました。つまり、JR西日本以外はまだ懲戒処分の対象から外していないことになります。

残念ながら、日本の鉄道業界には、こうしたネガティブな体質が存在します。

今後鉄道の安全を維持するには、この体質を大きく変える必要があります。

そのためには、こうしたことが広く知られる必要があるでしょう。日本の鉄道は「すごい」とか「世界一」などと自画自賛していては、こうした本質的な問題が見えなくなってしまう恐れがあります。

ローカル線廃止への過剰反応が問題解決を遅らす

鉄道に対する期待が高すぎると、鉄道の経営が難しくなる場合があります。たとえば採算性が低く、鉄道として維持することが難しくなったローカル線があったとしても、その維持を地域から強く求められれば、鉄道会社（鉄道事業者）は経済的負担を抱えながらもそれを残さざるを得ず、経営状況が悪化します。

実際にＪＲ北海道は、多くの赤字ローカル線を抱えており、経営難に陥っています。ところが沿線地域住民の反対によって、長らく赤字ローカル線の廃止に踏み切れませんでした。

なぜ、利用者数が少なくなったローカル線の廃止がこれほど難しいのでしょうか。

それは、ローカル線の存在そのものにどこか期待をしているからではないでしょうか。

私は、長年鉄道を取材してきた新聞記者から「鉄道は地方にとって交通機関の役割を超えた存在ではないか」と聞いたことがあります。つまり、東京と線路がつながっていることで、地域が国から見放されていないという安心感があるとか、長年親しんだ駅が消えると寂しいといった感情があるので、廃止が決まると過剰に反応し、鉄道をバスに転換するなどの提案を受け入れられないのではないかと彼は推測したのです。

たしかに、ローカル線の沿線地域の人々には、そうした感情があるでしょう。ふだんは自動車で移動する生活をしていて、鉄道はほとんど利用しないのに、いざ鉄道がなくなると聞くと、センチメンタルになったり、鉄道会社を批判したりする人が実際にいるからです。

とはいえ、営利団体である鉄道会社に、公共交通を守るための社会的責任を一方的に押し付けるのは、理不尽ではないでしょうか。

それゆえこれからは、地方は鉄道だけに期待せず、もっと交通手段にこだわらないフラットな考え方で公共交通を考えるべきでしょう。現在は、東日本大震災で被災したJR気仙沼線の一部区間のように、線路をバス専用道にしてBRT（バス高速輸送システム）を導入したり、鉄道もバスもない地域に乗り合いタクシーを導入した例もあります。政府や民間企業は、過疎で悩む地方に自動運転の技術を導入した新たな公共交通を実現させる検討も行っています［写真6－3］。いっぽうパリ交

写真6-3　自動運転の実証実験（千葉幕張・2016年）

通公団やドイツ鉄道は、自動運転する自動車の実証実験を自ら実施しています。

くわしくは第7章で述べますが、これからの日本では少子高齢化や人口減少が急速に進み、鉄道はもちろん、公共交通の維持そのものが難しくなります。こうした時代に備えるには、もはや鉄道だけにこだわっている場合ではないと言えるでしょう。

超電導リニアの中央新幹線は本当に必要か

いっぽう、必要性に関する議論が深まらないなか、鉄道会社が鉄道建設に向けて突き進んでいる例もあります。

それが、現在ＪＲ東海が主体になって建設を進めている中央新幹線です。

中央新幹線は、現在日本の鉄道輸送の大動脈として機能している東海道新幹線のバイパスであり、南海トラフ地震などの大規模災害で東海道新幹線が被害を受けたときにバックアップする鉄道として必要であるとされています。いっぽう、その採算性や環境への影響を懸念する声もあり、その必要性が問われています。

また、中央新幹線は「世界一」のスピードにも挑戦しようとしています。ＪＲ東海が中心になって開発している超電導リニアを導入することで、世界最速（時速５０５㎞）の営業運転を実現しようとしているのです。

このため、日本の鉄道がふたたび「世界一」の座に君臨することに期待する人もいるでしょう。ただ、これからの日本に、中央新幹線や「世界一」速い鉄道が本当に必要なのでしょうか。超電導リニアの開発がはじまり、中央新幹線が計画された高度経済成長期には、日本では人口も経済も右肩上がりだったので、技術的な「冒険」をして夢を語る勢いがあったかもしれません。また、航空機に対抗するため、鉄道のさらなる高速化に「挑戦」する意味もあったでしょう。

しかしそれから半世紀が経ち、時代のニーズが変わりました。そもそも今の日本は成熟期に入っており、これから人口が急速に減るので、当時のような勢いはありません。また、今なら新幹線よりも安価で利用できる航空便が存在するので、鉄道の高速化に取り組む必要性も当時とは異なります。

つまり、新しい鉄道をつくり、「世界一」に挑戦する動きと、時代のニーズとの間にギャップが生じているのです。

このギャップが、日本の鉄道をあらぬ方向に向かわせていないでしょうか。私は東海道新幹線のバックアップ機能や「世界一」だけにとらわれず、より広い視野で議論する必要があると考えています。

第６章まとめ

・日本人は、誰もが多かれ少なかれ鉄道が好き
・それゆえ、鉄道のイメージと現実の間に大きなギャップが存在する
・そのギャップが、現実離れした期待を生み、鉄道の発展の妨げになっている

コラム

空想科学と未来

ここでまた鉄道から離れて、今度はイラストの話をしましょう。

「小松崎茂（こまつざきしげる）」という名前をご存知でしょうか。高度経済成長期に多くの空想科学イラストを描いた人物と言えば、思い出す人も多いでしょう。

小松崎氏は、生涯現役で活動したイラストレーターで、戦前から２００１年に亡くなるまで多くの作品を残しました。空想科学イラストは、その一部です。

小松崎氏の空想科学イラストは、科学の力で実現する未来を想像して描いたもので、１９６０年代から１９７０年代にかけて児童向けの雑誌や書籍に掲載されました。水彩絵具を使った筆に

よる手描きで、乗り物などのメカが持つ機能美や造形美もふくめて緻密に表現されており、現在多用されるCGとは異なる迫力がありました。

空想科学イラストでは、未来の乗り物が多数登場しました。地面から浮き上がって走るタイヤがない自動車や、チューブのなかを高速で走り抜けるチューブ列車、宇宙旅行ができる航空機などが描かれていたのです。

なぜ日本では、このような空想科学イラストが高度経済成長期に多く描かれたのでしょうか。

私は、次の3つの要因が重なったからだと考えています。

①自由な移動に対する憧れ
②非現実的な風景の出現
③次世代鉄道の開発

①は、人間が持つ根本的な欲求によるものです。そもそも人間は、基本的に鳥のように空を飛んだり、魚のように水中を泳いだりできず、地面を歩かないと移動できない動物です。だからこそ、陸・海・空を自由に移動できる乗り物を創りました。空想科学イラストに描かれた未来の乗り物は、人間の移動の可能性をさらに広げてくれるものであり、人類の永遠の夢でもあるのです。

②と③は、高度経済成長期ならではの時代性によるものです。

②は、当時交通インフラの整備が急ピッチで進められたことが要因になっています。日本は、欧米よりも交通インフラの整備が大幅に遅れていたので、1964年の東京五輪の招致が決まったのを機に、それに向け、東京を中心にして交通インフラの整備を急速に進めました。その結果、東京五輪の直前までに東海道新幹線や東京モノレール、首都高速道路の一部が完成します。世界最速の営業列車だけでなく、1本のレールに跨がって走る珍しい電車が走り出し、市街地を貫く新しい道路ができたおかげで、自動車が「地面」だけでなく、「中空」や「地下」も走るようになりました。そう、東京では、まるでSF世界のような非現実的な風景が、現実世界に短期間で出現したのです。

③は、新しい交通システムに対するニーズが高まったことが要因になっています。欧米では1950年代から鉄道が急速に斜陽化したので、従来の鉄道に代わる新しい大量輸送手段が求められ、空気浮上式鉄道や磁気浮上式鉄道、ジェットエンジンを搭載したジェット列車、チューブ列車など、既存の概念にとらわれないさまざまな交通システムが検討されました。つまり、SF世界のような乗り物を現実世界に持ち込む動きが、当時はあったのです。

以上のことから、空想科学イラストに未来の乗り物が多く描かれたのは、もともと人類がそれを求めていたからだけでなく、それを現実世界に持ち込んだり、持ち込もうとする動きがあり、人々がそれにリアリティを感じて受け入れることができたからだと考えられます。当時は未来の乗り物が絵空事ではなく、現実とつながったものと受け止めることができる時代だったのでしょう。

▽科学への期待と過信

それゆえ、日本では1960年代から科学に対する関心が高まったいっぽうで、「科学があらゆる問題を解決してくれる」という「科学万能主義」に近い考え方が少しずつ定着したと考えられます。前者は、日本の科学水準を押し上げる推進力になりましたが、後者は科学に対する過信や誤解を広げる要因になってしまいました。

それには、第6章で紹介した新幹線誕生という「過去の成功体験」も少なからず関係しているでしょう。新幹線に関する知識が、一般の人が語れる「科学うんちく」の一つになっただけでなく、鉄道が日本の技術や産業を牽引してきた歴史があるからです。

ただし、現在は状況が変わりました。高度経済成長期には、人々が21世紀は輝かしい未来になると期待したかもしれませんが、実際は21世紀になって20年近く経っても、日本はさまざまな課題を抱えています。

日本の科学・技術の水準は、今はかならずしも高くはありません。その証拠に、製造業に元気がありません。かつては日本の産業全体を牽引し、貿易黒字を生み出す存在だったいっぽうで、今では誰もが知るような大手企業が次々と苦境に陥り、その一部は消えたり、中国や台湾のメーカーの傘下に入ったり、長年の不正が発覚して経営の危機に瀕しています。

研究論文の動向も芳しくありません。イギリスの科学誌『ネイチャー』は、２０１６年３月23日付で日本の科学研究の現状を分析した記事を掲載し、「日本の科学研究はこの10年間で失速していて、科学界のエリートとしての地位が脅かされている」と指摘しました。その根拠としては、世界のハイレベルな科学雑誌に占める日本の研究論文の割合がこの５年間で低くなり、論文総数の伸びが世界全体とくらべて大幅に下回ることを挙げています。

海外に留学する学生数も減っています。たとえば発表論文数が世界最多のアメリカでの国籍別の留学生数では、日本は１９９４年度から１９９７年度にかけて１位でしたが、１９９８年度に中国に抜かれました。２０１５年度では日本は９位で、中国やインド、サウジアラビア、韓国よりも順位が下回りました。

ノーベル化学賞を受賞した化学者の野依良治氏は、日本化学会の学術誌『化学と工業』２０１７年４月号に「日本の科学技術力の再生はあるか」と題した論説を寄稿し、次のように警鐘を鳴らしました。

・残念ながら、わが国教育界は世界の頭脳循環の渦から全く疎外されている。
・筆者の最大の懸念の一つは、わが国のインテリジェンスの欠如である。

つまり、科学界のトップを走ってきた人物の一人がここまできびしいことを書かなければならないほど、日本の科学水準が高くない現状があるのです。

もしその原因が、「科学万能主義」や「過去の成功体験」、そして「世界一」という思い込みから自己評価が甘くなり、自らの能力を磨き、高める努力を怠ったことにあるとすれば、日本の科学・技術の水準が今よりはるかに低かった時代のことを思い出し、原点に立ち返る必要があるのかもしれません。

第7章　これからの日本の鉄道と海外展開

本章では、これまで説明したことを踏まえながら、日本の鉄道の将来像を探ります。

日本の鉄道は、これから難しい局面に突入します。国内における輸送需要は、社会や交通の変化によって冷え込むので、鉄道の運営そのものが難しくなります。かと言って海外に活路を見出そうとしても、そこには大きな壁が立ちふさがります。

では、日本の鉄道が今後持続的に発展するには、どうすればよいのでしょうか。

私は、環境の変化に柔軟に適応するだけでなく、「競争」から「融合」へと発想を転換することが鍵になると考えています。

なぜそう考えたのか。これからご説明しましょう。

7・1 鉄道の維持は難しくなる

「冬」の時代到来を告げるできごと

日本の鉄道は、すでに「冬」の時代を迎えています。これからは、鉄道の衰退が顕著になり、その運営や維持が年々難しくなります。明治初期に日本初の鉄道が開業してから、鉄道が発展し続けた時代はすでに終わったのです。

その意味で、２０１６年は、日本の鉄道にとって大きな節目だったと言えるでしょう。

同年３月のダイヤ改正では、北海道新幹線が新函館北斗駅まで開業し、北海道・本州・九州が新幹線でつながるという明るい話題があったいっぽうで、ブルートレインと呼ばれた青い客車の寝台特急が全滅しました。その代わり、クルーズトレインと呼ばれる豪華寝台列車が登場したものの、不定期運転となり、利用料金は１人あたり10万円以上と高価になりました。日本の鉄道旅行は一つの転換点を迎えたのです。

また、国鉄時代に製造された車両は、新しい車両へと次々と交換され、鉄道を通して昭和の面影を感じることが少なくなりました。さらに、全国各地で列車の減便・減車や駅の無人化が実施され、鉄道の利用者が減り、合理化が進められていることがより明確になりました。

それゆえこのダイヤ改正は、鉄道趣味においても大きな転換点となりました。これまで鉄道趣味の対象になっていたものが次々と消えることで、鉄道ファンが追いかけるものが減ってしまったからです。

同年11月には、経営悪化に陥っているＪＲ北海道が、重大な発表をしました。同社が運営する営業路線の距離の約半分（10路線13区間／１２３７・２㎞）を「当社単独では維持することが困難」と正式発表したのです。

これは、ＪＲ北海道という一企業や、経営環境がきびしい三島（北海道・四国・九州）の鉄道だけの問題ではありません。日本の鉄道全体でもいずれ起こることです。

つまり、30年以上前の国鉄末期と同様に、赤字ローカル線の大幅整理を考えなければならないときが、またやってきたのです。

鉄道は利用者も労働者も減少して苦しくなる

では、なぜ日本の鉄道はこのような状況になったのでしょうか。

それは、第６章でも述べた次の２つの要因が重なり、鉄道を大きく支えてきた旅客輸送の需要が低下しているからです。

㋛社会の変化（少子高齢化・人口減少・地方衰退）

㋜交通の変化（道路・航空の発達）

つまり、日本の鉄道は、㋛と㋜のダブルパンチを受け、もう衰退しはじめているのです。㋛の社会の変化は、言うまでもなく日本全体が抱える問題であり、鉄道利用者数が減る大きな要因になっています。住んでいる人が減るのですから、公共交通を利用する人が減少するのは当然です。

日本の総人口は、明治時代から一時期を除いて右肩上がりで増え続けてきましたが、近年は徐々に減少しています。総務省統計局のウェブサイトの「統計Today No.9」には、「2008年が、人口が継続して減少する社会の始まりの年～人口減少社会『元年』と言えそう」と記されています。

ただし、鉄道業界では、もっと早くから鉄道利用者数の減少を懸念する声がありました。通勤・通学で鉄道を利用する人が減ることが予想されたからです。日本では1970年代前半の第二次ベビーブーム以降に出生率の減少が続き、少子化が進んでいますし、生産年齢人口（15～64歳）も1990年ごろから減り続けています［図7-1］。となれば、定期券で鉄道を利用する人が減るのは当然でしょう。その影響は、実際に地方を中心に見られます。

ところが都市部では、近年まで比較的鉄道利用者数が安定していました。その要因としては、高齢者や訪日外国人の増加がよく挙げられます。高齢者のなかには、退職後もアクティブに行動する人や、自動車の運転免許を返納して鉄道にシフトする人がおり、それが鉄道利用者数を下支えしていたと考えられます。

とはいえ、今は状況がちがいます。都市部でも鉄道利用者数が減っている地域はすでに存在します。

第1章でも紹介したように、3大都市圏は、日本全体の鉄道利用者数の8割以上を占めているので、そこで鉄道利用者数が減りはじめれば、日本の鉄道全体に大きな影響が出てきます。

また、生産年齢人口の減少は、鉄道を支える労働者を確保するのが難しくなることも意味します。労働者がいなくては、鉄道は維持できません。

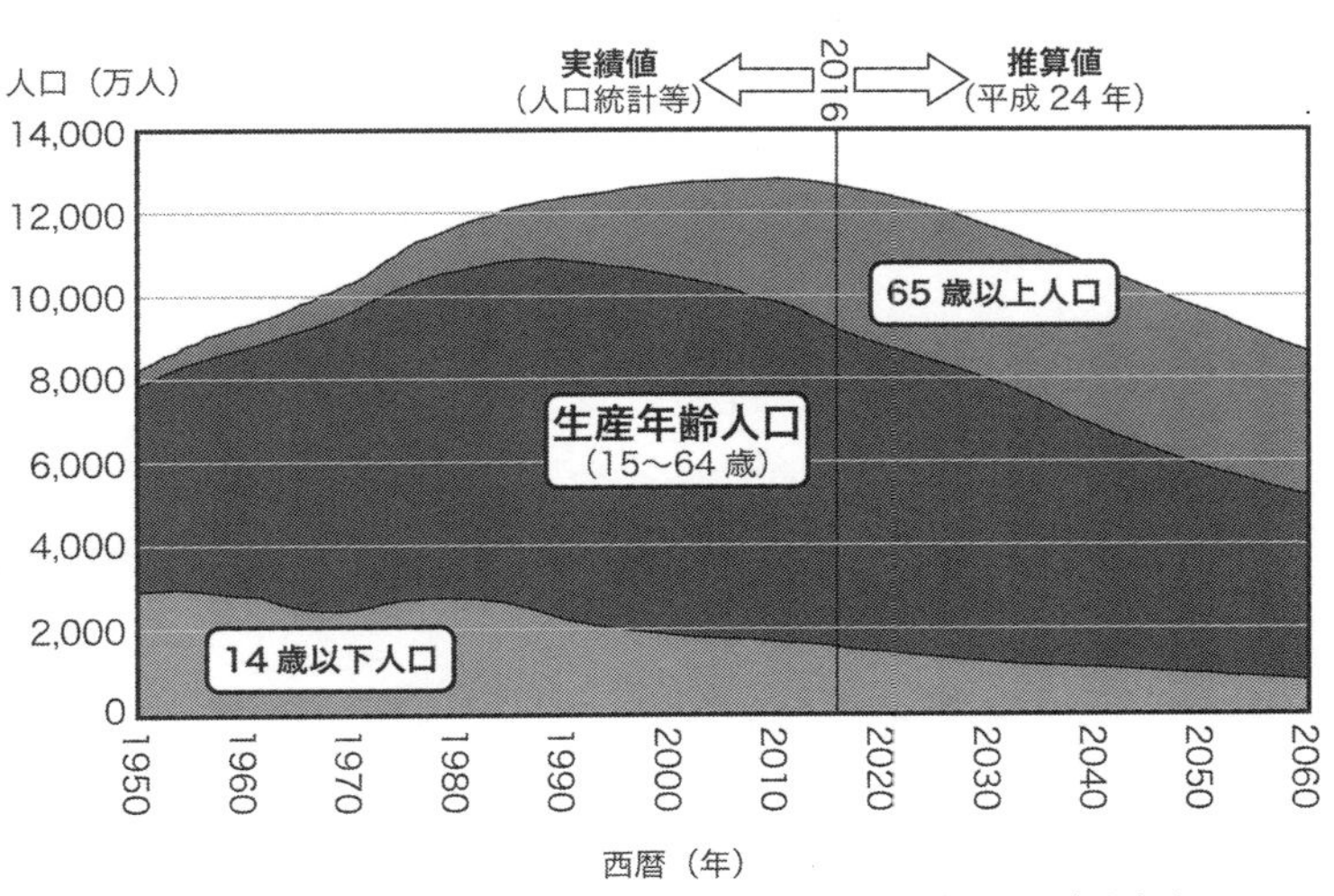

図7-1　日本の人口の推移。今後は少子高齢化で生産年齢人口が減少する

つまり、日本の鉄道は、これから利用者と労働者の両方が減ることで、運営や維持が難しくなるのです。

自動車や航空機に旅客・貨物を奪われる

ⓢの交通の変化は、他交通の発達と、それによる鉄道から他交通への輸送量のシフトを意味します。ここで言う他交通とは、おもに自動車と航空機を指します。

第2章で、日本では鉄道が優先的に整備され、道路や航空の整備が欧米よりも大幅に遅れたことにふれましたが、今はその逆が起きています。鉄道の整備は新幹線などの一部を除いてほぼ一段落したのに対して、道路や航空の整備は、その遅れを取り戻すかのように着々と進められています。つまり、発展の伸びしろが、鉄道にはあまり残されていないのに対して、道路や航空にはまだ残されているので、今後も鉄道の輸送量が他交通にシフトする可能性があるのです。

これは、交通全体から見れば、よい流れだと言えるでしょう。鉄道偏重だった交通体系が是正された結果、利用者にとっては交通手段の選択肢が増え、旅客や貨物の輸送全体が便利になるからです。それは多くの人々が望むことでしょう。

ただし、鉄道の視点で見れば、これはネガティブな状況です。もし国内全体の輸送需要が変わらないまま他交通へのシフトが進めば、鉄道の輸送需要は低下してしまうからです。

このような変化は、今後の道路交通の発達によってさらに進むでしょう。高速道路などの道路整備が進み、トラックや高速バスが発達して、鉄道輸送に大きな打撃を与えるからです。

それは国内の鉄道と高速道路の路線図を見比べるとよくわかります。現在の高速道路網は、ＪＲの在来線の幹線と並行したり、ショートカットしており、まだ伸び続けようとしています。これが在来線特急の減車・減便が進んだ大きな要因です。

高速道路の影響はローカル線にも及ぼうとしています。たとえば東北の三陸海岸を縦貫する三陸自動車道が全線開通すれば、東日本大震災で大きな被害を受けた三陸のローカル線は大きな打撃を受けるでしょう。ただ、東日本大震災直後に被災地への緊急輸送路となったのは道路であり、三陸自動車道は復興道路として位置付けられ、雇用も生み出しています。となれば、冷たい言い方かもしれませんが、鉄道よりも道路が地域を救う生命線として重視されるのは、当然のことでしょう。

新しい自動車技術の導入によっても、鉄道の立場はますますきびしくなります。たとえば、電気自動車や燃料電池自動車のような走行中に排ガスを出さない自動車が普及すれば、「環境負荷が小さい」という鉄道の特長はアピールしにくくなります。自動車の自動運転や、隊列走行による輸送力増強が実現し、交通全体における自動車の守備範囲が広がれば、輸送規模が小さいローカル鉄道の必要性は低下してしまうかもしれません。実際に政府は、地方への自動運転バスの導入を検討していますし、自動運転バスの実証実験は全国各地で実施されています。

私は、ある鉄道会社の役員から、このような自動車の動きを「脅威だ」と直接聞いたことがあります。彼がもっとも「脅威」とする「目的地を入力すれば、自動車が自動的に目的地まで連れて行ってくれる自動運転車」の実現は、当分先になりそうですが、それでも近年の自動車の技術革新は、鉄道に少なからず影響を与えるでしょう。

いっぽう、航空機も着々と発達しています。これまでも、空港の整備で路線網が拡大しただけでなく、1990年代からの運賃の低価格化によって利便性が向上し、新幹線の大きな脅威になってきました。今後は、低価格が魅力であるLCCの便数が増え、国内線のハブ空港として機能する羽田空港の発着枠が拡大することで、航空機の利便性がさらに高まる可能性があります。今は割引制度の充実によって、実質の航空運賃が高速バスの運賃を下回る例も少なからずあるので、航空機の利用者は今後も増え続けるでしょう。

7・2 鉄道が時代の変化に対応するには

このままでは鉄道経営は行き詰まる

こうした社会や交通の変化が進めば、日本の鉄道の輸送需要はさらに低下し、いずれ経営が立ち行かなくなります。

実際、先ほど紹介したように、ＪＲ北海道はすでに経営危機に陥っています。安全に対する投資や、車両や施設の更新が十分にできず、トラブルや事故が頻発し、公共交通機関としての使命を果たせなくなっています。それゆえ同社では、社員が会社の将来を悲観し、技術系を中心に離職者が増えつつあります。

これはＪＲ北海道だけの問題ではありません。日本のほかの鉄道会社（鉄道事業者）でも今後起こり得ることです。

このままでは、日本の鉄道を現状のまま維持することは難しくなります。

では、日本の鉄道が持続的に発展するには、どうすればよいのでしょうか。

私は、次に示す４つの対策を進めることが大きな柱になると考えています。

①鉄道の役割を見直す
②海外事例を参考にする
③業務を効率化する
④認識のギャップをなくす

鉄道にこだわらず地域ごとに公共交通を再考する

①の「鉄道の役割を見直す」は、鉄道の長所と短所を理解した上で、鉄道にこだわらず、地域ごとに公共交通のあり方を再考するということです。

鉄道は中途半端な交通機関です。船舶のように海上を移動することはできないのはもちろんのこと、航空機のように速く移動することもできず、自動車のように陸上の任意の場所に移動できません。

ただし、陸上での大量輸送を得意とするので、条件を満たした地域があれば、大きな能力を発揮します。言い換えれば、条件を満たさない地域では、鉄道は能力を発揮できず、維持費がかかりすぎるという難点があります。一般的に線路は道路よりも維持に労力と費用を必要とします。

かつては、たとえ輸送需要が低くても、鉄道を建設し、残す意味があったでしょう。道路が十分に整備されていなかったので、鉄道が陸上交通の動脈として機能し、地域の経済や生活を守ったからです。

ところが道路が発達すると、採算性が低いローカル線を維持する意味は薄らぎました。それゆえ、第6章でふれたように、国鉄末期に多くのローカル線が廃止されました。そのなかには、国や沿線自治体、民間が出資する第三セクター鉄道として存続した例もありましたが、残りは役目を終えて消えました。

今後輸送需要が低下するとなれば、国鉄末期のときのように、多くのローカル線を廃止せざるを得ないときが来るでしょう。ＪＲが運営する赤字ローカル線や第三セクター鉄道のなかには、国鉄末期よりも利用者数が減少し、もはや鉄道として維持する必要性が乏しいと言わざるを得ない鉄道が少なからず存在します。

もちろん、鉄道を廃止するとなれば、反対する人がいるでしょう。交通体系が鉄道偏重だった時代は、鉄道の駅を中心にして街が形成されてきたので、鉄道が消えれば地域が衰え、人が離れ、見慣れた景色も変わってしまう。自家用車を運転できない人は、移動するための足を失ってしまう。そのような変化を受け入れられない人は当然いるでしょう。

ただ、今の地方の主要な交通機関は、言うまでもなく自家用車です。ローカル線は、列車の運転本数が少なく、不便であるのに対して、自家用車はどんな時間でもあらゆる場所に移動できる機動力があるので、利便性の差は明らかです。

かと言って、鉄道をバスに転換したとしても、そのバスを維持することは容易ではありません。自家用車普及の影響で公共交通の収益性が低下しているからです。

となれば、今後は、鉄道もバスもない地域が増えると考えられます。それでは移動が困難な人が増えてしまい、公共交通が確保された地域に人口が流出し、地域がますます衰退してしまうでしょう。

それを避けるために、たとえ輸送需要が著しく低くても、鉄道を残したいと考える地域もあるでしょう。第６章で述べた「鉄道万能」という考え方が残り、鉄道に期待する人が多ければ、なおさらでしょう。

ただ、それは、地域にとっての重大な問題を先送りしているにすぎないのではないでしょうか。また、利益を追求する民間の鉄道会社に「地域のためにローカル線を維持せよ」と社会的な責任を押し付けても、何の解決にもならないのではないでしょうか。

ここで問題になるのが、第6章で述べた認識のギャップです。

そもそも鉄道は、先ほど述べたように条件を満たさない地域では能力を発揮できない交通機関であり、一般的に道路よりも維持費がかかるという弱点があるので、輸送需要が低ければ赤字を垂れ流す存在になってしまいます。かつてはそれを国がフォローしてくれましたが、今はかならずしもそうではありません。

それを知っていれば、「鉄道会社はすべてのローカル線を維持せよ」などという無責任なことは言えないはずです。

そこで必要になるのが、鉄道にこだわらず、地域ごとに公共交通のあり方を見直すことです。

運賃収入だけで運営するという発想から離れ、鉄道やバスを公営化して、税金で赤字を補填して公共交通を維持するのか。それとも乗り合いタクシーのような別の手段で公共の足を確保するのか。

このようなことを地域ごとに考えなければなりません。

海外の事例を参考にしつつ最適解を探る

②の「海外事例を参考にする」は、公共交通のあり方に関するヒントを海外から得るということです。

たとえば、第2章で紹介した海外4カ国の事例は、大きなヒントになるかもしれません。なぜならば、これら4カ国では、日本よりも先にモータリゼーションが進んで、鉄道をふくむ公共交通の収益性が低下し、維持が難しくなり、その運営方法に関して試行錯誤を繰り返してきた歴史があるからです。

海外4カ国では、1970年代ごろから公共交通を社会インフラとして扱うようになりました。収益性よりも、人々の活動を支える「装置」としての機能を重視し、維持するようになったのです。鉄道を施設と運用に分けて運営する方式（上下分離方式）が広がったのも、このためです。

ただし、この上下分離方式は万能ではありません。経営分離によって責任の所在が曖昧になり、事故やトラブルを招く例があるからです。このため、イギリスやフランスなどでは経営方法を改良したことがあります。

第3章で紹介した海外4都市でも、都市全体で公共交通を維持しています。一つの交通事業者が公共交通を一元的に管理しているのは、そのためです。

いっぽう日本では、第1章でも述べたように、多くの公共交通が民間企業によって運営されてきました。

そのためか、公共交通を社会全体で支えるという仕組みづくりが海外4カ国よりも遅れました。それは、モータリゼーションが遅れたおかげで鉄道の斜陽化が海外4カ国ほど進まず、公共交通の収益性がある程度確保されたからでしょう。

とはいえ、現在は、日本でも公共交通を運賃収入だけで維持するのが困難になっているので、2013年に「交通政策基本法」ができ、2014年に「地域公共交通の活性化及び再生に関する法律」が一部改正されました。これによって、公共交通を地域で支える基本方針が示されましたが、それを実現するための議論はなかなか進んでいないのが現状です。

また、海外の事例から、赤字ローカル線を廃止して鉄道網を縮小することが、鉄道経営にとってかならずしもプラスにならないこともわかります。

そのことを示す代表例に、イギリス政府が実施した「ビーチングの斧」と呼ばれる取り組みがあります。この取り込みは、1960年代に旧イギリス国鉄の鉄道経営を立て直すために鉄道全区間の4分の1における旅客輸送を廃止したというものです。経営の足を引っ張る不採算路線を大胆に削減するのですから、大きな効果がありそうですが、実際は赤字が減らず、失敗に終わりました。そのおもな要因としては、鉄道が不便になったことで自動車への輸送シフトがさらに進んだことや、代行バスの運営の失敗が挙げられています。

こうした海外の事例は、参考になりますが、日本でそのまま応用できるとは限りません。日本と海外４カ国では、公共交通を取り巻く環境が異なるからです。

つまり、日本の鉄道や公共交通の問題を解決する特効薬はないのです。もちろん、こうした海外の事例を挙げて「日本でも上下分離方式を採用すればローカル線が蘇る」とか「むやみにローカル線を廃止すべきではない」と主張する人はいますが、それほど単純なことで問題は解決しません。

そこで必要になるのは、公共交通の維持に対して、われわれが当事者意識を持つことです。つまり、「誰かがなんとかしてくれる」と他人任せにしたり、解決を先送りしたり、鉄道会社を責めたりせず、地域住民全体で問題を直視し、その最適解を考え、探すことが必要となります。当然、最適解は地域ごとに変わってくるので、別の地域の真似をすればよいわけではありません。

こうした取り組みは、海外４カ国のほうが進んでいます。日本はたんにそのやり方だけでなく、地域ごとに最適解を探る姿勢を参考にする必要があるのではないでしょうか。

業務の効率化による省力化

③の「業務を効率化する」は、より少ない労働力で鉄道を支えられる仕組みづくり、つまり省力化を実現することを指します。これは、人件費の削減によって鉄道経営を改善するだけでなく、今後の労働者不足に対応し、鉄道を持続的に維持する上で必要とされています。

鉄道における省力化は、ＪＲ発足後も実施されてきました。車両や施設のメンテナンスフリー化や、列車のワンマン化、駅への自動改札機の導入、駅の無人化や窓口の営業時間の短縮などは、その代表例です。ＪＲの駅では、みどりの窓口の業務を機械化した自動券売機も見かける機会が増えました。

第5章で紹介したベルリンの都市鉄道では、ほとんどの駅を無人化して極限まで省力化を図っています。こうした取り組みは、利用者が多くて運賃制度が複雑な東京の都市鉄道では難しいかもしれませんが、業務の機械化が進み、利用者の理解が得られれば、いずれはベルリンのように駅の無人化が進むかもしれません。

近年は新技術を使った「業務の効率化」も導入されており、ＩＴ（情報技術）の活用もすでに実施されています。たとえばＪＲ東日本では、乗務員や駅員にタブレット端末を配布しており、列車運行や乗務員勤務（乗務）に関する情報を送受信したり、利用者を案内するのに使っています。これによって、指令室から乗務員や駅員にダイレクトに情報伝達ができるようになり、時間のロスが減るだけでなく、利用者へのきめ細かい情報案内ができるようになりました。

最近よく耳にするようになった、ＡＩ（人工知能）やビッグデータ、ＩｏＴ（モノのインターネット）を駆使することも検討されています。鉄道の利用状況をふくむ膨大なビッグデータをＡＩで解析し、有用な情報を得ることによって、輸送需要の変化に応じた効率がよいダイヤを組んだり、ＩｏＴで車両や施設の状況をリアルタイムで監視し、故障が輸送に悪影響を与えるのを防いだりするなど、これまでできなかった「業務の効率化」が実現しようとしているのです。この詳細は、鉄道総研や

ＪＲ東日本、日立の技術報告書に記されています。

これらが実現すれば、鉄道全体で大きなイノベーションが起きるかもしれません。

ただし、ある鉄道会社の社員は、これには課題があると言います。たとえば電車の部品は、近年ブラックボックス化が進んでいる上に、それを構成する電子部品が何の前触れもなく故障するので、それをＩｏＴで予知するのは困難です。このため、新技術で「保守作業の効率化」が急に進むことはないだろうと慎重にとらえています。

とはいえ、鉄道における「業務の効率化」にはまだまだ進められる余地があるのはたしかでしょう。

「認識のギャップ」をなくす

④は、第６章で紹介した「認識のギャップ」をなくすことです。これは、鉄道の運営者と利用者の間にある隔たりをなくし、鉄道で起きている問題を共有し、検討する上で重要です。

第６章では、「認識のギャップ」が生じた要因として、一般の人々が鉄道に対して過剰に期待していることを挙げましたが、実際は鉄道業界の風土や体質も関係していると私は考えています。

こう書くと鉄道関係者からお叱りを受けるかもしれませんが、鉄道業界は交通業界のなかでも閉鎖的で、前例がないことをやりたがらないほど保守的だと私は感じています。輸送の安全を重視する業界がそうなるのはある程度仕方がないかもしれませんが、他交通とくらべるとその傾向が強いのはたしかでしょう。

私は首都高速道路株式会社の取材をしたことがありますが、同社は情報公開に関してとても前向きで、紙袋いっぱいの資料を提供してくれました。これほど資料を提供してもらったことは、鉄道関連企業の取材ではありません。

鉄道業界が情報公開に関してあまり前向きでないことは、マスメディア関係者がよく知っています。なぜならば、鉄道は交通のなかでも取材や資料収集がとくに難しい業種だからです。現在はだいぶ寛容かつオープンになりましたが、かつては取材制限がきびしい職場が多く、広報担当者と取材交渉しても「前例がない」と断られることがよくありました。

かくいう私は、取材が難しいとされた鉄道現場をいくつか取材してきましたが、そのたびに社会的信頼がないフリーランスの限界を感じたり、休日に線路を見るのが辛くなる思いをしたことが多々ありました。たとえば鉄道車両製造の現場は、近年経済誌などでよく紹介されるようになりましたが、10年ほど前は取材制限がきびしく、容易に取材できませんでした。私は幸い、鉄道車両メーカーの人々の協力のおかげで取材することができたものの、書ける内容に制限があり、胃が痛くなるような思いをしました。

また、取材を重ねるうちに、まことに失礼ながら鉄道業界に、他交通や社会、海外の変化に疎い人が少なくないこともわかってきました。これは鉄道が交通の中心的存在だった時代や、国内のことだけ考えていればよかった時代の名残かもしれませんが、今後の時代変化に対応する上では障害になるでしょう。

なぜ鉄道業界にはこのような風土や体質があるのか。私は取材をするたびに考え、先ほどの「認識のギャップ」が大きな要因になっているという結論を得ました。つまり、実際の鉄道業界は、一般の人が期待するほど優れた部分ばかりではないので、「期待以下のものは見せられない」「恥ずかしいものは隠す」という考えが定着し、マスメディアの取材を拒むことが多かったと考えたのです。

現在の鉄道業界が積極的に広報活動をするようになったのは、若手社員を中心にこのような風土や体質をなくそうという動きが出てきたり、時代の変化を意識せざるを得ない環境にさらされただけでなく、インターネットの発達によるところが大きいでしょう。現在は鉄道でトラブルや事故が起これば、たちまちツイッターなどで現地の情報が短時間で不特定多数の人に伝播(でんぱ)しますし、鉄道に関する誤った情報が伝わってしまうこともあります。それゆえ、鉄道会社などが広報活動に積極的にならざるを得なくなったと考えられるからです。

もし今後、運営者と利用者の「認識のギャップ」を小さくする、もしくはなくすことができたら、日本の鉄道はよい方向に進むのではないでしょうか。

7・3 鉄道の海外展開を成功に導くには

海外に活路を見出すという使命

さて、日本の鉄道が今後も持続的に発展するには、自国で培った技術やノウハウを海外に売り込むこと、つまり海外展開も必要になります。なぜならば、日本の鉄道市場は今後縮小せざるを得ないので、海外に活路を見出さないと、発展し続けることができなくなるからです。

このため近年は、日本の鉄道業界が海外展開に本格的に取り組むようになりました。「新幹線や都市鉄道を海外に売り込む」などといった海外展開のニュースを耳にする機会が増えたのは、このためです。

鉄道の海外展開は、国の政策の一部にもなっています。安倍晋三首相が推進するアベノミクスの3本目の矢である成長戦略「日本再興計画」では、日本の鉄道システムをふくむインフラシステムの海外展開が重要な柱の一つとなっています。

ただし、鉄道の海外展開が本格的に検討されるようになったのは、ごく最近の話です。鉄道車両メーカーや電機メーカー、建設会社などは、30年以上前から鉄道関連の輸出をしてきた実績を持っているのに対して、ＪＲなどの鉄道事業者は長らく海外とほとんど接点を持っていませんでした。それゆえ、日本の鉄道全体で見れば、ようやく本格的な海外展開に向けての取り組みがはじまったところだと言えます。

では、日本の鉄道システムの何をどのようにして海外に売り込めばよいのでしょうか。

それは、現在多くの鉄道関係者が頭をひねっていることであり、一概に言えません。日本で実績があるということだけでは、海外の国々は受け入れてくれないからです。

つまり、鉄道の海外展開には、さまざまな障壁があるのです。

規格の壁とガラパゴス化のジレンマ

海外展開でネックとなる障壁の一つに、規格の壁があります。ここで言う規格は、鉄道におけるさまざまな仕様のことで、車両のサイズや線路施設の基準、信号などの保安設備の種類などが該当します。

日本の鉄道システムを他国に売るには、他国の鉄道が採用している規格に合わせなければなりません。採用する規格が日本と異なる国では、日本の鉄道システムはそのまま使えないからです。

鉄道の規格は、全世界で完全に統一されていませんが、国際規格と呼ばれるものがあり、おもにヨーロッパが決めています。ヨーロッパでは、国境を越えて走る国際列車や、さまざまな鉄道事業者が列車を運用するオープンアクセスを実現するため、早くから規格の統一に取り込んできた歴史があり、その規格が結果的に事実上の世界標準となっているのです。ヨーロッパは、鉄道に限らず、こうした国際法をつくるのが得意です。

日本の規格は、長らく国際規格と互換性がありませんでした。日本の鉄道は、日本の特殊な条件に合わせて発展してきたので、規格も日本独自のものを採用してきたからです。

このおかげで、日本の鉄道産業は、長らく海外からの影響をほとんど受けずに発展できました。規格のちがいが貿易障壁となり、海外の企業が日本市場に進出するのが難しかったからです。つまり、規格のちがいが、結果的に日本の鉄道産業を保護していたのです。

これはまさにガラパゴス化です。規格という障壁のおかげで、外敵から身を守ることができ、独自の発達を遂げてきた点は、ガラパゴス諸島で生き残った珍しい生物たちとよく似ています。つまり、日本の鉄道システムが特異的な発展を遂げたのは、環境が特殊な「夢の国」で育っただけでなく、「外敵」を気にしなくて済む「楽園」で育ったからでもあるのです。

それゆえ、ヨーロッパ諸国は、日本の鉄道市場が閉鎖的であると批判していました。また、1995年にＷＴＯ（世界貿易機関）が設立されたことで、国際標準の適用が義務化され、鉄道においても国際標準化に対応することが求められるようになりました。

このため日本の鉄道システムは、もうガラパゴスではいられません。世界全体の動きに足並みをそろえつつ、海外展開を図るには、規格という障壁を取り除かなくてはならないからです。実際に日本では、鉄道の規格の国際標準化が図られており、鉄道総合技術研究所内にある「鉄道国際規格センター」がそれを担っています。

もし日本の規格を国際規格と互換性を持たせて障壁を取り除けば、日本の鉄道システムを他国に売り込むことが可能になる半面、海外の鉄道システムが日本に入って来ることを受け入れなければなりません。言い換えれば、「外敵」を受け入れることで、海外製品が日本に押し寄せ、日本の鉄道産業が衰退するリスクがあるのです。

日本の鉄道に海外製品を導入しようとする動きはすでにはじまっています。たとえば信号システムの一種であるCBTCは、設備の低コスト化が図れるメリットがあるため欧米の都市鉄道の多くがすでに導入しており、日本の東京メトロなども導入を計画しています。

海外へ日本の鉄道システムをアピールできるか

規格以外にも、海外展開の障壁があります。その代表例が海外への売り込み方法です。

日本の鉄道システムを海外に売り込むには、たんに相手国の規格に合わせるだけでなく、日本から鉄道システムを導入するメリットを相手に伝え、理解してもらう必要があります。そのためには、鉄道に関する幅広い知識を持ち、外国語（とくに英語）が使いこなせ、論理的思考に長けた人材を育てる必要があります。論理的思考は、世界標準の思考法であり、国際的なビジネスには欠かせないとされているいっぽうで、一般的に日本では苦手な人が多いと言われています。それはあるところが日本の鉄道業界では、そのようなことができる人材の育成が遅れています。それはある程度仕方がないでしょう。これまで海外へ売り込む必要がなかったのですから。

ただ、これからはそうはいかないでしょう。

国際的なビジネスのトレーニングは、他業種でもやっているので、ある程度できるかもしれません。

ただし、私には気になることがあります。

それは、鉄道業界に、鉄道全体を俯瞰できる人材があまりいないことです。

たとえば私が専門的なことについて鉄道会社の人に聞こうとすると、「電車のことは車両の部署で聞いて」「線路のことは施設の部署で聞いて」というようにさまざまな部署に行くように言われ、一体誰が鉄道の全体像を把握しているのだろうと疑問に思うことが多々あります。もちろん、他業種の会社でも、縦割りになった組織で似たことが起こるでしょうが、鉄道会社の場合はこの傾向が強いと感じています。

鉄道では、個々の分野の専門性が高いので、社員個人の視野が狭くなるのはある程度仕方がないのかもしれません。ただ、海外展開に関わる人材を育てる上ではネックになるのではないでしょうか。

「認識のギャップ」が海外展開でも障害に

鉄道の海外展開にこうしたネックがあることは、一般にはあまり知られていません。それゆえ、「日本の鉄道技術は新幹線を創り上げるほど優れているから、海外展開もうまくいくはず」と思い、期待する人もいるでしょう。

しかし実際は、その期待に反することが起きているのです。日本政府が公開している海外展開の資料には、「日本の優れた鉄道システムを…」という文がたびたび記されていますが、何がどう優れているかは明確に示されていません。むしろ、「優れている」という思い込みが、規格の壁やガラパゴス化、そして売り込みに弱点があるという問題から視線をそらす要因になります。

それらは、鉄道関係者に的外れな期待によるプレッシャーを与え、海外展開を進める上での障害になりうるでしょう。

そう、第6章で紹介した「認識のギャップ」による弊害が、ここでも問題になっているのです。

日本の鉄道の「強み」は何か

このような状況で海外展開を進めていくには、日本の鉄道ならではの「強み」を冷静かつ客観的に分析し、それを他国に向けてアピールする必要があります。たとえ日本の鉄道で実績があり、優れた性能を発揮している分野があっても、その「強み」が他国の鉄道で発揮できなければ意味がないからです。

では、日本の鉄道の何が「強み」になるのでしょうか。

これも、多くの鉄道関係者が日々探っていることであり、一概には言えません。

ただ私は、次の2つのことに注目しています。

ⓐ日本の鉄道だけが踏んだ場数

ⓑ論理を超えた取り組み

それぞれ説明しましょう。

ⓐ日本の鉄道だけが踏んだ場数

これは、日本の鉄道だけで積み重ねられた経験のことです。何事も経験を重ね、場数を踏めば、他人（他国）と差をつけることができます。

日本の鉄道は、その特殊さゆえに、海外の鉄道が実績をもたない領域で場数を踏んでいます。

たとえば次のようなことです。

- 高密度運転による大量旅客輸送とそのオペレーション
- 電子マネーと連動した駅ナカビジネス
- 高機能な自動改札システムの導入
- 駅ナンバリングの導入
- 地震などの自然災害対策
- 指差喚呼（しさかんこ）による安全確認
- 高速鉄道（新幹線）の騒音対策
- 空間的制約が多い都市部でのトンネルや高架橋の工事
- 軟弱地盤でのトンネル工事（泥土圧式・泥水式シールド工事）

これらのなかには、かならずしも海外で必要とされていないものもありますが、特殊な条件が求められるときに生かされる可能性があるでしょう。たとえば日本の地震対策システムは、１９９９年に台湾で大震災が起きたあとに注目され、台湾の高速鉄道に導入されました。

ここで挙げた「指差喚呼による安全確認」は、確認対象を指差し、「○○よし！」などと声を出して確認するものです。運転士や車掌、駅員などがしているのを見たことがある人も多いでしょう。

これは、大正時代に日本の鉄道で最初に使われはじめたとされており、人為的なミスの発生確率を減らす効果があるとされているので、日本から運用方法を学んだ台湾の高速鉄道でも使われています。現在は、鉄道以外の製造業や建設業などの安全を重視する業種でも使われています。

ちなみに私は、指差喚呼の効果を実体験で感じています。鉄道での実務経験はないものの、メーカー勤務時代に工場で指差喚呼をするように教育されましたし、今は乗用車の運転で使っているからです。同乗者がいるときは小声にしていますが、信号機や道路標識などは指差して確認することは怠らないようにしています。もちろん、鉄道現場を取材するときも使っています。

実際に乗用車の運転で使うと、人為的なミスが減るのを感じ、鉄道現場で使われていることに納得できます。眠気防止にもなりますし、前方で起きていることを客観視できるためか、運転中にイライラしにくく、冷静な判断ができるのです。同乗した友人からは「電車に乗っているみたいだ」と笑われることもありますが、安全第一です。

海外では、先ほど紹介した台湾を除き、鉄道現場で指差喚呼を導入した例はほとんどないようです。しかし、安全対策が問題視されたときに、海外から注目されるかもしれません。

ⓑ論理を超えた取り組み

これは、論理を重視する国では思いつかないことや、思いついても実行に移せないことです。先述したように、日本では論理的思考が苦手な人が多いと一般的に言われますが、それを逆手にとった取り組みとも言えるでしょう。

そもそも論理的思考は万能ではありません。それゆえ、西洋ほど論理性を重視されない日本だからこそできる取り組みもあり、それをうまくアピールできれば、新しい試みとして海外に提案できる可能性があります。

これは自動車のシンポジウムで聞いた話ですが、日本には「とりあえずやってみる」という考え方が通じるという特殊性があるそうです。日本では、上司から「とりあえずやって」と言われたら、「しょうがないな」と思いつつやる人がいるのは、とくに珍しいことではありません。しかし、論理性や合理性を重視する国では、これは到達できるかわからないゴールに向かうことを要求することになり、その労力が無駄になる可能性があるので、やりたがらないそうです。

この「とりあえずやってみる」という独特な感覚は、「論理を超えた取り組み」の推進力になります。

たとえば次のようなことは、集客のために「とりあえずやってみた」例と言えるでしょう。

- 車体にアニメキャラクターのラッピングを施す（京阪京津線など）
- 猫を駅長にする（和歌山電鐵など）
- 車内をクラブハウスにする（西武・東京メトロ）
- 車内に足湯を導入する（山形新幹線「とれいゆ」）

- 車内を美術館にする（上越新幹線「現美新幹線」）
- 空いているホームに電車を停車させ居酒屋にする（京阪中之島駅）

これらの取り組みは、投資に見合う集客効果があるかどうか予想がつきにくいことです。にもかかわらず、日本の鉄道はこのような取り組みを「とりあえずやってみる」ことができます。これは、おそらくヨーロッパの鉄道にはなかなかできないことでしょう。

また、日本では色や形が多種多様な鉄道車両が存在しますが、これは治安がよく、第3章で紹介した落書きやバンダリズムの被害が発生しにくい国だからこそできることと言えるでしょう。車体色の制約もあまりないので、鉄道車両デザインの自由度が高いとも言えるでしょう。

つまり、日本の鉄道は、多様な試みができるという「強み」があるのです。もちろん、そのノウハウを求める国が海外にどれだけあるかはわかりませんが、ヨーロッパなどにはない試みの場数を多く踏むことで、他国に改善のヒントを与える可能性はあるのではないでしょうか。

日本で当たり前なことが海外展開の鍵となるか

次に、海外からとくに注目されているものの例として、東京で行われている新幹線の車内整備と駅ナカビジネスを紹介しましょう。

新幹線の車内整備は、東京駅の東北新幹線ホームの例がよく知られており、「セブン・ミニッツ・ミラクル（7分間の奇蹟）」として海外のテレビ番組でもたびたび紹介されています。東京駅で折り返す列車の車内清掃や座席の整備などを、最短7分間で終わらせているからです。

この作業は、本来車庫（車両基地）で行うものですが、東京駅近辺の線路ではダイヤが過密で、車両を車庫に回送する余裕がないので、東京駅での停車時間を利用して実施しています。

これが海外から注目されているのは、たんに作業が早いということよりは、整備員のモチベーションを上げる工夫がされているということでしょう。車内整備はルーチンワークである上に負担が大きいので、整備員の士気が下がりやすいのですが、ここでは整備員の提案を積極的に取り入れるなどして士気を高める試みがされています。それゆえ、海外からの見学者も多く訪れています。

駅ナカビジネスは、駅構内の一部を商業地として利用するもので、駅ビル文化が根付いた日本の鉄道ならではの商業展開です。また、ＩＣ乗車券の電子マネー機能と連携している点がユニークです。

フランス国鉄は、この駅ナカビジネスに注目し、パリのターミナル駅の構内を商業地として活用し、集客効果をあげています。このプロジェクトは新宿駅がモデルになっているので、「プロジェクト・シンジュク」というコードネームで呼ばれており、「都市のブースター（加速装置）」としても位置付けられています。

鉄道関係者によれば、アメリカの鉄道も日本の駅ナカビジネスに注目しているそうです。

日本の鉄道が海外展開する上での鍵となるものは、案外日本で当たり前だと思っていることにあるのかもしれませんね。

以上紹介したことは、他国のニーズに合わせて改良すれば、海外展開における大きな「強み」になる可能性があります。

7・4 「競争」から「融合」へ

競争だけでは生き残ることは難しい

以上紹介した鉄道経営の見直しや海外展開は、日本の鉄道を維持する上で重要になりますが、これらを持続的な発展につなげるには、さまざまな課題があるでしょう。なぜならば、鉄道経営の見直しや海外展開を図ることは、けして容易なことではないからです。

ただし、「競争」から「融合」へと発想を転換すれば、新たな道が開けるでしょう。

日本の鉄道は、これまで他交通や他国との「競争」を重視して発達してきましたが、これからは互いの長所を生かし合い、共存共栄を目指す「融合」が求められます。

なぜならば、日本にも、他の先進諸国にも、「競争」によって交通全体が発達しうる余地がほとんど残されていないからです。それゆえ、他交通や他国とより大人の関係を築き、成熟した国ならではの見本を示すことが、これからの日本の鉄道に求められています。日本は、戦後に急成長を遂げた「成長期」をすぎ、すでに「成熟期」に入っているからです。

では、どうすれば他交通や他国と「融合」できるのか。国内対策と海外対策に分けて説明しましょう。

一国内一　他交通との協調

まず国内対策から見ていきましょう。

第5章でもふれたように、日本では、各交通機関が互いに「競争」し合うことで交通全体が発達してきました。それぞれ独立に発達したため、それぞれの連携があまりとられず、その状況が現在も続いています。言ってみれば、時代ごとに「なりゆき」で交通体系のバランスがとられていたのです。

とくにJR発足直後は、日本の鉄道は他交通との「競争」を重視して、新型車両を導入したり、列車のスピードアップによる所要時間の短縮や列車本数の増発を図ることで、サービスを向上させ、競争力を高めてきました。このような対策は、好景気が背景にあったこともあり、一定の成功をおさめました。

これからはそうはいかないでしょう。複数ある交通機関がそれぞれに今日競争力向上を目指して投資を行うことは、同じ目的で二重、三重にお金を使うことであり、交通全体としては不効率になります。日本はすでに超高齢化社会に突入しており、世界最速のスピードで人口減少が進み、国内交通全体の輸送需要が低下するので、そんな無駄なことはできません。

また、日本の鉄道には、JR発足直後のように競争力を高める余裕はほとんど残っていません。他交通の利便性が向上しているので、今後は新型車両を投入したり、スピードアップを図っても、利用者数が大きく伸びることはないでしょう。

そう、各交通機関が「競争」で個々に発達してきた時代は、もう終わりかけているのです。そこで必要になるのが、各交通機関で協調し合うことであり、交通全体が「融合」することです。ただし、「融合」だけでは解決しない問題もあるでしょう。各交通機関が互いに緊張感を持ち、発展し合うためには、ある程度の「競争」も必要でしょう。

この「融合」と「競争」のバランスがうまくとれれば、日本の交通全体の利便性が高まり、人々がより暮らしやすい社会ができるでしょう。ぜひそうなるよう、各交通事業者だけでなく、国土交通省の手腕にも期待したいところですね。

海外――教えながら教えてもらう

次に、海外対策を見ていきましょう。

鉄道の海外展開と言うと、日本の鉄道で培われた技術やノウハウを、これから鉄道を整備する発展途上国に「教える」というイメージがありますが、実際はかならずしもそうではなく、「教えてもらう」ことも多いようです。

現在は日本の中古電車が東南アジアを走る例が増えており、日本の鉄道会社の社員が保守や修理の方法を現地の人に教えたりしています。ただ、ある鉄道会社の役員からは、実際はこうした国際交流から日本の社員が学ぶことが多く、国内では気づかない文化などのちがいに気づくよい機会になっていると聞きました。

ある電機メーカーの技術者からは、インドでカルチャーショックを受けた話を聞きました。輸出した電気機関車の走行試験を現地でしたとき、そのダイヤが決まっていなかったそうです。この話を聞いたのは10年以上前なので、今の状況とはちがうかもしれませんが、日本よりも時間感覚がおおらかな国はインド以外にもあるそうです。

そこで重要になるのも、「競争」から「融合」への発想の転換です。つまり、「海外に売り込む」というよりは、「世界に溶け込む」という発想に切り替えることです。

日本のやり方にこだわりすぎては、相手国のニーズに対して柔軟に対応できません。海外には日本と文化や歴史、価値観などが異なる国がたくさんあります。そのちがいを受け入れ、相手国が求めるものを一緒に探し、鉄道の発展に貢献する。そういう発想が重要であることは、海外展開の当事者から繰り返し聞きました。

私が自動車のシンポジウムを聴講したときには、「世界に溶け込む」のほかに「ヨーロッパの懐に入り込む」という言葉をよく耳にしたことがあります。鉄道のシンポジウムではあまり聞かない言葉です。

しかし、自動車と鉄道の潮流の中心はともにヨーロッパにあり、日本はそこから基礎技術を学んだ歴史があるので、鉄道の海外展開においてもこの言葉は当てはまることでしょう。少なくとも自動車は、日本の基幹産業にすでになっており、鉄道よりも海外展開の場数を踏んでいる部分があるので、鉄道にとっても参考になる部分はあるでしょう。

その点日立は、「ヨーロッパの懐に入り込む」という考え方を実践している企業だと言えるでしょう。イギリスを足がかりにして、ヨーロッパの鉄道市場に進出し、イタリアの鉄道関連企業も買収して、ぐいぐいとヨーロッパの懐に入り込んでいます。ただ、その発端となるイギリスの鉄道市場に進出するまでには、10年以上の時間をかけて市場調査や交渉を重ねてきたので、「新幹線をはじめとする日本の鉄道技術が評価された」という単純な話ではないようです。

ただし、現時点では、ヨーロッパをふくむ西洋のやり方が世界の潮流の中心となっていますが、それが常に通用するとは限りません。鉄道の話に限らず、いま西洋は自身のやり方に行き詰まりを感じており、山積する課題の突破口を求めています。

もし日本が、西洋の文脈にない試みで突破口を提案できるとすれば、それは世界全体によい影響を与えることができるでしょう。

日本の鉄道にいま求められていることは、それではないでしょうか。

「冬」を越して「春」を迎えるか

もし日本の鉄道が「競争」から「融合」へと発想の転換ができ、社会と交通の変化による苦難を乗り越え、持続的に発展できたら、今では考えられないよい状況が生まれるかもしれません。

本章の冒頭では、日本の鉄道が「冬」の時代を迎えたと述べましたが、四季は1年で循環して巡ってくるので、「冬」の時代の先で「春」の時代を迎える可能性もあるのです。

日本の鉄道は、かつて悲観的な状況を打破した経験があります。戦後に欧米で鉄道が斜陽化し、「鉄道は消えゆくもの」という悲観論が多く語られた時代に、新幹線を誕生させ、世界の鉄道にイノベーションを起こしました。それは、鉄道の輸送需要が高かったのに、在来線の輸送力が不足していたという「弱み」があったからこそできた「挑戦」でした。まさに「禍(わざわい)転じて福となす」を実現したのです。

今後日本の鉄道には、交通や社会の変化による苦難が「禍」として迫ってきますが、これをチャンスととらえて新たなイノベーションを起こすことができれば、「禍転じて福となす」をもう一度実現できるかもしれません。

そもそも日本の鉄道は、第1章でも述べたように、われわれ日本人が思う以上に特殊な存在です。「はじめに」でふれたように、鉄道にとって良好な条件がそろった「夢の国」は、日本以外に存在しないからです。

その特殊さをあらためて客観的に把握し、冷静に分析すれば、新しい可能性が引き出せるかもしれません。たとえば、これまでしていなかった他国や他交通とのコラボレーションをすることで、日本の鉄道の新しい可能性が引き出されることもあるでしょうし、鉄道が古くて新しい交通機関としてふたたび脚光を浴びることもあるのではないでしょうか。

第8章　国際会議で見た日本の鉄道の立ち位置

第7章でふれたように、日本の鉄道にとって海外展開は重要な課題になってきました。

とはいえ、その海外展開はまだはじまったばかりです。日本の鉄道関係者は、「日本の鉄道の何を海外に売り込むことができるのか」だけでなく、「どうすれば世界の鉄道の潮流に乗ることができるのか」を探っている最中にあります。

「日本は新幹線をつくったから世界的に注目されているはず」などという甘い考えは、世界の鉄道市場では通用しません。それゆえ日本では、むやみに「日本の鉄道は世界一」と持ち上げたりせず、海外展開の行方を冷静な目で見守ることが求められるでしょう。

私がそう書いた理由は、鉄道関連の国際会議に行くとよくわかります。「日本の鉄道が世界からどう見られているか」や、「世界の鉄道の潮流のなかで日本の鉄道はどのような立ち位置にいるか」を、肌で感じることができるからです。

そこで最後となる本章では、2つの国際会議の様子をご紹介します。2015年に東京で開催された「第9回UIC世界高速鉄道会議」と、2016年にドイツのベルリンで開催された「イノトランス２０１６」です。どちらも鉄道関連では世界最大規模の国際会議で、会議と展示会がセットになっています。

ぜひ自分が２つの会場を歩く姿を想像しながら読んでみてください。日本で行われる他の会議や展示会とは少しちがう雰囲気をおおまかに感じていただけるでしょう。

8・1　第9回UIC世界高速鉄道会議

最初に紹介するのは、２０１５年に東京で開催された「第９回ＵＩＣ世界高速鉄道会議」です［写真8－1］。主催者が発表した概要は、表８－１の通りです。

参加国は現在の高速鉄道の保有国数よりも多いので、今後高速鉄道を導入したいと考えている国も参加したことがうかがえます。

高速鉄道発祥の国、日本での初開催

「世界高速鉄道会議」は、高速鉄道に特化した国際会議では世界最大規模で、国際鉄道連合（ＵＩＣ）が主催者となり、１９９２年から数年おきに開催されています。これまでヨーロッパの主要都

写真8-1　第9回UIC国際高速鉄道会議の展示会場

第9回UIC世界高速鉄道会議 9th UIC World Congress on High Speed Rail	
テーマ	Celebrate the past, Design the future （過去を祝し、未来を描こう）
主催	国際鉄道連合（UIC），JR東日本
会場	東京国際フォーラム（東京都千代田区）
会期	2015年7月7日〜10日（4日間） 会議・展示：7〜9日 非公開見学会：10日（テクニカルビジット）
会議参加者	40カ国／1,200人
展示会来場者数	3,000人

表8-1　第9回UIC世界高速鉄道会議の概要

市や中国の北京を巡回して、今回初めて日本で開催されました。もともとはヨーロッパの高速鉄道について話し合う国際会議でしたが、のちに世界の高速鉄道に関する国際会議となり、ようやく高速鉄道発祥国と言える日本にやってきました。

会議と展示会の会場となった東京国際フォーラムは、交通の便がよい場所にある国際会議場で、日本や東京の鉄道の特殊性やユニークさがよくわかる場所でもありました。敷地のすぐ横に、東京駅と有楽町駅を結ぶ線路があり、そこを10両編成以上の通勤電車が最短2分30秒間隔、東海道新幹線の16両編成の列車が最短3分間隔で走り抜ける。このような大量かつ高密度な旅客輸送を目の当たりにできる国際会議場は、おそらく世界でもここだけでしょう。

建物のロビーに入ると、そこには新幹線を紹介する展示だけでなく、大きな竹が数本置いてあり、枝に色とりどりの短冊がぶらさがっていました。そう、七夕飾りです。ちょうど開催初日が七夕の日（7月7日）だったので、日本文化の一つとして展示したのでしょう。

受付のカウンターに行くと、そこには黒っぽいスーツを着用した若い男女が立っており、襟に緑の社章をつけていました。ＪＲ東日本の若手社員です。この会議は東京で開催されたため、ＪＲ東日本がホストとして主催者に加わりました。

ただし、会場で「日本らしさ」を感じるのはこのロビーだけです。この先は、日本にいることを忘れてしまいそうな空間が広がります。

世界各国から集まった鉄道関係者

受付を終えて、大きなホールに一歩足を踏み入れると、そこは世界の会議場。一堂に会した人たちの国籍や人種はバラバラで、ほとんどの人がスーツを着用しています。顔つきが日本人っぽい人がいても、中国語や韓国語を話していることが多く、たまに日本語を話している人を見つけるとちょっと安心するほどです。

それは、その他の会場でも同じ。たとえば地下にある広い展示ホールには、各国の企業・団体が出展した展示スペースのほかに、ランチ会場もあるのですが、そこを歩く人の人種もバラバラ。もちろん、展示スペースには日本の企業・団体も出展しているので、そこに行けば日本語が通じますが、それ以外ではほとんど通じません。参加者の多くは英語を話しています。

正午が近づくと、多くの人がランチ会場に集まります。ランチはテイクアウト方式で、メニューはパンを主食とする洋食のみ。会場が日本でも、日本食は3日間で一度も提供されません。

各会議場の外側には休憩スペースが設けられ、コーヒーやチョコレート、クッキーなども提供されます。会議が終わったあとに、参加者が集まり、コーヒーブレイクができる環境が整っています。

日本の会議や展示会とは様子がちがうと思う人もいるでしょう。これは国際会議なので、開催地が日本であってもやり方は日本式ではなく西洋式なのです。ただし、夜に開催された懇親会だけは、海外からの来場者をもてなすための日本的なパフォーマンスがありました。

会場はまさに社交の場

これは、あくまでも感覚的なことですが、会場全体には不思議なほど居心地がよい雰囲気が漂っていました。先ほど紹介したように、参加者の国籍や人種はバラバラなのですが、それを受け入れる懐の深さを感じるのです。また、その場にいると、さまざまな国の人たちが、高速鉄道の有無や導入時期の前後に関係なく、互いに尊重し合い、助け合い、高め合おうとしているのがわかります。そのような雰囲気を、参加者全員が醸し出しているのでしょう。

ここはまさに「競争」よりも「融合」を重視した社交場だと言えるでしょう。各国が得意不得意をふくめた立ち位置を確認し合い、情報収集する場であり、遠く離れてふだん会えない人と直接話せる場でもありました。

ランチ会場や、各会議場の休憩スペースでは、あちこちでさまざまな国の人が談笑していました。そこでは、久々に再会したのか、駆け寄ってかたい握手を交わし、肩を叩き合う姿もありました。独特ななまりがある英語が聞こえても、それらを問わない和やかさもありました。ネットで多くの情報が入手できる時代になっても、こうした直接的なコミュニケーションができる場はまだまだ貴重なのでしょう。

そのためか、展示会場では、大きな談話室を備えたブースが複数あり、人々がコーヒーカップを片手に談笑したり、しっかりと向かい合って商談をしている姿がありました。その多くがヨーロッパの鉄道事業者や企業のもので、フランス国鉄のようにブース全体のほとんどを談話室にした出展者もいました。スマートフォンでも確認できる細かい情報を展示するよりも、コミュニケーションの機会を増やすほうを優先したのでしょう。

各国の展示方法からも、地域のちがいが感じられました。ヨーロッパ勢の展示はシンプルで、パネルが少なく、それらに記された情報量が少ないという傾向がありました。いっぽう日本の展示はパネルが多く、文字や図、写真がぎっしりと載っているものが目につきました。鉄道に限らず、日本の展示会はこのような展示が当たり前ですが、ヨーロッパ勢の展示とは対照的です。

高速鉄道にかんする危機感を世界が共有

大きなホールでは、世界各国の鉄道関係者が集まり、「過去の50年」と「今後の50年」というテーマで会議が行われました。高速鉄道の元祖である新幹線が誕生してから50年以上経ったので、過去を振り返り、未来を展望しようというのが趣旨です。

この会議で共有されたのが、「鉄道は他交通よりもIT対応で遅れている」という認識でした。参加者を対象にして「航空・道路交通・鉄道のなかでもっともITの進化に対応した（する）交通機関はどれか」というアンケートをとったところ、鉄道は「過去の50年」では最下位で、「今後の

50年」では2位でした［図8－1］。これまでのIT対応の遅れを取り戻したいという危機感を反映した結果と言えるでしょう。

いっぽう、小さな会場で行われた「競合」というセッションでは、他交通との競合について話し合われました。

ここで印象的だったのが、フランス国鉄の講演者が示した強い危機感でした。フランスでは、従来鉄道を保護するために行われてきた長距離バスに対する制限が緩和されました。また、ヨーロッパでは、近年航空業界が大規模なキャンペーンを行い、「航空機は予約が簡単で安い」という印象が根付きました。それゆえ長距離輸送を担う高速鉄道が打撃を受けたと言います。

フランスは、これまで世界の高速鉄道をリードする存在でしたが、今は大きな転換点を迎えたようです。

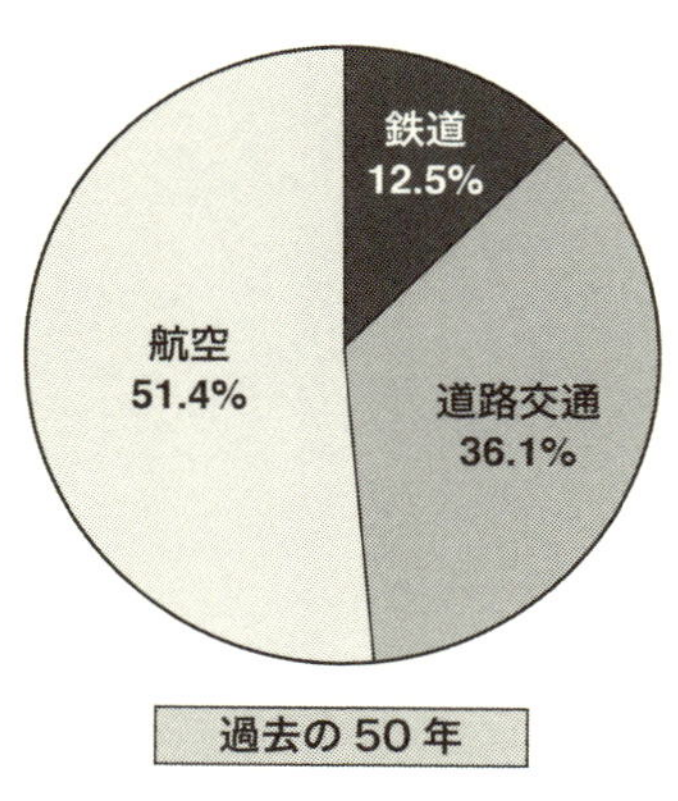

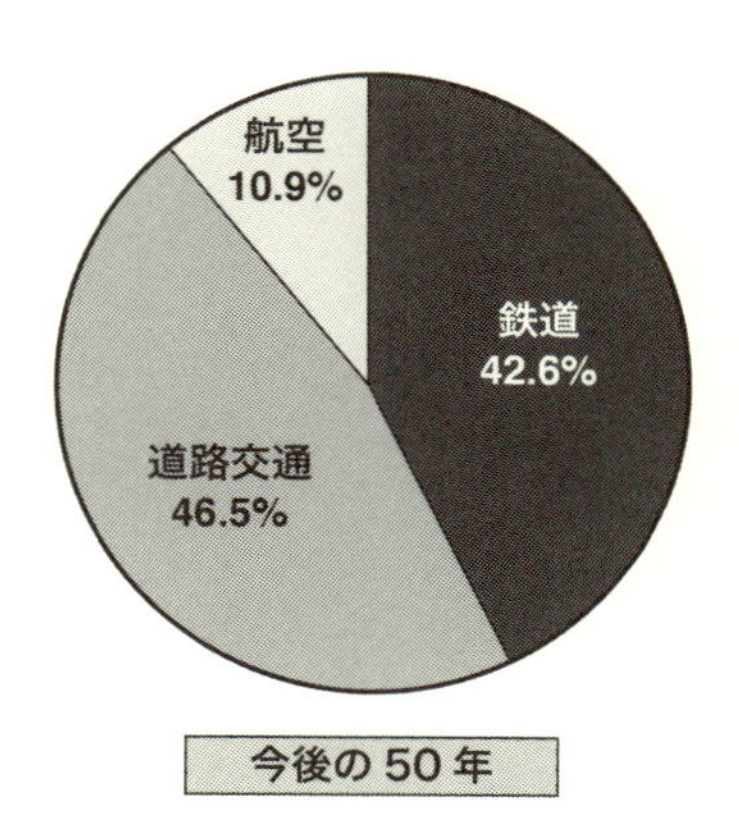

※道路交通：バスと乗用車

図8-1　アンケート「航空・道路交通・鉄道のなかでもっともITの進化に対応した（する）交通機関はどれか」の結果（第9回UIC世界高速鉄道会議）

新幹線を売り込む商機だったのか

この国際会議は、最初の高速鉄道が生まれた日本で開催され、新幹線があらためて世界に注目される機会になりました。それゆえ会期初日のオープニングセレモニーでは、安倍晋三首相や太田昭宏国土交通大臣（当時）が日本の新幹線の優位性をアピールしましたし、展示会には多くの日本企業が出展しました。

しかし、だからと言って日本勢がこれを商機ととらえ、新幹線の売り込みに躍起になれば、会場で完全に浮いてしまい、せっかくの和やかな雰囲気を壊してしまいます。そのことは、前述した雰囲気からもおわかりいただけるでしょう。

ところが日本国内の報道では、この国際会議が、新幹線の売り込みやアピールをする場であることを強調するものが目立ちました。もちろん、そう報じたほうがわかりやすく、関心を持つ人が多くなるかもしれませんが、実際はそうではなかったのです。

日本は、こうした場でどのように立ち振る舞えばよいのでしょうか。

「わが国は世界最初の高速鉄道をつくった」と、半世紀以上前のサクセスストーリーを語り、胸を張り続けるか。それとも自らの立ち位置を踏まえて、鉄道技術の先導者を立てつつ、これから高速鉄道を取り込んで育てる国々を温かく見守るか。

今は、それをあらためて考えるときなのかもしれません。

8・2 イノトランス2016

次に紹介するのは、2016年にドイツのベルリンで開催された「イノトランス2016」です[写真8－2]。主催者が発表した概要は、表8－2の通りです。

先ほど紹介した「第9回UIC世界高速鉄道会議」とくらべると、規模が明らかに大きいです。会期は同じ4日間であるのに対して、参加者数は前者の展示会来場者数（3000人）の約48倍で、展示は屋内のみならず屋外にもあり、鉄道車両やバスの実物が置かれているのです。これだけでも規模が大きいことがおわかりいただけるでしょう。まる1日かけて歩いても周りきれない規模です。

1日ではとても巡回できない巨大展示会

「イノトランス」は、鉄道関連の国際会議としては世界最大規模で、偶数年の9月にベルリンで開催されています。

ただし、バスが展示されていることからもわかるように、これは鉄道だけの国際会議ではありま

写真8-2　イノトランス（ドイツ・ベルリン）

イノトランス 2016 InnoTrans 2016	
主催	メッセ・ベルリン社
会場	メッセ・ベルリン（ドイツ・ベルリン）
会期	2016 年 9 月 20 日～23 日（4 日間）
展示出展者	60 カ国／ 2,955 団体
会議参加者数	160 カ国／ 144,470 人
屋外展示鉄道車両	149 両

表8-2　イノトランス2016の概要

せん。公式パンフレットの表紙には、「交通技術の国際見本市、革新的な構成要素・車両・システム」と英語で記されていますし、シンボルマークには、立体交差する鉄道と道路が描かれています。また、「イノトランス」という名称は、そのスペルからイノベーション（革新）とトランスポート（交通）に由来する造語と考えられるので、テーマを鉄道に限定しておらず、陸上の公共交通全般を扱っているようです。

ただし、実際の会場は鉄道技術に焦点を当てた展示が圧倒的に多いので、在日ドイツ商工会議所は「イノトランス」を「国際鉄道技術専門見本市」と和訳しています。

会議と展示会の会場は、交通の便のよい場所にある国際展示場（メッセ・ベルリン）です。

初めて訪れると、その規模の大きさに圧倒されます。会場案内図［図8－2］では、簡単に一巡で

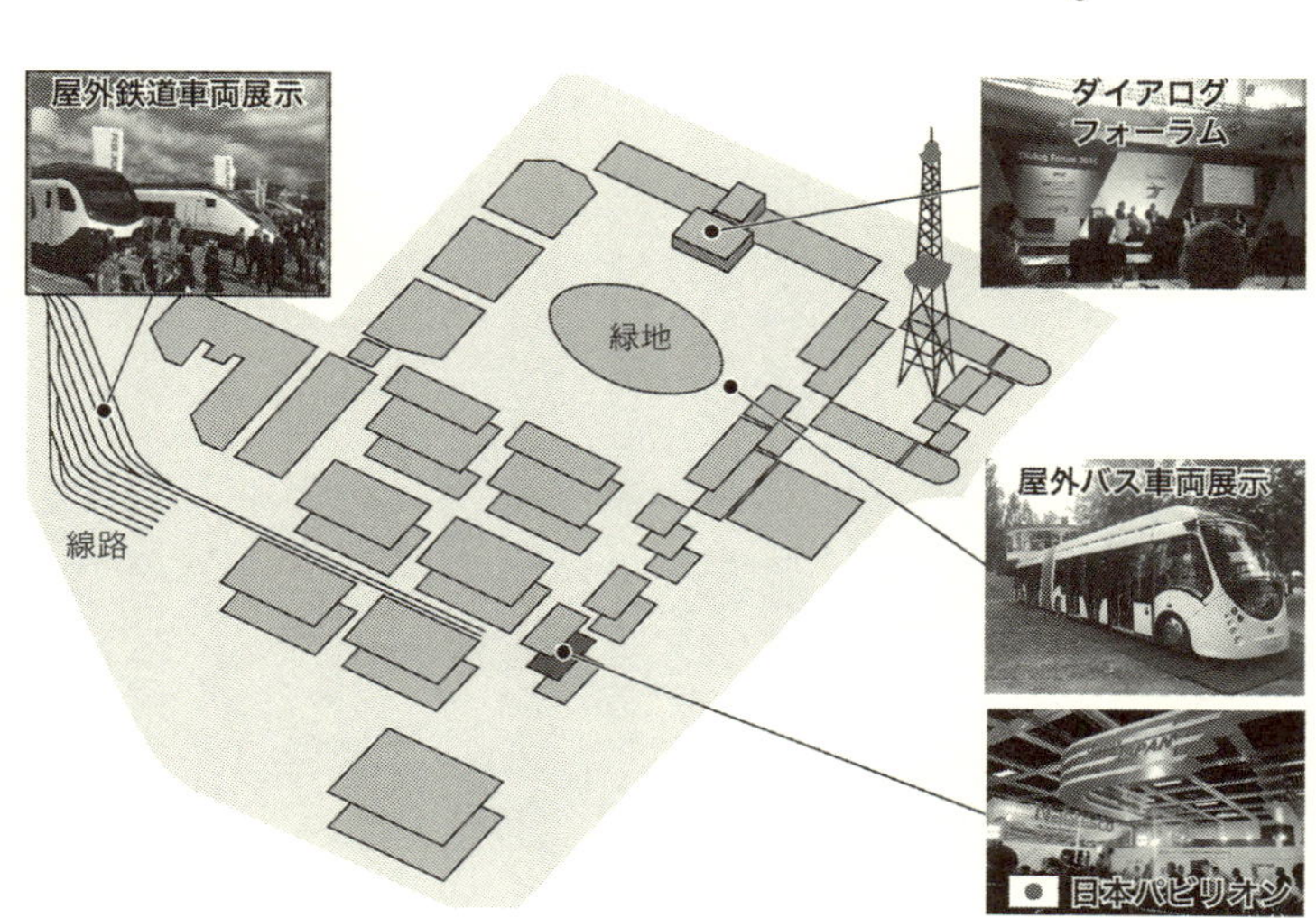

図8-2　イノトランスの会場

きそうに見えますが、それは全体を縮小表示しているからであり、先ほども述べたように、まる1日歩いても周りきれません。私は3日間急ぎ足で歩きましたが、それでもすべての展示を見ることはできませんでした。

ここでは、広大な敷地に30近い巨大な展示ホールが建ち並んでおり、そこに展示フロアが46あり、屋内の総展示面積は16万平方mに及びます。これは、日本最大の国際展示場である東京ビッグサイトの屋内展示場（9・5万平方m）の約1・7倍に相当します。

世界の鉄道車両149両が集結

「イノトランス」の最大の見せ場と言えば、なんと言っても屋外の鉄道車両展示です［写真8－3］。鉄道に興味がある人なら、ネットや雑誌で、世界各国の鉄道車両が一堂に会した写真を見たことがあるでしょう。

そこは、まるで世界の鉄道を凝縮した車両基地です。そ

写真8-3　世界の鉄道車両が集まった屋外車両展示

こには1番線から10番線まで番号が振られた線路（全長3500m）があり、鉄道車両の実物がずらりと並べてあります。他の屋外イベントにも使えそうな広場ですが、人が歩きやすいように、アスファルトやタイルで舗装された場所にレールが埋め込んであるので、まるで2年に一度の「イノトランス」のためだけに用意されたような施設ですね。

ここでは、走る地域が異なる鉄道車両たちが一堂に集まっています。「イノトランス2016」では、ここに世界各国から集まった149両が展示され、そのうち140両が世界初公開でした。その多くは旅客用車両でしたが、貨車や機関車、保線作業車もありました。展示鉄道車両のほとんどはヨーロッパの国々で使われるもので、日本や中国、韓国などのアジア勢が出展した車両はありませんでした。

屋外には、鉄道車両だけでなくバスの展示場もありました。周回する道路（全長500m）では、メーカー各社が開発した最新鋭の電気バスが静かに走っていました。

研究熱心でバイタリティーある中国人

鉄道車両の展示場では、世界各国から集まった大勢の参加者が歩いています。

そのなかでも目立つのが、中国人です。顔つきは日本人と似ていますが、話す言語でだいたいわかります。

この展示場では、日本人を見かけることはまれでしたが、中国人は人数が多く、いつもどこかにおり、男性のみならず、女性も多くいました。

中国人のなかには、グループ行動をしている人たちが大勢いました。上司と思われる年配者が、若者数人を引率して歩いているのです。まるで日本の修学旅行のようです。

中国人のなかには、上司と思われる女性がおり、ヨーロッパの企業の要人らしき人を見つけるたびに、積極的に英語で話しかけていました。おそらく若者にコミュニケーションのお手本を示しているのでしょう。

研究熱心な中国人も多く見かけました。彼らは展示してある鉄道車両を丁寧に観察し、車体の下にある台車や床下機器などを下から覗き込み、部品を触り、写真を撮り、スマートフォンや手帳にメモを残していました。たしかにここは、技術的なノウハウが詰まった部分を直接見て触れることができる絶好の場所と言えるでしょう。

私は、彼ら彼女らから、今の日本人からはあまり感じることがないバイタリティーや、国の勢い、そしてなんとかして鉄道の潮流の懐に入り込もうとする強い意志をひしひしと感じました。

おそらく日本人も、かつてはそうだったのではないでしょうか。

「ハイパーループ」と「リニア」

次に、建物に入って屋内展示を見てみましょう。

会場になった46の展示フロアは分野ごとに分けられており、それぞれに各国の企業や団体の展示ブースが並んでいました。つまり、鉄道技術全般、インテリア、鉄道施設全般、トンネル、公共交通、職員教育などというように、分野ごとに展示フロアが設けられ、それぞれに展示ブースが配置されたのです。

ところが、「イノトランス２０１６」では、日本で「リニア」と呼ばれる磁気浮上式鉄道（マグレブ）の展示や会議はありませんでした。

じつは、「マグレブ２０１６」と呼ばれる磁気浮上式鉄道専門の国際会議が別にあります。２０１６年だけは「イノトランス２０１６」の併催会議の１つとして組み込まれたものの、同じ会場（メッセ・ベルリン）で日程をずらして開催されていたのです。それは２フロアを会場に使うだけの小規模なものでした。

いっぽう、第４章で紹介した「ハイパーループ」は、「リニア」と同様に鉄輪式の鉄道ではないにもかかわらず、その展示や講演は「イノトランス２０１６」の会場で行われました。

なぜ「イノトランス２０１６」の会場では、「ハイパーループ」が扱われ、「リニア」が除外されたのでしょうか。

その詳細な理由はわかりませんが、「ハイパーループ」が公共交通にイノベーションを起こすものとして期待され、世界の鉄道関係者から注目されていたのはたしかでしょう。

「イノトランス２０１６」における「ハイパーループ」の講演では、開発の計画や進捗、そしてフランス国鉄やドイツ鉄道などが開発パートナーに加わっていることなどが具体的に述べられました。また、フィンランドの代表者も登壇し、導入を検討する理由や導入効果について述べていました。

先に紹介した「第９回ＵＩＣ世界高速鉄道会議」では、「ラウンドテーブル（大会議）」や「エンディングセレモニー（閉会式）」のステージのスクリーンに、「ハイパーループ」のイメージイラストや、提唱者のイーロン・マスク氏の顔写真がたびたび映し出されました。

これらを見る限り、「ハイパーループ」はたんなる荒唐無稽な絵空事とは言い切れないようです。

カクテルバーやライブハウスのような展示ブース

展示フロアには、さまざまな業種の展示ブースが並んでおり、大きく分けて3つのタイプがありました。製品展示・パネル展示・談話室をそれぞれメインにしたタイプがあったのです。

製品展示をメインとしたタイプは、言うまでもなくメーカーです。やはり実物を見せたほうが説明しやすいからでしょう。

ヨーロッパのメーカーのなかには、機関車用動力の実物を展示しているところがありました。展示されたディーゼルエンジンやモーターのなかには、日本で使われているものよりはるかに大柄かつ重そうなものがありました。もしそれらを日本の狭軌の機関車に導入したら、軸重制限を突破するでしょうし、モーターも狭軌台車にはとても収まらないでしょう。しかし、それらを積んだ機関車は、世界の多くの国で走っているのです。

パネル展示をメインにしたタイプは、情報システムのように、実物では説明しにくいものを紹介するものでした。それらは、ヴィジュアルが豊かなものが多く、通路を歩いていて目に入ると、つい近づいて見たくなるものもありました。

このタイプには、大学の研究グループの展示もありました。日本でも、同様の展示が自動車技術展などにありますが、鉄道技術展ではまだほとんどないようです。

談話室をメインにしたタイプは、来場者とコミュニケーションを図ることを主目的としたもので、「第9回UIC世界高速鉄道会議」で見たフランス国鉄の展示ブースのように、スペースの大部分を談話室にしたものでした。

このタイプには、まるでカクテルバーやライブハウスのような展示ブースもありました［写真8－4］。スペース全体を屋根で覆って、ソファーが並んだ場所を紫色のライトで照らしたり、ミュージシャンがサックスやギターを演奏するところもあり、そこに人々が集まっていました。各企業の特色を示した展示が多いなかにこのような空間があると、つい入って居着いてしまいそうですが、その分出展者との会話も弾みそうです。

なお、製品展示やパネル展示をメインにしたタイプでも、小さな談話室や、クッキーやケーキが提供されるスナックコーナーを設けたところがありました。そこで出展者の人に話しかけると、展示について丁寧に説明してくれます。会話が弾むと、そのあと名刺交換したり、「どうぞ食べて」とクッキーやケーキを勧められます。私は見学に来たフリーライターにすぎませんが、もし日本企業の人間であれば、商談のため談話室に通されたかもしれません。

屋内の展示フロアを歩いている人の多くは男性ですが、女性も少なからずいました。日本では、鉄道業界と言うとまだまだ男性中心の世界というイメージを持つ人も多いでしょうが、各展示ブースに立つ人の中には専門的なことをくわしく説明してくれる女性が少なからずいました。

もちろん、日本の鉄道関連企業にも専門知識を持った優秀な女性もいますし、今は増えつつあります。ただ、「イノトランス２０１６」の会場を見渡すと、海外には日本よりも活躍する女性が多い国があることに気づかされます。

写真8-4　カクテルバーのような展示スペース

鉄道をふくむ公共交通の発展には、人口の半分を占める女性の意見が欠かせないはずです。日本の鉄道関係者にも、他国のように女性が増えてほしいですね。

1フロアを独占した日本パビリオン

各展示フロアでは、基本的に国籍に関係なく展示ブースが配置されましたが、国別に展示を集約したフロアもありました。「シティー・キューブ・ベルリン」と呼ばれる建物のフロアには、国単位の展示ブースがあり、それぞれの国旗が飾られていました。

ただ、参加国で唯一、1つのフロアを独占した国がありました。それが日本です。

そのフロアの名は「ジャパニーズ・パビリオン」〔写真8－5〕。その中央には、日本鉄道システム輸出組合（JORSA）の看板（「クオリティ・ジャパン」の文字もあり）を掲げた大きなスペースがあり、その周りを展示ブースたちが取り囲んでいました。大きなスペースの大部分は談話室で、奥には飲食物を提供するカウンターがありました。

ここでは、14の企業・団体の展示が一堂に会しました。「イノトランス2016」に出展した日本企業のなかには、JR東日本や日立製作所のように、他のフロアに広い展示ブースを設けた例もあったいっぽうで、同じ国の展示が一箇所に集まっている様子は、会場全体から見て珍しく映りました。

日本文化でおもてなしをする演出もありました。中央の大きなスペースで、着物姿の女性たちが日本舞踊や茶道お点前を披露し、来場者に寿司や日本酒が配られたのです。奥のカウンターには寿司職人が立っており、入口では着物姿の女性がパンフレットの配布もしていました。「ジャパニーズ・パビリオン」に集まった人のなかには、寿司を目当てで来ている人や、着物姿の女性と記念撮影をする人もいました。

　これだけ日本文化を紹介すれば、来場者に日本に対する強い印象が残るでしょう。ここまで自国の文化を披露した参加国は、ほかにないからです。ただし、日本の鉄道の特徴や「強み」がわかるフロアだったかと言うと、疑問が残ります。

　これは私の感想ですが、先にヴィジュアルが豊かな他国の展示を見てしまうと、文字が多い日本の展示は印象に残りにくいと感じました。もちろ

写真8-5　ジャパニーズ・パビリオン

ん、日本の色鮮やかな新幹線電車の模型を展示するなど、ヴィジュアルの工夫もありましたが、着物姿の女性が配布していたパンフレットは文字中心で、そこに記された日本の鉄道の特徴が直感的に把握しにくいと感じました。日本は鉄道事業者が多く、各社の車両を偏りなく大きな写真で紹介するのが難しいなど、さまざまな事情があるでしょう。

ただ、大都市での大量高密度旅客輸送の様子がわかる大きな写真が1枚でもあると、日本の鉄道の特殊性が来場者に伝わりやすいのではないかと思いました。

公共交通の将来を話し合う会議

最後に屋内の会議場に入ってみましょう。

会議場では、「イノトランス・コンベンション」と呼ばれる併催会議が開催されていました。公共交通の関係者が集まり、その将来について議論する場です。

ここでの議論は、鉄道にかならずしもこだわらないものでした。乗用車による個別交通の状況や、航空の状況が刻々と変化するなか、鉄道やバスはどうあるべきなのかを探るものだったのです。

そのため、「ベストチョイス（最善の選択）」と「イノベーション（革新）」という言葉をよく聞きました。つまり、地域ごとに最適な交通手段を選択したり、公共交通全体の利便性を高めるためにどのような革新が必要であるのかが話し合われたのです。鉄道を中心として議論された「第9回U

ＩＣ世界高速鉄道会議」とは、その点が大きく異なります。

なお、会議の言語は、一部英語で、その他はドイツ語でした。「イノトランス・コンベンション」の中核となる「ダイアログ・フォーラム」では、主催者がドイツの交通関連の4団体と欧州鉄道産業連盟（ＵＮＩＦＥ）だったこともあり、ドイツ語で議論され、通訳は英語のみでした。

この会議では、先述した鉄道におけるＩＴ対応の遅れについても話し合われました。ドイツのある大学教授は、「大学でＩＴを学んだ学生の多くは、ダイムラーやフォルクスワーゲンなどの自動車メーカーに就職して、知識を自動運転の実現に生かすことを希望するので、鉄道業界に就職する人が少ない」と語り、ＩＴ技術者の確保の難しさに危機感を示しました。同じことは、ドイツと同様に自動車産業が基幹産業になっている日本に関しても言えるかもしれません。

白熱した質疑応答もありました。まるで喧嘩をしているかのように講演者と聴講者が早口でドイツ語を話すので、通訳が追いつかないようなこともあったのですが、この2人は会議のあと、近くに設けられた休憩所でコーヒーを飲みながら談笑していました。

日本の鉄道は何ができるのか

さあ、いかがだったでしょうか。

本章では、それぞれの会場の雰囲気をよりリアルに感じていただくため、私が実際に行ったときの主観や感想もふくめて紹介しました。日本で開催される多くの会議や展示会とは雰囲気がだいぶちがうことはご理解いただけたかと思います。

ここで紹介したかったのは、本章の冒頭で紹介したように、世界の鉄道における日本の鉄道の総合的な立ち位置です。

ただ、実際に国際会議を目の当たりにすると、それを探ることが、世界規模で見るとはるかに小さなことに思えるかもしれません。そもそも「日本の」鉄道というように、国を限定して鉄道を語ったり、「日本の鉄道は世界で戦えるか」を問うこと自体ナンセンスだとも思えるでしょう。

世界にはさまざまな国があり、どこの国も鉄道や公共交通に関して多くの課題を抱えており、それを克服するための突破口を探しています。だからこそ、さまざまな国が集まって、それぞれの特色を互いに認め合いながら協力し合い、解決の糸口を見つけようとしています。

そのなかで日本の鉄道は何をすべきなのか。それは、自分の立ち位置を探るだけでなく、それをわきまえた上で世界各国と交流し、互いに学び、提案し合うことでしょう。それは日本の自動車産業のように、すでに海外展開をしている業種では当たり前でも、日本の鉄道産業では、やっと本格的にはじめたばかりなのです。

だからこそ、日本の鉄道を「世界一」などとむやみに持ち上げて過剰に期待せず、その行方を冷静な目で見守ることが、日本の鉄道の発展のために必要なのではないでしょうか。

おわりに

「イノトランス２０１６」を取材して、ベルリンから東京に戻るときのことです。中継地のドーハに向かう途中、機内で隣に座る人から突然英語で話しかけられました。

「失礼ですが、日本人の方ですか？」

「そうですよ」と答えると、彼はやや興奮気味にこう言いました。

「僕はいつか日本に行ってみたいです。日本の工業製品はとてもクールでクリエイティブ（独創的）なものが多いので、日本にとても興味があるのです。」

その言葉は私にとっては驚きで、思わず「リアリィ（本当）？」と聞き返しました。日本の製造業は、明らかにかつての勢いを失っていたからです。

彼は30代ぐらいのドイツ人男性で、ベルリンの研究所で働く化学技術者。これからタイのプーケットに一人で向かい、現地で友人と合流して、観光を楽しむのだと言います。

ベルリンは化学研究で先駆した都市であり、多くのノーベル化学賞受賞者を輩出した街。私が大学院時代にそこで記された論文や資料を読み、憧れた街でもあります。

そんな街で化学技術者として働く彼に、まさか日本の工業製品が褒められるとは思いもしませんでした。ドイツでは、日本のことはあまり知られていないと聞いていたからです。

私の英会話能力はけっして高くありませんが、後述するように前職が化学メーカーの技術者だったこともあって彼とは話が合い、気がつけば機内食を食べながら長時間雑談をしていました。

そのときふと思い浮かんだのが、「禍福は糾える縄の如し」と「隣の芝生は青い」という言葉でした。ドイツと日本にはそれぞれ「強み」と「弱み」があり、時代とともにそれらが変化し、第7章の最後で述べた「禍」と「福」のように入れ替わってきたのに、見た目では現在と過去をふくめて、互いのよい面ばかりが気になってしまうと感じたからです。

私はこれをきっかけにして、もっと海外に目を向け、日本という国を客観視するべきだと感じました。


本書は、まさに海外に目を向けて書いたものです。日本の鉄道だけでなく、できるだけその外側にあるものを注視してまとめました。

本書を記したのは、職業柄、日本の鉄道の立ち位置を意識せざるを得ない立場だったからです。

私は、現在交通技術ライターとして活動しています。鉄道などの身近な交通機関を通して技術を一般向けに紹介する活動を10年以上続けてきました。

動機はシンプルで、より多くの人に科学や技術に興味を持ってほしいと思ったからです。

そのため、学生時代から、今で言う「サイエンスコミュニケーター」、つまり、科学や技術のことを一般向けに翻訳する職業に就きたいと考えていました。ところが、当時の日本では、そのような職業がほとんど認知されていませんでした。

そこで、まずは大学や大学院で学んだ化学の知識を生かそうと考え、化学メーカーに入社し、技術者として従事しました。そこで日本の製造業や、研究開発の現場の現状を目の当たりにしたことや、安全に関する教育を受けたことは、のちに大きな糧となりました。

その後は独立し、フリーランスのライターとなりました。もとの専門である化学ではなく、交通機関の技術を紹介する仕事をはじめたのは、乗り物を通したほうがより多くの人に科学や技術に興味を持ってもらえると思ったからです。

もちろん、私のような者が専門外である交通の技術を語ることは、本来好ましくありません。そもそも交通の技術者に失礼です。

そこで私は、取材を繰り返すことで、交通の技術や現場に直接関わる人々の話を注意深く聞き、現場を訪れ、少しずつ交通のことを学び、関係者の協力を得て、技術の話を一般向けに翻訳してきました。そのおかげで、交通の各分野の当事者と知り合うことができました。

化学メーカーの工場で勤務していたころに先輩社員から学んだ「机上で考えるな。まずは現場に行って現物を見て当事者の話を聞いて来い」という教えは、このとき大いに生かすことができました。また、専門外の立場から現場にアプローチしたことは、交通技術を客観視する上でも役立ちました。

私は取材を繰り返すうちに、あることに気づきました。鉄道に対する一般的なイメージと現実が大きく乖離(かいり)しており、人々に過大評価されている点があることに気づいたのです。

なぜそうなのか。私はそのことに疑問を抱き、意図的に日本の鉄道から離れ、鉄道以外の交通機関や、海外の鉄道を取材するようになりました。鉄道に関しては子供のころから興味があったいっぽうで、鉄道趣味の観点から離れないと鉄道の本質が見抜けないと気づいたからです。

そこで日常生活の移動を極力自動車にシフトし、道路や空港、港湾なども取材したり、東京という都市で鉄道が特異的に発達した理由に迫る試みをしました。そのおかげで、自動車や道路、交通全体、そして都市計画に関する本も書けました。

それが結果的に日本の鉄道を客観視し、その立ち位置を探るきっかけとなりました。本書は、その検証結果をまとめたものです。

もちろん、本書で書いたことが、海外から見た日本の鉄道のすべてを示しているとは思っていません。ただ、これまで鉄道に関してふれにくかった話が存在したことだけでも知っていただき、身の回りの交通の将来について考えるきっかけにしていただけたら、嬉しい限りです。

なお、内容については、できるだけ正確かつ客観的に記したつもりですが、もし誤りなどあれば、ご指摘いただけると幸いです。

本書の執筆にあたっては多くの方からお力添えをいただきました。内容については、鉄道の当事者だけでなく、他交通の当事者からもご助言をいただきました。なかには忙しいところ長時間のディスカッションや長電話、長文メールのやり取りに応じ、私の「なぜ？」という基本的な問いかけに丁寧に答えてくださった方もいました。そして、草思社の久保田創さんの的確なアドバイスと忍耐のおかげで、このような難解なテーマでようやく1冊の書籍にまとめることができました。
これらの人たちがいなければ、本書は世に出ませんでした。この場をお借りして厚く御礼申し上げます。

2018年1月　川辺謙一

第5章

[5-1]　佐藤芳彦著『空港と鉄道—アクセス向上をめざして』成山堂書店、2004
[5-2]　ヒースロー空港ウェブサイト https://www.heathrow.com
[5-3]　パリ空港ウェブサイト http://www.parisaeroport.fr
[5-4]　ベルリン空港ウェブサイト http://www.berlin-airport.de
[5-5]　フランクフルト空港ウェブサイト https://www.frankfurt-airport.com
[5-6]　国土交通省「航空旅客動態調査」図13 http://www.mlit.go.jp/common/001044164.pdf
[5-7]　https://upload.wikimedia.org/wikipedia/commons/e/e5/DTTX_724681_20050529_IL_Rochelle.jpg
[5-8]　羽鳥幹夫「4トントラックのピギーバック輸送」交通技術、1986.12
図5-2, 3, 4, 5, 6：[5-2, 3, 4, 5]を参考に作図
図5-8：[5-6]図13
写真5-4：[5-7]
図5-9：[5-8]を参考に作図

第6章

[6-1]　上浦正樹・須長誠・小野田滋共著『鉄道工学』森北出版、2000
[6-2]　http://company.jr-central.co.jp/company/achievement/eco-report/_pdf/P17-P22.pdf
[6-3]　産業計画会議第4次レコメンデーション『国鉄は根本的整備が必要である』1959
[6-4]　産業計画会議第16次レコメンデーション『国鉄は日本輸送公社に脱皮せよ』1968
[6-5]　田中角栄著『日本列島改造論』日刊工業新聞社、1972
図6-2：[6-1]図1.2

第7章

[7-1]　国土交通省「第1回　鉄道分野における新技術の活用に関する懇談会」配布資料、平成29年4月20日付
図7-1：[7-1]「日本の人口の推移」を参考に作図

第8章

[8-1]　第9回UIC世界高速鉄道会議ウェブサイト http://www.uic-highspeed2015.com（現在閲覧不可、http://www.uic-highspeed2018.comで過去データ公開）
[8-2]　イノトランスウェブサイト https://www.innotrans.de
[8-3]　InnoTrans2016 Report, No4, October 2016
表8-1：[8-1]を参考に作成
表8-2：[8-2, 3]を参考に作成

特記以外の写真・図：筆者撮影・作図

おもな参考文献と図版出典

全章共通

［0-1］ クリスティアン・ウォルマー著　安原和見・須川綾子訳『世界鉄道史―血と鉄と金の世界改革』河出書房新社、2012

［0-2］ 山之内秀一郎著『新幹線がなかったら』朝日文庫、2004

［0-3］ 国土交通省鉄道局監修『数字で見る鉄道　2012年度版』運輸総合研究所、2012

第1章

［1-1］ 矢島隆・家田仁編著『鉄道が創りあげた世界都市・東京』計量計画研究所、2014

［1-2］ 武部建一著『道路の日本史』中央公論新社、2015

［1-3］ ワトキンス調査団著、建設省道路局訳『名古屋・神戸高速道路調査報告書』1956

図1-3：［0-3］を参考に作図（データ連続性を考慮し2008年まで表記）

第2章

［2-1］ https://www.4tuning.ro/istorie-auto/povestea-celui-mai-rapid-tren-pe-benzina-din-lume-schienenzeppelin-cu-motor-bmw-29704.html

［2-2］ http://leganerd.com/2014/03/18/schienenzeppelin/

［2-3］ 総務省統計局「世界の統計2017」 http://www.stat.go.jp/data/sekai/pdf/2017al.pdf

写真2-1：［2-1］

図2-2：［2-2］を参考に作図

図2-4：［2-3］を参考に作図

図2-5：［0-3］を参考に作図

第3章

［3-1］ ニューヨーク交通公社ウェブサイト http://www.mta.info

［3-2］ ロンドン交通局ウェブサイト https://tfl.gov.uk

［3-3］ パリ交通公団ウェブサイト http://www.ratp.fr

［3-4］ ベルリン市交通局ウェブサイト http://www.bvg.de

［3-5］ 東京地下鉄ウェブサイト https://www.tokyometro.jp

［3-6］ ヤマザキマリ著『テルマエ・ロマエ』第1巻、エンターブレイン、2009

［3-7］ 帝都高速度交通営団『東京地下鉄道丸ノ内線建設誌』1960

図3-1, 3, 6, 8, 9：［3-1, 2, 3, 4, 5］の路線図を参考に作図

第4章

［4-1］ 海外鉄道技術協力協会『新幹線と世界の高速鉄道2014』ダイヤモンド社、2014

［4-2］ フォトライブラリー https://www.photolibrary.jp

［4-3］ Hyperloop One, How Hyperloop One's System Becomes Reality - YouTube https://www.youtube.com/watch?v=yCVHtJ6yJxo

図4-1, 2, 3, 4, 5, 6, 7, 8：［4-1］を参考に作図

写真4-3, 7, 8：［4-2］

図4-9：［4-3］を参考に作図

著者略歴———
川辺謙一 かわべ・けんいち
交通技術ライター。1970年三重県生まれ。東北大学大学院工学研究科修了後、メーカー勤務を経て独立。高度化した技術を一般向けに翻訳・紹介している。著書は『東京道路奇景』（草思社）、『東京総合指令室』（交通新聞社）、『図解・燃料電池自動車のメカニズム』『図解・首都高速の科学』『図解・新幹線運行のメカニズム』『図解・地下鉄の科学』（講談社）、『鐵道的科學（中国語版）』（晨星出版）など多数。本書では図版も担当。

日本の鉄道は世界で戦えるか
国際比較で見えてくる理想と現実

2018年2月21日 第1刷発行

著　者 川辺謙一
装幀者 Malpu Design（清水良洋）
発行者 藤田　博
発行所 株式会社 草思社
〒160-0022 東京都新宿区新宿1-10-1
電話 営業 03(4580)7676 編集 03(4580)7680

本文組版 株式会社 キャップス
印刷所 中央精版印刷株式会社
製本所 加藤製本株式会社

ISBN978-4-7942-2324-1 Printed in Japan 検印省略